国家
高端智库

浙江智库
ZHEJIANG
THINK TANK

求是智库
ZJU Think Tank

浙江跨区域合作发展报告

—（2020）—

陈　健　周谷平◎主　编
辛越优　任晓猛◎副主编

ZHEJIANG UNIVERSITY PRESS
浙江大学出版社

序

党的十八大以来,以习近平同志为核心的党中央确立了"一带一路"建设、粤港澳大湾区建设、京津冀协同发展、长三角一体化发展、长江经济带发展、黄河流域生态保护和高质量发展等重大区域协调发展战略。深入推进跨区域合作发展,是贯彻落实新发展理念的必然要求,是推进高质量发展的题中应有之义,是解决发展不平衡不充分问题的重要举措,是促进共同富裕的重要保障。

浙江在经济社会发展中,始终将区域合作作为重要内容。习近平同志在浙江工作期间大力推进的"山海协作工程"就是通过区域合作实现协调发展的典型举措。同时,浙江在推进"一带一路"建设、东西部对口协作、浙商国际国内合作、跨区域产业转移、浙江治理经验与跨区域推广、"绿水青山就是金山银山"理念的应用与拓展等方面积累了丰富经验,形成了独具浙江特色的跨区域合作发展模式。

浙江大学区域协调发展研究中心(以下简称中心)主要依托浙江大学中国西部发展研究院(以下简称西部院),并整合学校相关研究力量于2014年12月成立,2017年6月纳入国家高端智库建设培育单位,2018年9月列入浙江省新型重点专业智库,2020年3月增选为国家高端智库建设试点单位。西部院成立于2006年10月,由国家发展改革委与浙江大学共建,时任浙江省委书记习近平同志亲自为西部院揭牌奠基,并在成立大会上作重要指示。

中心成立以来,逐步形成具有自身特色的开放交叉的研究格局。坚持以西部大开发研究为核心,通过浙江经验提升促进东西互动,通过沿边开发开放联通"一带一路"沿线国家,促进内外联动;围绕区域协调发展重大理论和实践问题,依托浙江大学多学科综合优势,聚焦区域经济合作、社会民生改善、生态文明建设三大研究方向。

2020 年,中心启动了"区域协调发展研究丛书"的编撰和出版工作。该丛书坚持以习近平新时代中国特色社会主义思想为指导,紧紧围绕如何更加深入推进区域内生发展动力,在要素有序自由流动、主体功能有效约束、基本公共服务均等、资源环境可承载的区域协调发展新格局等方面开展了深入研究,丛书的内容汇聚了东西部互动与区域协调发展、"一带一路"与区域协调发展、浙江区域协调发展实践的研究成果,是中心多年来坚守初心、锐意创新的集成之作。《浙江跨区域合作发展报告（2020）》一书的出版,集中体现了中心在区域协调发展研究领域的精耕细作和长期积累,以及作为国家高端智库和浙江省新型重点专业智库的责任担当。

《浙江跨区域合作发展报告（2020）》一书围绕浙江与国内区域之间的协调发展和国际次区域合作两大主题,总结了浙江经济社会发展的区域合作经验及发展模式创新。相信该书的出版将有助于把区域协调发展问题的研究引向深入,为各级政府通过区域合作推动区域协调发展提供可行的参考方案。

2021 年 9 月 6 日

目　录

总　论

加强跨区域合作是实现区域协调发展的重要途径之一。从不同历史阶段出发,浙江的跨区域合作可以梳理为四个视角,分别为改革开放与梯度转移视角、对口支援与合作帮扶视角、实施区域协调发展战略与全面决胜小康视角、浙商"走出去"与"一带一路"建设统领的新一轮对外开放视角。围绕国内区域协调发展和国际次区域合作两大主题,浙江将跨区域合作与服务国家战略相结合,形成了浙商国际国内合作、跨区域产业转移、浙江治理经验与跨区域推广、"绿水青山就是金山银山"理念与浙江窗口建设、浙江民生共享与跨区域合作、浙江与跨区域金融合作,以及对口帮扶与跨区域共同发展等充分发挥浙江特色和优势的跨区域合作形式。在新一轮区域协调发展中,浙江省要从深化改革与体制机制创新、跨区域合作的平台建设、智力保障、要素重组和舆论引导等方面提出切实可行的对策建议,深化跨区域合作。

　　党的十八大以来,在以习近平同志为核心的党中央坚强领导下,我国深入实施区域协调发展战略,精心谋划、扎实推进,区域发展协同性不断增强,资源配置效率全面提高,为经济高质量发展注入澎湃动力。2019年,随着黄河流域生态保护和高质量发展上升为国家战略,我国在区域发展上形成了以京津冀协同发展、长江经济带发展、粤港澳大湾区建设、长三角一体化发展、黄河流域生态保护和高质量发展五大重大国家战略为引领的区域协调发展新格局。此外,"一带一路"建设从"政策沟通、道路联通、贸易畅通、货币流通、民心相通"五个方面,以点带面,从线到片,逐步深化国际国内区域大合作。

　　加强跨区域合作是实现区域协调发展的重要途径之一。党的十九大报告提出,新时期推动区域协调发展要建立更加有效的区域协调发展新机制,打破阻碍跨区域合作的制度障碍,降低市场交易成本,推动区域在更大范围内的合作,形成更为强劲的发展合力。党的十九届五中全会提出,"要坚持实施区域重大战略、区域协调发展战略、主体功能区战略,健全区域协调发展体制机制,完善新型城镇化战略,构建高质量发展的国土空间布局和支撑体系","要构建国土空间开发保护新格局,推动区域协调发展,推进以人为核心的新型城镇化"。随着发展动能转换的加速、科技创新水平的提高、信息化建设水平的推进以及基础设施建设的发展,地区间超地理连接的跨区域合作日益成为重要发展形态。在各项国家战略的推动下,地区间产业互补合作、科技创新合作、人才交流合作、金融领域合作、东西对口合作等深入开展。经济发展新常态下,区域合作的工作领域、工作重点和工作手段都发生了重大变化,我国区域发展已从过去的单个区域发展,转向推进多区域跨区域协调发展,通过深化区域合作,促进要素有序流通,激发区域发展活力。

　　新形势下深化浙江跨区域合作,有利于拓展浙江发展空间、促进区域协同发展,进一步提升浙江在全国改革发展大局和双循环新格局中的地位和作用;有利于浙江深入实施区域发展战略,统筹东中西协调联动发展,推动建设统一开放、竞争有序的市场体系;有利于浙江更好融入"一带一路"建设、长江经济带发展、长三角一体化战略,提高全方位开放合作水平。浙江应积极发挥自身特色与优势,充分利用新技术、新产业、新业态、新模式的实践经验,特别是互联网、数据云、文化传媒、高端制造等领先优势和扩张潜力,服务重大国家战略,深化重点领域合作,丰富合作形式,创新合作机制,推动跨区域合作向更高层次、更深领域、更广范围发展,努力构筑各地区比较优势充分发挥、各类要素有序自由流动和优化配置、地区间良性互动的发展格局。

一、浙江跨区域合作的源起与发展

(一)改革开放与梯度转移视角的浙江跨区域合作

1. 历史背景

生产力布局问题是社会主义建设中的一个重要问题。生产力布局是否合理,地区经济结构是否均衡,关系着经济上能否充分合理地利用本地的自然资源、人力资源和经济资源,取得良好的社会、经济效益,使整个国民经济长期、持续、稳定、协调地向前发展。

早在1956年,毛泽东同志就在《论十大关系》中对沿海工业和内地工业的关系进行了论述:"我国全部轻工业和重工业,都有约百分之七十在沿海,只有百分之三十在内地。这是历史上形成的一种不合理的状况。为了平衡工业发展的布局,内地工业必须大力发展。"(毛泽东,1976)同时,要求新的工业建设"大部分应当摆在内地,使工业布局逐步平衡,并且有利于备战,这是毫无疑义的"(毛泽东,1976)。平衡工业发展布局是"三线建设"的现实要求。"三线建设"是中共中央和毛泽东主席于20世纪60年代中期作出的一项重大战略决策,它是在当时国际局势日趋紧张的情况下,为加强战备,逐步改变我国生产力布局的一次由东向西转移的战略大调整,建设的重点在西南、西北。

改革开放以后,以邓小平为核心的党的第二代领导集体继续关注区域的开发建设问题,提出了"两个大局"的思想,即"沿海地区要加快对外开放,使这个拥有两亿人口的广大地带较快地发展起来,从而带动内地更好地发展,这是一个事关大局的问题。内地要服从这个大局。反过来,发展到一定的时候,又要求沿海拿出更多力量来帮助内地发展,这也是个大局。那时沿海也要服从这个大局"(邓小平,1993)。邓小平关于"两个大局"的战略构想为"西部大开发"时期沿海地区产业向中西部地区大规模转移奠定了思想理论基础。

改革开放以来,我国综合国力显著增强,人民生活水平不断提高,但区域发展不平衡也因之而生。世纪之交,东西发展不均衡问题日渐突出,以江泽民为核心的第三代中央领导集体明确提出了"西部大开发"战略。1999年9月,中共十五届四中全会提出要实施西部大开发战略。2000年1月,国务院成立了西部地区开发领导小组(简称国务院西部办)。2006年6月,国务院西部办会同国家发改委等部委联合下发了《关于促进西部地区特色优势产业发展的意见》。同年12月,国务院召开常务会议,审议并原则通过了《西部大开发"十一五"规划》。2010年7月,《中共中央国务院关于深入实施西部大开发战略的若干意见》出台。同年9月,《国务院关于中西部地区承接产业转移的指导意见》出台,推动东部沿海地区产业加快向中西部地区梯度转移,引导和支持中西部地区承接产业转移,形成更加合理有效的区域产业分工格局,标志着西部大开发进入2.0时代。2020年5月,《中共中央国务院关于新时代推进西部大开发形成新格局的指导意见》发布,标志着西部大开发进入3.0时代。

改革开放和"两个大局"东中西非均衡发展战略实施以来,东部地区经过多年的极化增长和大量承接海外产业转移,综合实力不断增强,形成了一大批初具规模的企业群体。一方面,在"西部大开发"战略推动下,率先发展起来的企业主动作为,寻找商机,纷纷向中西部地区投资,以谋求在全国的战略布局;另一方面,随着经济快速发展,特别是2003年下半年以来,能源电力、劳动力和土地严重短缺、原材料成本上升等问题开始成为制约东部企业发展的突出要素,加上政府对环境保护日益重视,直接推动了水泥等资源密集型产业和服装、鞋业等劳动密集型产业纷纷向中西部地区转移。

回顾改革开放以来我国区域发展战略的演进,前20余年,主线是实施沿海地区优先发展战略;后近20年,主线是实施区域协调发展战略。前者实现了沿海地区率先发展,凭借先发优势,东部地区经济快速发展,区域发展不平衡日益显现,中西部地区发展滞后,区域发展差距扩大;后者实现了西部地区加快发展,后发优势逐步凸显,发展差距扩大趋势得到一定程度遏制,但也面临资源环境压力不断增大的问题,东中西和东北区域发展的协调性亟待加强。在中国特色社会主义新时代,实施什么样的区域发展战略,关系中华民族伟大复兴战略全局。

2.浙江作为

浙江专门成立了参与西部大开发工作的相应组织,把这项工作纳入了"十五"计划和"十一五"规划,出台了《关于参与西部大开发工作的意见》《关于加强对口支援和国内合作交流工作的若干意见》《浙江省"十一五"国内合作交流发展规划》等一系列重要文件。2006年11月,在时任浙江省委书记习近平直接关怀下,国务院西部办与浙江大学共建成立中国西部发展研究院,站位改革开放前沿思考中西部地区发展问题,寻求区域协调发展之路,致力打造服务国家区域战略的高端智库。

浙江参与西部大开发的过程与浙江民营经济发展壮大的过程是一致的,经历了从自发到有序推进的历程。据2009年不完全统计,在西部12个省(自治区、直辖市)从事开发、建设和经商的浙江人达140多万人,创办企业总数1.3万多家,累计投资总额1300多亿元(夏炳荣,潘金明,2008)。浙江企业在参与西部大开发过程中,形成了四种主要合作模式:一是利用异地资源。西部有较为丰富的资源,如矿产、农业、能源等,是浙江企业重要的原材料来源地。如浙江卡森集团在甘肃、新疆等地投资建设皮革生产企业,浙江云森集团在新疆建立棉花生产基地等。二是实施资本经营。浙江一些大企业通过兼并收购当地企业,实现企业的快速扩张。如娃哈哈集团、纳爱斯公司、华立集团等在四川、重庆、云南等地兼并和控股部分企业,并建设生产基地。三是创办专业市场。如温州人在昆明、成都等大中城市和省会城市创办温州商贸城、温州商业街,义乌人在中西部地区创办各类小商品市场。四是参与城建开发。如浙江绿城集团、中大集团、金成集团等投资开发西部的市政建设、旧城改造和房地产项目,已成为当地城建开发的重要力量。

"西部大开发"时期的大规模产业转移多数是企业自身的行为而非政府行为,是"市场主导"而非"政府主导",具有较为单纯的均衡区域经济发展特征。从产业转出方来说,企业外迁的原因主要有以下几类:第一类是根据企业发展需要而在中西部地区进行战略性布点,如为接近销售市场而进行销地产或对中西部地区丰富的自然资源进行战略性投资等;第二类是因为东部地区土地、能源或劳动力紧张,不能满足企业生产发展需要,同时出于降低生产成本考虑而进行转移;第三类是因为近年来东部地区"抓大放小",导致中小企业被边缘化、生存压力增加而进行转移;第四类是东部地区环境污染治理要求提高,导致部分企业转移到要求相对低的一些中西部地区。其中,第一类产业转移具有主动转移的扩张性动机,往往会有选择地进行设点布局,而后三类企业转移具有被动外逃的撤退性动机,往往处于一定程度的"盲流"状态。此外,中西部地区招商引资力度较大也是东部地区部分企业内迁的重要原因(朱允卫,2013)。

"西部大开发"时期的大规模产业转移是我国实施非均衡发展战略、东部地区工业化发展到一定阶段后,民营资本为主的东部地区产业在国家政策引导和市场经济内在规律作用下自发地向内地拓展的结果,有力地推动了东部地区的经济结构调整与产业升级,大大促进了中西部地区的工业化进程,同时也有利于缩小东中西部发展差距,实现区域经济的统筹和谐发展。

(二)对口支援与合作帮扶视角的浙江跨区域合作

1.历史背景

对口支援是一项具有中国地域特色的政策性行为。改革开放后中央政府为了解决中国区域发展不平衡与资源配置不协调的问题,按照全国一盘棋的指导思想,着手在全国范围内进行资源优化配置。1979年4月,在全国边防工作会议上,中央52号文件确定了组织内地发达省市实行对口支援边境地区、少数民族地区的政策,对口支援以国家政策的形式予以正式确定。该时期的对口支援更多的是由较发达地区向贫困地区提供人道主义救助,而未能从根本上改变贫困地区发展落后的状况。

1984年之后,对口支援进入了一个新的阶段。从单纯的"输血"向注重"造血"功能转变,东西部经济技术协作范围不断扩大、程度不断加深。在东西横向联系日益密切的同时,还形成了区域性经济联合。该时期对口支援政策的强有力落实为之后的扶贫协作奠定了基础。

1996年,随着《中共中央、国务院关于尽快解决农村贫困人口温饱问题的决定》的通过,对口帮扶成为了扶贫协作的主要方式。富裕县与贫困县结成对子,在互利平等、共同发展的基础上,将东西资源进行有效整合,开展多层次、多领域的经济技术合作。20多年来通过东西部扶贫协作,结对牵手,西部贫困地区、革命老区的扶贫开发工作取得重大进展,所取得的成就举世瞩目,集中体现了中国特色社会主义制度优势。

2001年开始,扶贫协作不再只局限于经济支援和技术协作,扶贫领域不断拓宽。西部大开发的实施不仅将资金和技术带到了贫困地区,还带来了更加现代化的理念。贫困地区也不再仅仅关注资源的开发和财富的积累,医疗、教育、基础设施建设等也都成为新的发展热点。

自2012年党的十八大召开以来,扶贫开发被放到更加重要的位置,被纳入"五位一体"总体布局和"四个全面"战略布局。2013年精准扶贫的概念提出后,扶贫工作更加注重改善实际扶贫对象的切实生活需求,真抓落实,建立长效化扶贫机制。党的十九大报告中,将打赢脱贫攻坚战作为全面建成小康社会的三大攻坚战之一,从人民群众的实际出发,确保"两不愁、三保障"目标的稳定实现。2020年《政府工作报告》中提出要接续推进脱贫与乡村振兴有效衔接,全力让脱贫群众迈向富裕。努力做好农民增收工作,在确保农村贫困人口全面脱贫的同时,建立健全返贫人口监测帮扶机制。

对口支援是在中国政治环境中产生、发展和不断完善的一项具有中国特色的政策,从救助贫困、输血扶贫的政府行为逐渐成为发展经济、造血解困的政府推动和市场运作结合的共同行为。对口帮扶是先富帮后富、实现共同发展的一项重要的扶贫开发政策。党的十八大以来,习近平总书记就脱贫攻坚、东西部扶贫协作和对口支援工作作出一系列重要指示。东部地区从政策、资金、产业、智力、文化、基础设施建设等方面开展了全方位、多层次的对口帮扶工作,助力对口帮扶地区的贫困县脱贫,减少贫困人口,降低贫困发生率,促进了贫困地区的经济社会发展。

2.浙江作为

浙江对口支援对象为西藏、新疆、三峡库区,对口帮扶的对象为四川省11个市州、贵州黔东南州和黔西南州、湖北恩施州、吉林延边州。1994年,浙江开始对口支援西藏,随后又相继开展了对四川、贵州等地的帮扶工作,至今帮扶和支援的地方涉及8个省区和新疆生产建设兵团,不仅助推了当地的经济社会发展,也促进了各民族的交往、交流、交融。2020年,自新冠肺炎疫情暴发后,浙江也积极承担起对口支援湖北的重任,向当地提供所需物资、医疗团队,帮助湖北地区尽快攻克疫情难关、维护当地人民生命安全和身体健康。

浙江将中央交办的对口支援的政府任务与企业参与西部大开发紧密结合起来,按照"输血"与"造血"结合、帮扶与合作并举的方针,通过向贫困地区提供技术支持、倾斜教育资源、加强产业协作、提供医疗救援等措施,扩大西部地区再生产能力,全力帮助对口地区打赢脱贫攻坚战。在对口合作中,浙江积极探索跨区域要素资源共享共用、产业关联互动和地区协同发展的新机制、新路径。

40多年来,浙江对口支援和东西部扶贫协作工作始终走在全国前列,受援地区社会经济取得了长足的发展,对口工作实现了"对口支援"向"对口帮扶"的转化。特别是汶川地震以来,浙江顺势将短期的帮扶转换为长期合作机制,率先探索建立了"互利共赢"的长效对口合作模式。因此,在新时期的对口帮扶工作中,进一步深化合作关系、选准合作重点、拓宽合作领域、提升合作层次,全力推动对口帮扶工作向纵深发展将成为研究重点。

(三)区域协调发展与全面决胜小康视角的浙江跨区域合作

1.历史背景

从20世纪50年代提出处理好沿海工业和内地工业关系,到80年代提出"两个大局"战略构想,到世纪之交作出实施西部大开发战略的重大决策,再到党的十六大以来作出振兴东北地区等老工业基地、促进中部地区崛起和支持东部地区率先发展等重要部署,我国区域协调发展的战略和政策体系不断完善,内涵也不断丰富(徐林,2018)。党的十八大以来,以习近平同志为核心的党中央提出了推进"一带一路"建设、京津冀协同发展、长三角一体化和长江经济带发展等新的区域战略，在区域协调发展方面作出了一系列重要论述、采取了一系列重大创新性举措，中国区域发展协同性不断增强。党的十九大报告明确提出：实施区域协调发展战略。这是党中央在新时代针对区域协调发展新特征作出的重大战略部署，是中国特色社会主义新时代必须坚持的重大战略，是化解新的社会主要矛盾的重大举措，也是实现两个百年奋斗目标的重大部署。

党的十九大以来，按照高质量发展的要求，在区域协调不断优化的同时，以西部、东北、中部、东部四大板块为基础，"以点带面"形成高质量发展的重要助推力，区域发展的协调性不断增强。以推进"一带一路"建设、京津冀协同发展、长江经济带发展、粤港澳大湾区建设、长三角一体化等重大战略为引领，形成各具特色的区域经济协调发展新格局。为促进区域协调发展，国家出台了一系列相关政策，如《中共中央、国务院关于建立更加有效的区域协调发展新机制的意见》《关于深入推进新型城镇化建设的若干意见》《国家发展改革委关于培育发展现代化都市圈的指导意见》《乡村振兴战略规划（2018—2022年）》《粤港澳大湾区发展规划纲要》《中国（海南）自由贸易试验区总体方案》等。

实施区域协调发展战略是在中国特色社会主义进入新时代，以习近平同志为核心的党中央紧扣我国社会主要矛盾变化，按照高质量发展的要求提出的重要战略举措，对于促进我国经济社会持续健康发展具有重要而深远的意义。

2. 浙江作为

习近平同志在浙江工作期间，审时度势，因地制宜推动实施"山海协作工程"、新型城市化、城乡一体化、长三角地区一体化等一系列促进区域协调发展的重大举措，促进了浙江的区域协调发展，使浙江成为全国区域协调发展领先的省份。针对跨区域合作，习近平同志提出了"跳出浙江发展浙江"的理念，使浙江得以从更大的空间中整合资源，推进区域协调发展，为浙江发展打开了一个新空间，培育了浙江参与国际竞争与合作的新优势。十多年来，浙江历届省委、省政府坚持"跳出浙江发展浙江"的理念，做好接轨上海,融入长三角、长江经济带建设大文章,从更高的层次,以更开阔的视野谋划浙江的整体发展,促进区域协调发展。

"山海协作"与服务全国统筹发展。实施山海协作工程是浙江省委、省政府为推进全省区域协调发展而作出的重大战略决策,其要旨在于按照"政府推动、市场运作,互惠互利、共同发展"的原则,加强沿海发达地区与浙西南山区、海岛等欠发达地区在产业开发、新农村建设、劳务培训就业、社会事业发展等方面的项目合作,努力推进欠发达地区加快发展和发达地区产业结构优化升级,促进全省区域协调发展、同步实现现代化。"山海协作"充分发挥发达地区和欠发达地区各自的比较优势,通过优势互补,补齐各自短板,实现互利共赢,走出了一条有浙江特色的区域协调发展路子。2004 年 3 月,习近平同志在全省统筹城乡发展座谈会上提出,要立足全局发展浙江,跳出浙江发展浙江,要做好对口支援和国内合作交流工作,落实好推进西部大开发、振兴东北地区等老工业基地、促进中部地区崛起、鼓励东部地区加快发展等战略部署[①]。习近平同志把"山海协作"的理念延伸到参与和服务全国统筹协作发展的大局之中,并身体力行做好与对口帮扶和对口支援地区的深入对接工作。认真负责地做好与新疆、西藏、青海、四川、贵州、重庆、湖北、吉林和新疆生产建设兵团等部分地区的对口帮扶、对口支援、对口协作、对口合作工作。

融入长三角和长江经济带建设。接轨上海,融入长三角和长江经济带建设发展,是进一步拓展浙江更高质量区域协调发展空间、服务国家战略的重要举措。近年来,浙江省委、省政府坚定不移地贯彻落实习近平总书记关于长三角一体化发展和长江经济带建设的战略部署,推出一系列重大举措,主动接轨上海,积极融入长三角和长江经济带建设发展。浙江省第十四次党代会明确指出,要积极参与长江经济带建设和长三角地区合作发展,支持嘉兴打造全面接轨上海示范区,不断拓展发展空间。浙江省委十四届二次全会进一步要求,以重大合作项目为载体主动接轨上海,促进长三角率先发展、一体化发展,积极参与长江经济带建设。按照高质量发展、国际化和现

---

① 施扬.立足全局发展浙江　跳出浙江发展浙江.浙江日报,2004-10-31.

代化的要求接轨上海;谋划打造环太湖生态文化旅游圈、合力推进宁杭生态经济带和大运河文化带建设、共同建好 G60 科创走廊,实现与江苏的共赢发展;坚持以"绿水青山就是金山银山"理念为引领,与安徽联动推进千岛湖及新安江流域保护、浙皖闽赣生态旅游协作区建设。2020 年底,浙江省委常委会再作部署,要求主动作为、积极有为,做好系统规划,将参与和服务长江经济带发展与全省融入长三角一体化发展有效结合起来,与高质量推进"一带一路"建设有效贯通起来,强化沟通协调,在跨区域基础设施互联互通、流域管理统筹协调等方面做好主动对接,全省域全方位参与长江经济带高质量发展。

(四)浙商"走出去"与"一带一路"统领的新一轮对外开放

1.历史背景

"一带一路"倡议是新时代对外开放最鲜明的特征,使我国由重点开放转向全面开放。倡议实施以来,我国积极参与全球治理以及区域治理,在全球经济治理中的地位和话语权不断提升。从纵深推进"1+3+7"自贸区、全面实施"一带一路"倡议、成立亚投行,到积极构建开放型经济新体制,我国逐步确立了对外开放新格局。

一是从沿海开放到全方位开放。近年来,国家瞄准内陆和沿边地区逐步扩展扩大内陆和沿边开放,创新内陆和沿边开放模式,致力于打造新的外向型产业集群,引导外资更多投向中西部地区。宁夏内陆开放型经济试验区、新疆喀什和霍尔果斯经济特区、广西壮族自治区东兴和凭祥、云南瑞丽和磨憨、内蒙古满洲里、黑龙江绥芬河—东宁等重点开发开放试验区相继设立,《国务院关于支持沿边重点地区开发开放若干政策措施的意见》等相继出台,我国开放空间逐步从沿海、沿江向内陆、沿边延伸,形成了陆海内外联动、东西双向互济的全方位开放格局。

二是从对外贸易到全方位合作。党的十八大以来,我国吸引外资、对外投资、进出口贸易等领域表现活跃,中国经济与世界经济深度互动,双向投资齐头并进。特别是"一带一路"倡议的提出,表明中国的对外开放不再是单向的中国要素"走出去",而是"走出去"和"引进来"的有机结合。"一带一路"倡议涉及的行业也早已突破由原来对外贸易所主导的商贸合作,更多设施的联通合作、产业的创新合作以及政策沟通、资金融通和民心相通等都将参与其中。在"一带一路"倡议下,我国将与沿线各国实现战略对接、优势互补,在产能合作、跨境工程、商贸物流、教育科技、贸易投资、文化旅游、金融服务等多方面纵深推进全方位多层次的合作。2020 年 11 月,东盟十国以及中国、日本、韩国、澳大利亚、新西兰等 15 个国家,正式签署区域全面经济伙伴关系协定(RCEP),标志着全球规模最大的自由贸易协定正式达成。

三是从吸引外资企业到海外产业园。"走出去"一直以来是我国渐进式改革开放过程中企业海外扩张的关键词,我国对外开放从注重"引进来"发展为"引进来"与"走出去"并重的双轮驱动。特别是在产业开放上,已经不仅仅是工业或者城市建设的开放,而且是货物贸易、服务贸易的全方位开放。"一带一路"倡议提出以来,截至 2019 年 7 月底,中国政府已与 136 个国家和 30 个国际组织签署了 195 份政府间合作协议。2017 年 5 月和 2019 年 4 月分别主办第一届和第二届"一带一路"国际合作高峰论坛。

四是完善补充全球治理,构建人类命运共同体。我国综合国力不断增强,国际地位实现前所未有的提升,国际影响力、感召力、塑造力进一步提高,日益走近世界舞台的中央。党的十九大报告中指出:中国秉持共商共建共享的全球治理观,积极参与全球治理体系改革和建设,不断贡献中国智慧和力量。参与并推动全球治理体系变革,是实现我国经济可持续发展的必然要求,也是国际社会对中国的热切期待。党的十八大以来,我国提出了一系列具有鲜明中国特色的全球治理观,特别是"一带一路"倡议和构建人类命运共同体理念,开辟了国际合作新模式,为全球治理提供了新平台、新理念和新动力。

2.浙江作为

据不完全统计,浙江有 600 万浙商在省外投资创业,还有 200 万浙商在境外投资创业。同时,浙江拥有丰富的海外华侨资源,以青田为例,就有海外华侨 33 万人,分布在 120 多个国家和地区,投资规模超过 3000 亿元(2019 年统计数据)。在"一带一路"建设浪潮中,有着"敢为天下先"创业精神的浙商,跑出了浙江加速度,浙商的身影遍及"一带一路"沿线各个国家,更深刻地融入世界,提升国际影响力。

对外贸易不断优化升级。国际金融危机以来全球贸易持续低迷,浙江的日用消费品、纺织品、机电产品等主流出口产品积极在"一带一路"沿线国家和地区开拓新市场。与"一带一路"沿线国家和地区间的贸易畅通,成为带动浙江外贸发展的新引擎。中东欧博览会、义乌进口商品博览会等相关展会落地浙江,"一带一路"沿线国家和地区的商品逐步融入浙江消费者的日常生活。同时,浙江也积极"走出去",在沙特阿拉伯、越南、伊朗、巴基斯坦、印度等国开展自办展。据统计,2013 年至 2018 年,浙江与"一带一路"沿线国家和地区进出口总额达到 43388 亿元。除了货物贸易,浙江的服务外包、文化、教育、金融等服务贸易产品也在"一带一路"沿线国家和地区开辟新市场。据统计,2017 年底,浙江对"一带一路"沿线国家和地区文化服务出口已占文化服务出口的 40%(刘乐平,2018)。例如,浙江金华邮电工程有限公司创办的德隆电视台是浙江文化服务贸易走向"一带一路"的经典案例。2017 年,浙江(印度)服务贸易展是浙江首个服务贸易类境外展会,吸引了来自浙江各地的服务外包、物流货代和文化影视企业积极参展。

产能合作不断推进。政府专门出台《浙江省参与"一带一路"建设和推动国际产能合作三年行动计划(2017—2019 年)》,支持浙江民企与"一带一路"沿线国家和地区开展产能合作。浙江企业在"一带一路"沿线国家和地区已建设 10 个境外经贸合作区,累计投资超过 55 亿美元,带动东道国就业超 6 万人。近年来,钢铁、水泥、铝等优势产能积极在"一带一路"沿线市场开展互利共赢合作。如青山控股集团投资 7.7 亿美元设立印尼青山不锈钢有限公司;百隆东方股份有限公司投资 3.5 亿美元设立百隆(越南)有限公司,带动当地就业和税收增长,为当地发展注入新动能。2015 年,浙江全面启动国际产业合作园建设以来,已建成浙江中德(长兴)产业合作园、浙江中捷(宁波)产业合作园等 19 家省级以上国际产业合作园,为"一带一路"沿线国家和地区在浙江投资提供了国际化的产业平台。例如,由华立集团投资开发的"泰中罗勇工业园"作为国家首批境外经济贸易合作区之一,形成了中国企业"走出去"的新模式,成为国家"一带一路"建设的金名片之一。吉利控股集团从单一产品贸易"走出去"到国际并购和深度参与当地工业化

"走进来",展现了浙江企业在"一带一路"倡议东风下与世界的互联互通、共同繁荣。

内外联动平台建设加快。在陆上,义乌国际陆港发展态势喜人,中欧班列(义乌)从1条线路增至9条线路,从原来的"有流即开、无流即停",发展到每周3列至4列常态化开行,开辟了一条中国与"一带一路"沿线国家和地区间全新的物流通道;在海上,全球第一大港宁波舟山港已成为浙江与"一带一路"沿线国家和地区互联互通的最前沿;在网上,依托物流、支付、通关、大数据方面的创新,浙企在"一带一路"沿线加快布局,与沿线国家共享浙江在结算支付、智慧物流等跨境电商领域的创新发展成果。以跨境电商为例,除阿里巴巴速卖通在俄罗斯、巴西等国家积极拓展海外市场外,浙江执御、杭州嘉云、集酷等企业自建平台,也积极拓展中东、南亚、非洲等国家和地区的电商零售市场,为浙货出海打开了新天地(刘乐平,2018)。

二、浙江跨区域合作的主要内涵与特色亮点

围绕国内区域协调发展和国际次区域合作两大主题,浙江将跨区域合作与服务国家战略相结合,努力构筑各地区比较优势充分发挥、各类要素有序自由流动和优化配置、地区间良性互动的发展格局,深刻践行了习近平总书记对浙江"干在实处、走在前列、勇立潮头"的期望。浙江跨区域合作的关键在于浙江比较优势和经验优势的充分发挥,具体在于发挥"敢为天下先"的浙商优势、浙江特色的产业优势、社会治理现代化的经验优势、深刻践行"绿水青山就是金山银山"理念的经验优势、区域协调下民生共享的经验优势、对口帮扶与合作的经验优势,在充分考虑区域间的共性与个性基础上,在跨区域合作中贡献浙江智慧。

(一)浙商国际国内合作

1.主要内涵

习近平同志在2011年向世界浙商大会的致信中指出:"敢为天下先、勇于闯天下、充满创新创业活力的浙商群体,在社会主义市场经济大潮中应运

而生,为推动浙江经济持续快速发展,为促进我国区域经济协调发展和提升开放型经济水平做出重要贡献。"①浙商国际国内合作主要表现为在西部大开发、对口支援、长江经济带建设、长三角一体化以及"一带一路"建设等国家各项开发开放政策下的同步"走出去"。在国内,大批浙商北上西进,在更为广阔的空间内实现更大发展,走出了浙江精神。在国外,浙商深度参与"一带一路"建设,充分利用国际市场和国际资源,实现国际产能合作。

2017年11月10日,诸多浙江优秀民营企业家于浙江省人民大会堂共同讨论形成了"新时代浙商精神":坚忍不拔的创业精神、敢为人先的创新精神、兴业报国的担当精神、开放大气的合作精神、诚信守法的法治精神、追求卓越的奋斗精神。在新时代浙商精神引领下,浙商将勇当新时代中国特色社会主义市场经济的弄潮儿,勇当新发展理念的探索者、转型升级的引领者、"义行天下"的践行者。

2. 浙商发展

改革开放之初,为了实现脱贫致富的目标,浙江人以历经千辛万苦、说尽千言万语、走遍千山万水、想尽千方百计的"四千精神"闯出一片天,作为民营经济大省的浙江,也在浙商精神的引领下,经济持续发展,步入全国先进行列。习近平同志担任浙江省委书记时便指出,浙江一跃成为经济强省,"浙江现象"唱响大江南北乃至边城雪域,除了政府层面主导的体制机制等一系列优势外,民间层面生生不息的人文优势是其他各个优势能够充分发挥的关键。现代浙商文化的历史起源,充分借鉴海洋文化和中原文化的精髓,成就了儒家文化中独特的一脉。习近平认为:"从文化渊源看,'浙商文化'传承于浙江深厚的文化底蕴。从实践基础看,'浙商文化'形成于广大浙商的创造性实践,是支撑浙商开拓进取的精神动力。浙商的新飞跃,需要'浙商文化'的支撑。"②

从产业分布来看,浙商遍布商贸、个体手工业、轻工业、制造业、高科技产业等各个领域,随着浙江民营企业实力增强,浙商也从最初简单的"模仿

---

① 高端聚焦.浙江日报,2011-10-27.
② 习近平."浙商文化"是浙商之魂.浙江日报,2006-06-16.

式生产"更多转向自主研发和技术创新。综合来看,浙江民营企业在技术和产业分布上经历了从商贸、个体手工业、轻工业进入制造业(1978—1995年),在制造业和基础产业领域实施产业深化(1996—2011年),向高科技领域大举进发(2012年以来)三个阶段(剧锦文,2018)。

浙江企业走向全国参与国家开发建设,大致可分三个阶段。一是20世纪70年代末至90年代初。一大批浙江人迫于生计,到中西部地区从事修鞋、弹棉花等务工活动。80年代中期后,浙江外出务工人员特别是小商小贩和乡镇企业的供销人员迅速增加。这批人不以利厚而趋之,不以利薄而弃之,实现了创业资本的原始积累。这一阶段,在外浙江人主要是"做别人不愿做的事"。二是整个20世纪90年代。浙江人拿着80年代掘到的第一桶金,敢于冒险,敢于拼搏,继续在全国开辟市场,创办了一大批诸如"浙江村""温州城""义乌路""台州街"等市场,并开始在服装、轻纺、日用小商品等行业进行投资,实现"销地产"。同时,一部分浙江大企业,如娃哈哈等开始在西部进行大规模投资。这一阶段,在外浙江人主要是"做人家不敢做的事"。三是2000年以来。随着国家西部大开发战略的实施,一大批浙江人和浙江企业带着资本、品牌和先进的经营理念,在商贸物流、基础设施、旧城改造、资源开发、工业生产、国企改造等领域在西部进行大规模投资、大手笔开发、大资本运作,实现了从商贸流通、商品生产向品牌经营、资本运作的新跨越。这一阶段,在外浙江人主要是"做别人没有实力做的事情"(夏炳荣,潘金明,2008)。

"一带一路"倡议拓宽了浙商"走出去"的道路,浙江经济打开了参与国际经济合作的新通道,得以在全球范围内实现资源配置。浙江是全国重点侨务大省,大约有220万华侨华人分布在世界五大洲180个国家和地区。作为国内极具活力和影响力的商人群体,海外浙商早已踏出国门,在世界各地建立了著名的商业中心,例如马德里的Lavapies商贸区、阿联酋迪拜的中国日用商品城分市场、罗马的服装批发商贸城、南非的中华门商业中心、莫斯科著名的"海宁楼"等。从浙商海外发展阶段来看,大致可分为传承近代海外浙商产业(1978—2001年)、中国加入WTO与浙商海外发展(2002—2008年)、金融危机与浙商发展新机遇(2008—2014年)、"一带一路"倡议背景下的浙商海外发展(2015年至今)四个阶段。

3.特色亮点

(1)全球化生存是浙商的突出特征

"走得远、出去多、分布广"是浙商区别于其他地域性商人群体的显著标志,也是浙商之所以成为影响深远的商帮群体的重要因素。浙商积极对接参与西部大开发、振兴东北老工业基地,走向世界参与"一带一路"建设,积极融入全球产业链。遍布全国的浙商及其省际的广泛流动,提升了浙江的开放水平,促进了省际经济合作交流和资源优化配置,促进了工商业要素空间流动的活跃和深入。长期以来,浙商是很多省(区、市)招商引资的首选对象,与浙商走遍天下对应的是人才、资本、项目等的全国输出。"据不完全统计,广布大江南北、长城内外的600多万浙商,创造的经济总量相当于同期浙江省 GDP 的80%。"(杨轶清,2018)浙商是中国最大的离开原籍地到省外海外创业的投资者经营者群体,浙江也因此成为全国各省(区、市)中 GNP/GDP 比值最高的省份。此外,海外浙商也阵容庞大,"全省有华侨华人和港澳同胞200余万人,分布在世界180多个国家和地区"(杨轶清,2018)。

(2)政企联动助力浙商"走出去"

"一带一路"倡议实施以来,浙江加快搭建国际大通道、开放大平台以及枢纽性项目。作为"一带一路"建设的重要平台,浙江自贸试验区建设进入新阶段——杭州、宁波等6个联动创新区建设全面启动,加速在全省复制借鉴全国自贸区建设经验,将为浙江建设"一带一路"提供更多制度创新供给。不仅如此,中国—中东欧"17+1"经贸合作示范区合作层次也得到全方位提升,中印尼产业园"一园多区"模式正稳步推进,"一带一路"捷克站货运场、物流园、浙江丝路中心投入运营。高规格举办浙江省推进"一带一路"建设大会,高层次举办首届国家级中国—中东欧国家博览会暨国际消费品博览会。此外,世界互联网大会、世界浙商大会、世界油商大会、浙江省推进"一带一路"建设大会、海丝港口国际合作论坛等成为浙江省对外开放的"金名片"。2019年,浙江省推进"一带一路"建设重大项目库建立,全面实现对重大项目分类指导推进。全面投产的恒逸文莱炼化项目一期,是我国最大的单体民企境外投资项目；中印尼青山园区总投资 80 亿美元，解决当地就业近 4 万人，是我国民企在境外投资的最大产业园区。

（3）浙商与民间商会的共生发展

浙商自古以来便有通过商会凝聚商业力量、拓展交易机会、降低贸易不确定性的传统，抱团发展、共生合作是浙商文化基因的一部分。1986 年成立的上海市浙江商会、1990 年成立的温州市总商会等均是代表性浙商商会。商会聚集了各类企业，带动了地方发展、提升了政府绩效，同时政府也通过商会落实政策、哺育企业发展。例如，2018 年长三角浙商服务中心落户上海市闵行区，进一步促进了上海闵行区的经济发展与产业结构的转型。2020 年上海浙商商会与上海农商行合作追加 400 亿元的授信，推动中小微企业的融资问题，大力配合国家政策对中小微企业实施帮助，推动上海市经济发展。在"一带一路"统领的新一轮开放中，商会在促进会员企业"走出去"中发挥了重要作用。民营企业在"走出去"过程中，面临国外经济信息不对称、政策不熟悉、文化差异等多重困境，但商会可在一定程度上缓解上述问题。例如，新加坡浙商协会在国际商会的合作中，就充当了桥梁的角色。之前许多想发展国际业务的中国企业家找不到与当地企业的沟通渠道，同时，新加坡当地的企业对于中国企业更是知之甚少。新加坡国际浙商协会的创建，为双方提供了很大的便利。近年来，中国内地有 50 家浙江企业和 100 家新加坡企业以新加坡浙商总会为平台，成功取得了有效的沟通。

（4）数字经济下浙商的新一轮"走出去"

互联网、大数据、云计算、区块链等新一代信息技术的发展，催生了数字经济，开启了数字时代，电子商务、互联网金融、网络自媒体等一系列新业态应运而生。凭借物流、支付、通关、大数据等方面的创新，浙企在"一带一路"沿线加快布局，与沿线国家共享浙江在结算支付、智慧物流等跨境电商领域的创新发展成果。近年来借助浙江数字经济的发展，在各项政策的推动下，浙江积极搭建互通交流合作平台，布局网上贸易。由阿里巴巴发起的世界电子贸易平台（eWTP）正在加快建设，以阿里巴巴为主体的商业实践稳步推进，eWTP 秘书处落户杭州进展顺利。在新冠疫情期间，世界电子贸易平台（eWTP）已成为浙江与"一带一路"沿线国家之间防疫物资运送的主通道之一。

(二)浙江经济发展与跨区域合作

1.主要内涵

浙江经济发展与跨区域合作主要表现为跨区域产业转移。跨区域产业转移是区域经济梯度差异以及市场经济发展的必然结果,也是区域间产业分工、产业结构调整和技术进步的重要手段。浙江跨区域产业转移在时间和空间上表现为改革开放之初面向国内东北、西北、华北及西南"三北一南"市场的以传统日用品生产为主的产业转移;中国加入WTO以后,浙江发展的重点放在以"内销改出口"为主的市场结构调整上,走向外向型经济的发展道路;随着国家西部大开发、东北振兴、东部崛起、长三角一体化及"一带一路"倡议的实施,大批浙江企业到省外乃至海外进行投资,企业对外投资及跨区域产业转移日趋活跃。新时期,随着经济的不断发展和价值链的攀升,浙江的产业调整转型,不是产业的梯度转移,也不是一味地错位发展,而是产业的协作融合,产业链上的优势互补。通过将劳动密集制造业向中西部地区及国外产业转移,不仅可以有效解决高技术产业、战略性新兴产业、海洋经济及生产型服务业发展用地不足、节能减排指标约束等问题,而且可以有效避免压缩劳动密集型制造业、淘汰过剩产能与落后产品引致的沉没成本过大的问题。

现阶段,由于中美贸易摩擦、"逆全球化"浪潮及新冠疫情的影响,以全球分工为基础的浙江省跨区域产业转移又面临着较大的风险与挑战。产业赋能西部大开发,逆全球化迫使中国不得不启动产业转移的"内循环体系",即东部沿海地区可以专注高端制造,而中西部从事中低端制造。这是疫情后加速扩大内需的重要手段,同时也是新时代区域协调发展中的产业分工需要。

2.特色亮点

(1)政府层面推动形成"飞地"型的产业合作

飞地经济合作模式的优势主要体现于原有行政区划保持不变的同时,打破地理区域的分割,以区域之间的产业转移、资源互补等方式实现区域的合作共赢。产业转移是飞地经济的首要功能,该模式也是飞地经济的主流模式。2017年6月,国家发展改革委、国土资源部等八部委联合发布《关于支持"飞地经济"发展的指导意见》。"飞地经济"在浙江方兴未艾,2018年出台的《浙江省委省政府关于深入实施山海协作工程促进区域协调发展的若干意见》中就提到,支持发展"飞地经济"。在杭州未来科技城,2016年4月正式开园的衢州海创园,是浙江首个跨行政区建设的创新"飞地"。此外,淳安、上虞、安吉等地纷纷在杭州"飞"有一席之地。龙泉—萧山山海协作产业园、平湖·青田山海协作"飞地"产业园、南湖—遂昌"飞地"产业园、秀洲—龙泉"飞地"产业园等都是省内"飞地经济"发展的典型。随着长江三角洲区域一体化发展国家战略的落实,长三角各领域的一体化合作不断深化。"飞地经济"作为跨区域经济合作的重要形态和平台载体,呈现出爆发式增长态势,长三角地区众多城市加快"飞地"布局,进一步推动长三角创新和产业合作走向深度融合。如,承接江浙沪产业转移的安徽皖江产业园等应运而生。新一轮长三角区域的产业转移强调在转移中升级产业,协同实现跨越式发展。例如,张江长三角科技城,该科技城是跨浙沪两地、国内首个跨省市一体化发展的实践区。东西之间的"飞地"主要在对口帮扶项目中体现,例如,2018年11月,全省首个跨多区域"飞地"产业园嘉善—庆元—九寨沟"飞地"产业园在嘉兴奠基。该园区是浙江首个跨省、跨县域三地共建"飞地"抱团强村项目,是三地优势互补、携手深化山海协作和东西合作的缩影。2019年5月,浙川扶贫协作和省内对口帮扶首个以"三方四地"合作模式共建的飞地产业园,在遂宁市船山区落地。该项目由船山区与对口帮扶地阿坝州理县,以及一同对口帮扶理县的浙江省永康市、东阳市共建。

(2)龙头企业战略性布局所带动的产业合作

浙江凭借优越的区位地理、优惠的政府政策、廉价的劳动力成本以及土地资源等优势,积极吸引外商投资并承接发达国家产业转移,在促进外向型经济发展的基础上,推动了本土民营经济与制造业的发展,涌现了一大批龙头企业。由于其特有的行业影响力和号召力,龙头企业的战略性布局,通常也会带动相关配套资源的跟随和相关产业的转移,从而在产业转移的承接地形成新的集群效应(聂献忠,葛立成,2013)。例如,雅戈尔集团在重庆,培罗成集团在九江,太子龙集团在安徽,都布局和开发了新的生产基地。实际上,这些龙头企业具有较强的生产能力和品牌效应,在战略性布局调整过程中,往往发挥其社会化协作程度高和横向联系广的优势,主动引导和带动相关行业的投资,鼓励为其配套的生产服务企业和供应商一起到承接地投资,在当地发展配套产业,进而形成关联产业群,实现零部件生产供应的当地化,从而形成产业链的整体转移。

(3)政企联动的合作交流服务平台搭建

注重遵循市场经济规律、发挥民营经济优势,变过去民间自发参与西部开发行为为政府作引导、企业为主体、项目为纽带的有计划、有组织的整体推进的行为。浙江主要搭建了三方面的服务平台:一是省际交流合作平台。配合省党政代表团赴西部省份的学习考察,组织经贸代表团开展项目合作和经贸洽谈活动,推动与西部省份签订合作项目,带动了一大批企业"西进"。二是大型展会平台。通过组织企业参加"西洽会""西部博览会"和"东盟博览会"等大型展会展示形象、拓展市场、促进交流、扩大合作。三是互动交流合作平台。通过组织企业考察、开展友好城市交往、进行招商推介、举办浙商高峰论坛和评选"西部开发功勋浙商""浙商最佳投资城市"等多形式的互动交流,开展各种经贸活动,推动各层次合作交流工作的不断深入。

(4)国家战略推动下的区域产业协作

习近平同志很早就意识到跨区域合作对区域协调发展的重要性,他在"八八战略"中指出要"进一步发挥浙江的区位优势,主动接轨上海、积极参与长江三角洲地区交流与合作,不断提高对内对外开放水平"。自长三角一体化发展上升为国家战略后,长三角地区在推动跨区域产业合作方面,呈现出逐渐加速的态势。浙江省参与长三角一体化产业合作日益转向要素分工、价值链分工。一批跨省合作园区渐入佳境,探索"共建共享共赢"新模式,在推动产业资源在长三角地区市场化配置和双向流动上发挥的作用日益显现。作为全国首个跨省(市)合作的科技园,张江长三角科技城在统一品牌、统一规划、统筹协调的原则下,积极探索资源共享、优势互补、协同发展。据统计,已有15家科技企业落户张江长三角科技城平湖园,累计投资超30亿元(周咏南,刘乐平,肖未,等,2019)。除此之外,上海自贸区嘉善项目协作区正积极对接上海自贸区,由苏州工业园区和嘉善共同协作建设的中新嘉善现代产业园有序推进。浙江还在规划建设宁波杭州湾新区浙沪合作示范区。浙江结合区域产业基础和资源禀赋,以产业转型升级为导向,大力发展新能源、智能网联汽车产业,着力提升集成电路产业工艺和装备水平,加快构建以中国商飞为核心的民机产业链。浙江龙头企业加快在新能源汽车、智能网联汽车、汽车服务业等领域的战略布局。

(三)浙江治理经验与跨区域推广

1. 主要内涵

共建共治共享的社会治理制度,是我党在长期探索中形成的,被实践证明符合国情、符合人民意愿、符合社会治理规律的重要制度。党的十八届三中全会提出:"全面深化改革的总目标是完善和发展中国特色社会主义制度,推进国家治理体系和治理能力现代化。"习近平总书记指出:"要坚定不移走中国特色社会主义社会治理之路,善于把党的领导和我国社会主义制度优势转化为社会治理优势,着力推进社会治理系统化、科学化、智能化、法治化,不断完善中国特色社会主义社会治理体系,确保人民安居乐业、社会安定有序、国家长治久安。"①

浙江省被誉为省域治理现代化排头兵,央媒多次称赞浙江省多地基层治理经验。浙江治理经验与跨区域推广旨在总结浙江在社会治理中的典型案例和实践经验,并进行全国性的推广。习近平同志在浙江工作期间,创造性地提出并实施了"平安浙江"建设战略,为探索社会治理科学有效之道形成了系统性方案、积累了丰富经验。自"平安浙江"之后,浙江在社会治理方面积极创新实践,在重要领域和关键环节不断取得突破,形成了"枫桥经验""余村经验""五水共治""最多跑一次"等多个在全国有影响的社会治理浙江样本。在坚持和完善中国特色社会主义制度、推进国家治理体系和治理能力现代化的伟大历史进程中,浙江甘为"试验田"、勇当"领跑者",越来越多

---

① 习近平.坚持走中国特色社会主义社会治理之路　确保人民安居乐业社会安定有序.人民日报,2017-09-20.

行之有效的浙江经验经过总结提炼被复制推广到全国。

2.特色亮点

(1)"最多跑一次"改革

"最多跑一次"改革是浙江以习近平新时代中国特色社会主义思想为指引,创造性推进全面深化改革实践的一个鲜亮标志。"最多跑一次"改革之所以能够作为先进经验向全国推广,是因为其具有重大现实意义,在改革实践中积累了丰富经验。浙江省"最多跑一次"改革显示,将评价改革成效的权力交给人民群众,扭转以往政府中心主义的改革逻辑,是浙江省得以实质性推进简政放权的重要经验。在浙江省委省政府领导下,各地、各部门都把运用"互联网+"技术作为"最多跑一次"改革的必备要素,通过推进政务标准化,促进不同部门、不同层级和不同区域政府的数据共享,形成了整体性政府的改革模式,在提高行政效率、规范权力运行和降低体制成本等方面都取得了显著成效。深化"最多跑一次"改革,需要进一步实现政务标准化和信息共享;其关键不只在于技术革新,也在于管理创新;不在于权力集中,而在于部门协调。

"最多跑一次"改革是浙江省对照"八八战略"要求创造性提出的一项关乎全局的改革举措。最新第三方数据调查评估显示,至2019年,"最多跑一次"改革在浙江实现率达92.9%,群众满意率达97.1%。浙江"最多跑一次"改革自2016年12月提出后,迅即在全省全面推开,形成了各地、各部门积极探索、改革创新的热潮。2018年1月,中央全面深化改革领导小组审议了《浙江省"最多跑一次"改革调研报告》并予以肯定。2018年3月,"最多跑一次"被正式写入李克强总理的政府工作报告。在治理体系和治理能力现代化成为时代命题的当下,"最多跑一次"无疑是一份颇具价值的地方经验样本。值得一提的是,"最多跑一次"改革还走向了海外。温州市在全国率先打造为侨服务"全球通"平台,依托侨团组织设立海外服务点,华侨在海外也能办理户籍、出入境、不动产登记等业务,享受到浙江"最多跑一次"改革红利。

(2)数字化治理

党的十九届四中全会明确要求,建立健全运用互联网、大数据、人工智能等技术手段进行行政管理的制度规则,推进数字政府建设。2020年3月31日,习近平总书记在浙江考察时强调,推进国家治理体系和治理能力现代化,必须抓好城市治理体系和治理能力现代化,并希望杭州在建设城市大脑方面继续探索创新,进一步挖掘城市发展潜力,加快建设智慧城市,为全国创造更多可推广的经验。① 浙江正处于"两个高水平"建设的关键阶段,作为"三个地"的使命担当,浙江在全国率先提出了高水平推进省域治理现代化的目标,而政府数字化转型是浙江争当推进省域治理现代化排头兵的核心竞争力所在。浙江在数字治理方面一直都是"优等生"。浙江率先打造"移动办事之省",从生活缴费、电子证件、社保公积金到交通出行,越来越多的服务搬到互联网上,被网友称为"数字课代表"。浙江政府数字化转型以"互联网＋政务服务"为先手棋,在审批服务、"城市大脑"建设等领域走在全国前列。

新冠肺炎疫情发生以来,浙江积极运用大数据技术推出"一图一码一指数"等精密智控机制,助力全国疫情防控和复工复产。此次新冠肺炎疫情,是对我国治理体系和治理能力的一次大考。传统治理经验、常规治理流程已经难以满足统筹疫情防控与经济社会发展的需要,传统治理模式、常规治理措施已经难以适应常态化疫情防控的要求。作为"新时代全面展示中国特色社会主义制度优越性的重要窗口",浙江充分发挥数字政府、数字经济、数字场景的先发优势,以"一图一码一指数"为抓手,构建了一套覆盖疫情监测分析、病毒溯源、防控救治、复工复产的"精智化"现代治理体系,为全国提供了数字化抗疫与省域经济发展的创新经验。解析这些经验,对于各级党委和政府推动数字化治理、补齐治理体系和治理能力短板不无裨益。

(3)"乡村治理"的浙江经验

乡村是国家治理体系的神经末梢,乡村振兴能否实现,基层治理能力很关键。近年来,浙江各地认真贯彻落实中央的决策部署,因地制宜加强乡村治理体系建设,涌现出了一批好做法、好经验。自2013年以来,嘉兴市以红

---

① 习近平在浙江考察时强调统筹推进疫情防控和经济社会发展工作　奋力实现今年经济社会发展目标任务.新华社,2020-04-01.

船精神为引领,在全国首创,在桐乡率先探索试点自治、法治、德治相融合("三治融合")的基层社会治理模式,创新了"村规民约(社区公约),百姓议事会、乡贤参事会和百事服务团、法律服务团、道德评判团(简称'一约两会三团')"为主要内容的基层治理载体,实现了"大事一起干,好坏大家判,事事有人管",初步形成了共建共治共享的新时代基层社会治理格局,推进了市域社会治理体系和治理能力现代化。

"三治融合"给嘉兴基层治理带来了巨大的变化:社会管理走向社会治理,政府单向管理走向政府主导、社会多元主体协商共治;行政管理为主的单一手段走向行政、法律、道德等多种手段综合运用;事后处置向事前和事中处置延伸。基层社会自治活力得到充分释放,法治思想深入人心,道德风尚不断提升,党群关系更加密切,经济社会发展更加和谐。嘉兴市所属7个县市区连续13年获得浙江省平安县市区称号,并最终捧回了全国社会治安综合治理最高奖"长安杯"。"三治融合"基层社会治理模式具有里程碑意义,是新时代"枫桥经验"的重要组成部分。2017年,"健全自治、法治、德治相结合的乡村治理体系"写入了党的十九大报告。"三治融合"已走出嘉兴,走向全国。

(四)"绿水青山就是金山银山"理念与浙江窗口

1. 主要内涵

习近平总书记2013年在哈萨克斯坦纳扎尔巴耶夫大学回答学生问题时指出:"我们既要绿水青山,也要金山银山。宁要绿水青山,不要金山银山,而且绿水青山就是金山银山。"[①]这一科学论断,清晰阐明了"绿水青山"与"金山银山"之间的关系,强调"绿水青山就是金山银山"的价值理念,对于新时代加强社会主义生态文明建设,满足人民日益增长的优美生态环境需要,建设美丽中国具有重要而深远的意义。

"绿水青山就是金山银山"理念是讲发展的重大理念命题,既是生态保护理念,也是经济发展理念,核心思想是加快高质量绿色发展。"绿水青山

---

① 杜尚泽,丁伟,黄文帝.弘扬人民友谊　共同建设"丝绸之路经济带".人民日报,2013-09-08.

就是金山银山"理念改变了人们对生产力的内涵及其构成要素的传统认识，是对马克思主义生产力理论的创新发展，为新时代中国特色生态文明建设奠定了坚实而科学的理论基础，提供了实践发展的根本遵循。"绿水青山就是金山银山"理念的原动力是价值转化，价值转化本质是坚持生产发展、生活富裕、生态良好的文明发展道路，核心是通过实施路径的探寻和创建，实现生态发展路径相对传统路径的价值平衡乃至价值引领。"绿水青山就是金山银山"理念从浙江走向全国、从愿景到行动、从自发到自觉，历经实践和理论的双重检验愈来愈显示出巨大的真理力量，与时俱进地成为绿色发展的理论遵循和实践指南。

2.特色亮点

(1)"浙江窗口"实践

浙江作为"绿水青山就是金山银山"理念的发源地和价值转化的样板地，在深化"绿水青山就是金山银山"实践、引领民众生态自觉方面先行一步，紧紧抓住了价值转化这个"牛鼻子"，在转化路径和生态产品价值实现机制探索上，积累了丰富的经验。

——生态产品价值实现机制的"丽水样板"

丽水市深入践行"绿水青山就是金山银山"理念，构建梯度递延的改革体系，通过健全生态价值实现机制、完善生态制度供给体系、创新生态服务互惠模式，推动丽水在生态产品价值实现核算、调节、服务及文化、制度政策设计等方面的先行探索，贡献了生态产品价值实现机制的"丽水样板"。

在"绿水青山就是金山银山"理念指引下，丽水高举发展的行动旗帜，全面奏响"丽水之干"最强音，积极探索"绿水青山就是金山银山"转化通道、路径和机制，推出了"丽水山耕""丽水山居""丽水山景"等"山上"文章。为加快推进生态产品价值转化，丽水探索实践了"'绿水青山就是金山银山'公司""'绿水青山就是金山银山'银行""'绿水青山就是金山银山'金融""'绿水青山就是金山银山'基金"等新模式新机制，拓宽了生态农业、生态工业、生态康养产业等"绿水青山就是金山银山"转化路径。2019年，丽水对GEP和GDP进行全面评估，建立完善了GEP核算、生态信用体系、考核体系以及离任审计等制度体系,并出台了全国首个市级生态产品价值核算技术办法——《丽水市生态产品价值核算技术办法(试行)》,明确了生态产品价值核算原则、核算技术路线与核算方法,开展了市、县、乡、村四级 GEP 核算。

习近平总书记在深入推动长江经济带发展座谈会上专门点赞丽水,指出:"浙江丽水市多年来坚持走绿色发展道路,坚定不移保护绿水青山这个'金饭碗',努力把绿水青山蕴含的生态产品价值转化为金山银山,生态环境质量、发展进程指数、农民收入增幅多年位居全省第一,实现了生态文明建设、脱贫攻坚、乡村振兴协同推进。"①

——"绿水青山就是金山银山"理念发源地、"绿水青山就是金山银山"试验区安吉

安吉县作为"绿水青山就是金山银山"理念诞生地,十多年来坚定不移推进生态文明建设,在构建生态文明建设新体制、探索绿色发展新模式、形成生态治理新机制、挖掘生态文明新内涵等方面取得了显著成效。习近平同志在担任浙江省委书记期间,先后两次来到安吉调研:2003 年 4 月 9 日,习近平同志到安吉调研生态建设工作。在听到安吉实施"生态立县"战略时,他充分肯定了安吉"生态立县"的发展道路。2005 年 8 月 15 日,习近平同志到余村调研民主法治村建设。当听到村党支部书记汇报余村通过民主决策关停了污染环境的矿山时,他表扬了余村的做法,认为这是"高明之举",并提出"绿水青山就是金山银山"。习近平同志的两次调研讲话,给安吉走"生态立县"的道路坚定了信心,指明了前进的方向。

在"绿水青山就是金山银山"理念引导下,安吉坚持以"美丽乡村"建设为总抓手,走出了一条经济发展和产业互促共赢的科学发展路子,先后获得全国首个生态县、联合国首个人居奖获得县、首批中国生态文明奖、首批全国生态文明先进集体、首批全国"绿水青山就是金山银山"理念实践创新基地、中国美丽乡村国家标准化示范县、"美丽中国"最美城镇、国家生态文明

---

① 习近平.加强改革创新战略统筹规划引导　以长江经济带发展推动高质量发展.人民日报,2018-04-27.

建设示范县等荣誉。安吉美丽乡村建设标准也从省级规范上升为国家标准。2020年7月,浙江省委深改委正式印发《新时代浙江(安吉)县域践行"绿水青山就是金山银山"理念综合改革创新试验区总体方案》,为安吉高质量建设中国最美县域注入了新内涵。

——浙江首批全域旅游示范县仙居县

仙居县全力打造"国家全域旅游示范区",积极推进"千村示范、万村整治"工程,因地制宜、精准施策,以建设生态宜居的美丽乡村为目标,坚持"绿水青山就是金山银山"理念不动摇,探索形成了一条"绿富美"的乡村振兴之路。

仙居县依托5A景区大神仙居景区、国家森林公园等旅游和生态资源,借力本乡生态资源的地域性、文化性、独特性,发挥山水绿色资源优势,大力发展乡村旅游产业。在景区村庄创建基础上,村民结合民俗风情、古村古街、民间小吃、民居老宅,进一步引爆乡村"民宿"业态,并积极引导民宿朝着"规范化、高端化、信息化、品牌化"方向发展,让乡村能吸引人、留住人。与此同时,仙居也将继续推进仙居国家公园体制改革工作,全面打好生态文明建设持久战,为老百姓留下更美绿水青山、留住更多鸟语花香。依托仙居国家公园体制改革,加快生态、旅游、信息、健康等产业融合,从而推动乡村自然资本加快增值,实现百姓富、生态美。

(2)"绿水青山就是金山银山"理念跨区域推广

浙江省结合浙江"绿水青山就是金山银山"实践成果,因地制宜推广浙江生态文明发展经验,创新体制机制,加快推进"绿水青山就是金山银山"理念跨区域推广,加快推动跨区域生态价值转化,加快布局差异化的"绿水青山就是金山银山"创新实践合作示范区,共绘"绿水青山就是金山银山"发展的美好蓝图。

——跨区域"绿水青山就是金山银山"理念推广

浙江省着眼东西对口合作内容创新,聚焦样板地区经验推广,总结安吉美丽乡村建设、丽水生态产品价值转化、仙居全域旅游打造等典型模式,按照因地制宜的原则,开展理论经验学习和示范推广。例如,2019年3月,中国科学院大学、中国科学院生态环境研究中心、浙江省发展规划研究院、丽水市政府和丽水学院等5家单位共建的中国(丽水)"两山"学院成立。该学院主要开展"绿水青山就是金山银山"理论与实践研究,面向全国培养"绿水青山就是金山银山"创新型复合人才,聚焦生态产品价值实现,助推区域高质量绿色发展。在此基础上,中国(丽水)"两山"学院联合宜宾职业技术学院,在宜宾设立了中国(丽水)"两山"学院长江分院,东西共同探索"创新生态文明建设的产教融合"新模式,为西部地区提供生态发展理论和科研的应用支撑和人才保障。中国(丽水)"两山"学院长江分院是"绿水青山就是金山银山"理念拓展实践,服务于长江经济带"共抓大保护、不搞大开发"的生动案例,为广大的长江上游生态屏障城市、广袤的中国西部地区提供生态发展理论和科研的应用支撑和人才保障。

——跨区域生态产业扶贫

依托新技术、新人才、新知识、新模式、新思维,在保护好"绿水青山"的基础上,围绕生态农业、生态工业、生态旅游业、康体养生业等,引导西部地区发展系统性生态产业,共同探索生态价值产业实现路径。特别注重把西部地区的特色生态农牧资源、特色生态旅游资源、特色民族资源等有效转化出来,切实做到经济效益、社会效益、生态效益同步提升,实现百姓富、生态美的有机统一。另外,要做到跨区域共建,探索生态价值异地转化。例如,安吉白茶是安吉的重点生态产业,是安吉生态产业发展、生态价值转化的生动展示。安吉捐赠1500万株茶苗帮助湖南省古丈县、四川省青川县和贵州省普安县、沿河县等3省4县34个建档立卡贫困村群众脱贫。在捐赠的基础上,安吉将东部地区先进的种植、管护、加工技术和发展理念传授给贫困地区,极大地增强了这些地区的自我发展能力。在新时期的对口支援工作中,始终走在前列的浙江省,有责任、有义务协同受援地,探索建立符合西部发展实际的"绿水青山就是金山银山"转化通道、路径和机制,推动西部地区生态保护、经济发展和民生改善。

(五)浙江民生共享与跨区域合作

1.主要内涵

习近平同志在浙江工作期间,就民生建设作出过一系列重要论述和决策部署,有效解决了一大批关于就业创业、社会保障、医疗卫生、基础设施、城乡住房、生态环境、扶贫开发、科教文化、权益保障等民生问题,领导和推动了浙江各项民生事业蓬勃发展,极大地增强了人民群众的获得感、幸福感。

多年来,浙江民生共享的积极推进,深刻践行了习近平总书记关于保障和改善民生工作中从"民生为重"到"以人民为中心"的重要思想。新时代民生的普惠性要求民生建设成果更多更公平地惠及全体人民,让百姓共享发展成果。浙江在践行民生共享中,积极推动跨区域合作,浙江的民生共享不仅体现在省内各市之间,也体现在省与省之间,同时还体现在东西合作中。从空间维度上,浙江民生共享与跨区域合作从三个视角展开:一是山海协作下的省内民生共享;二是长三角一体化战略下的省际民生共享;三是对口支援与帮扶下的民生帮扶。

2.特色亮点

(1)山海协作下省内民生改善的协调推进

山海协作工程是习近平同志在浙江工作期间,为加快省内欠发达地区发展、促进区域协调发展而作出的重大战略决策。山海协作工程的成果最终要体现在山区群众的获得感上,必须突出共享导向,做好民生工作。山海协作工程自2002年全面实施以来,成为浙江省解决发展不平衡不充分的重要抓手。浙江积极推动公共服务、消费帮扶和乡村振兴等领域合作,围绕实施富民惠民安民行动计划,高质量建成了一批社会事业和民生合作项目,切实提升了群众的获得感和幸福感。加大技术、人才协作力度,鼓励和支持高校、科研院所到浙西南山区开展产学研合作,深化沿海和山区人才引育合作,搭建高端人才共享交流平台,引导高端科技人才为山区科技创新和企业发展服务。统筹全省优质医疗、教育资源,完善"双下沉、两提升"政策,创新推进医疗联合体建设,加强师资交流,深化学校结对,提升山区医疗、教育质量。深入实施消除集体经济薄弱村三年行动计划和低收入农户收入倍增计划,坚决打好低收入百姓增收攻坚战,推广"飞地"共建模式,做好下山脱贫文章。随着山海协作工程升级版的打造,山海协作在工作体系、结对合作、合作内涵、平台共建等方面均取得了阶段性成效。

(2)浙江与长三角城市群互联民生共享

落实"民生共享",增强人民幸福感获得感,长三角高质量一体化,最终要落到让"长三角人"共享一体化高质量的美好生活。在交通便民上,要重点打通省际断头路,共建轨道上的长三角,加强公路、机场、港航协同发展,加快构建长三角省际省会城市、省域和大都市区1小时交通圈。在教育利民上,共同制定长三角区域教育一体化发展规划,重点打造长三角高水平大学联盟。在医疗惠民上,重点推进长三角异地就医门诊直接结算,推动跨区域医疗联合体发展,协同扩大优质医疗资源供给。在文化育民上,共同打造江南文化,把社会主义核心价值观融入长三角一体化发展各方面,共筑文化发展高地(车俊,2019)。

随着长三角一体化的不断深入,区域内的民生福祉持续增进。在医疗上,2018年9月底,长三角地区异地就医门诊费用开始试点直接结算。2019年12月,宣布异地门诊结算覆盖长三角地区全部41个城市,联网医疗机构达到3974家。至此,长三角地区也成了全国首个实现住院和门诊直接结算、实时报销的医保一体化统筹结算区域。2019年5月,异地就医备案纳入长三角政务服务"一网通办"首批开通事项。截至2020年4月底,长三角门诊直接结算总量累计超102万人次,涉及医疗总费用近2.4亿元。在交通上,杭州地铁已实现与上海、南京、合肥、宁波、温州及徐州等城市的二维码扫码乘车互联互通。值得一提的是,疫情之下,以健康码为代表的大数据产品做出了重要贡献。健康码诞生于浙江,此后推向全国,衍生出了各地特有的健康码产品。随着疫情形势趋于稳定,人们在社会生产、生活时流动范围增大,一地一码影响着出行的效率。长三角一体化,数据共享先行,健康码互认、异地门诊结算、地铁一码通行,其实都得益于数据层面的打通与协同。

(3)浙江与西部地区民生互动促小康

对口支援工作,既是民生工作,更是民心工程。多年来,浙江省始终把保障和改善民生作为对口支援工作的首要任务,着力帮助解决百姓就业、群众就医、孩子上学、宜居条件改善、特色生态产品销售、产业培育发展等突出问题,努力把每一个对口援建项目都建设成为精品工程、示范样板,高标准高质量高效率推动对口支援帮扶合作,为全国脱贫攻坚和区域协调发展贡献浙江力量。在项目援建上,把解决当地实际困难和突出问题作为资金投入重点,80％的援助资金用在了民生和脱贫攻坚项目上,先后启动一批条件成熟、受援县市急需、百姓迫切需要的对口支援试点项目。杭州援疆指挥部投资兴建的阿克苏高级中学、海西光伏提水工程、红色草原若尔盖县热电项目、阿坝县双语寄宿制中学都是浙江对口支援工作中成功实施的重点民生工程。"十二五"时期,浙江省累计安排援助资金60多亿元,大力实施安居富民、定居兴牧、健康普惠、关爱温暖、城乡饮水等十大民生工程,受援地区基本公共服务能力有了较大提升,群众的生产生活条件得到极大改善(刘乐平,2017)。

(六)浙江与跨区域金融合作

1.主要内涵

浙江与跨区域金融合作是基于国家"一带一路""长江经济带""长三角一体化"等重大战略部署出现的金融服务新诉求,浙江金融机构充分利用区位优势和政策试点优势,在支持企业"走出去"、支持重大项目建设、探索自建跨境电商平台等领域积极谋求跨区域金融合作、探索并实践的新模式。

浙江金融业在跨区域发展中形成了新的动能,这个动能既包括金融业对自身发展形成新的动能,也包括金融业发展对新的经济业态带来的一些新的推动,包含了跨境并购与国际并购、金融科技、财富管理、大宗商品金融服务等方面。

2.特色亮点

(1)金融机构支持浙江企业海外布局

在"一带一路"建设中,浙江民营企业"走出去",通过海外设厂、并购等多种方式拓展海外市场、进行国际化布局时,往往离不开大量的资金支持。一方面,浙江银行业金融机构积极贯彻落实国家重大战略部署,充分发挥与集团子公司和海外分支机构的协同效应,强化信贷保障,创新金融产品,为企业"走出去"提供财务咨询、并购融资、内保外贷、工程担保、境外收放款等全方位的跨境金融服务。例如,吉利集团全球化布局战略中,在中国银行浙江省分行积极牵头推动下,中国银行总行为吉利汽车集团核定全球统一授信总量 133.5 亿元;为吉利控股的伦敦出租车公司发行总计 4 亿美元海外绿色债。宁波"走出去"企业涉及的行业和客户数量众多,商业银行运用内保外贷、跨境并购、境外人民币贷款多种创新型融资工具助力企业"走出去"。浙江恒达高电器有限公司德国子公司、宁波慈星股份有限公司等都是中国银行宁波市分行的长期客户,曾为其分别解决 2217 万美元和 8592 万欧元的融资需求。另一方面,外资银行服务浙江企业"走出去"。自 2004 年浙江辖内(不含宁波)第一家外资银行在杭州设立后,机构数量及业务规模快速发展。截至 2019 年 7 月,来自美国、英国、法国、日本、新加坡、澳大利亚等国家和地区的银行在浙江辖内共设有外资银行营业性机构 22 家。从最初侧重服务跨国企业"走进来",到如今"一带一路"倡议下,积极发挥境外母行资源优势,服务浙江企业"走出去",为本土企业境外融资提供便利。目前,浙江辖内的外资银行已从经营传统的存贷汇业务转向综合金融服务,如帮助本土企业在境外市场发行企业债券、提供全球现金管理、获得国际机构较高评级等服务。

(2)金融创新助力跨境贸易投资便利化

2017 年 11 月 1 日,中国人民银行杭州中心支行出台《关于金融支持中国(浙江)自由贸易试验区建设的指导意见》,围绕促进自贸试验区大宗商品贸易和投融资便利化、支持自贸试验区实体经济发展,聚焦促进贸易、投资与融资便利化,提升资金运用效率与规避汇率波动风险,支持油品全产业链建设,推进人民币国际化战略,防范金融风险等五大方面,提出 33 条意见与举措。为服务浙江自贸区实体经济发展,提高贸易投资便利化水平,2019 年 8 月,中国人民银行批复同意在中国(浙江)自由贸易试验区开展油品贸易跨境人民币结算便利化试点;2020 年 4 月,浙江省银行外汇和跨境人民币展业自律机制发布《浙江自贸区优质企业和油品优质企业跨境人民币贸易投资便利化方案》,将政策受益范围从油品贸易扩展至其他贸易投资领域,并逐步提高跨境金融区块链平台业务办理比例,进一步提高贸易融资效率。2021年3月,人民银行杭州中心支行、浙江省自贸办联合印发《关于金融支持中国(浙江)自由贸易试验区扩区赋能指导意见》,提出优化跨境人民币政策、拓宽企业融资渠道、加大重点领域信贷支持、提升外汇管理水平、优化金融服务质量等七大方面23条举措,全力助推浙江自贸试验区建设,促进更高水平的贸易投资便利化。

(3)金融服务助力长三角一体化

在长三角高质量一体化进程中,金融是不可或缺的重要组成部分。2020年,长三角生态绿色一体化发展示范区执委会等12个部门联合出台《关于在长三角生态绿色一体化发展示范区深化落实金融支持政策推进先行先试的若干举措》(银发〔2020〕46号),从推进同城化金融服务、试点跨区域联合授信、提升移动支付水平、支持设立一体化金融机构、推进跨区域公共信用信息共享、推进一体化绿色金融服务平台建设、推进一体化科技金融服务、建立金融信息共享合作机制等八个方面出台了16条新政。由此也催生了南湖基金小镇等服务长三角一体化的金融平台。早在2019年8月,中国银行浙江省分行就在浙江嘉善县发布《服务长三角一体化发展行动计划》,这是浙江银行业首个支持长三角一体化发展的专项行动计划,着力聚焦服务实体经济、服务营商环境、服务民生改善、服务智慧治理、服务对外开放、服务重点区域等六大服务体系建设,发挥金融在跨区域合作中的重要作用。

(4)金融科技拓展跨区域金融服务

金融科技是将大数据、人工智能、云计算、区块链等科技应用于金融行业,"金融＋科技"融合发展推动了金融行业的数字化转型。浙江省金融机构积极申报金融科技创新监管试点项目,利用金融科技赋能金融"惠民利企""乡村振兴",探索金融科技服务新模式,并积极配合人民银行做好二代征信系统、动产融资和应收账款融资统一服务平台和国家金融基础数据库的建设与应用工作,积极运用大数据进行有效银企对接,扩大市场主体受益面。浙江以杭州为样板,在全省全面推进"移动支付"在商贸旅游、交通医疗、市政公用、政务服务等领域的普及和应用,促进城乡金融服务一体化发展,推动移动支付之城建设。同时,积极向长三角地区输出移动支付应用的经验和模式,增强城市交通等公共设施互联互通。杭州、上海、宁波三地已实现地铁二维码互联互通,三地市民可以相互异地手机扫码乘坐地铁,并将扩展到整个长三角地区,进一步推进长三角地区一体化发展。在跨境电商业务领域,工行、中行、建行等6家银行的浙江省分行同杭州跨境电商综合试验区签订战略合作协议,加强在平台搭建和具体业务方面的合作。依托新金融服务龙头企业,浙江积极建设跨境电子商务金融结算平台,扩大金融服务跨境合作;积极向海外输出技术和商业模式,支持构建全球化的移动支付体系。例如,工行融e购电商平台陆续开通了新加坡馆、澳门馆、新西兰馆以及法国馆,这是工商银行在互联网金融领域的重要探索和尝试,深度践行国家"互联网+"和"一带一路"倡议。

(七)对口帮扶与跨区域共同发展

1.主要内涵

东西部扶贫协作要立足国家区域发展总体战略,深化区域合作。新时期对口工作逐步由"支援"向"合作"的转变中必然会形成跨区域合作的新模式。对口帮扶与跨区域共同发展致力于发挥对口双方优势,与受援地开展互为战略支点合作,以受援地的"资源优势"弥补浙江"空间不足",以浙江"资本优势"激活支援省区乃至国外的"巨大市场"(陈海涛,2016),推动对口双方协调发展、协同发展、共同发展,表现为产业协作、市场协作、就业协作、智力协作和社会力量协作等方面。

2.特色亮点

(1)产业结构调整下的东西产业合作

一是合理突出产业转移,优化资源配置。结合浙江在产业结构调整和受援地区在区位、资源、政策、劳动力等方面的优势,通过市场化运作促进生产要素和产业有序、科学转移,推动对口双方产业结构优化调整。二是建设现代产业园区,构建现代产业体系。以园区建设为载体,夯实双方企业共同盈利的物质基础,发挥两地互补优势,挖掘合作潜力、拓宽合作领域,引导受援地区加快构建现代产业体系,增强自我发展的内生动力。三是培育重点产业项目,激活产业发展活力。加强在特色农业、高新技术、电子商务、商贸物流、智能制造、文化旅游等领域产业合作。

（2）开放合作纵深推进下的合作平台搭建

一是特色产业园区共建。依托当地资源优势，在受援地区加快复制推广一批东部地区改革创新举措，共建一批产业合作园区等重大合作平台。二是特色小城镇建设。系统梳理受援地区城镇个性，依托东部地区特色小镇建设经验，突出地方特色，合作共建特色小城镇，共同探索后发地区小城镇建设模式。三是搭建经贸合作平台。合作举办各类博览会、品牌推荐会、商品展销会、购物节等，帮助推销贫困地区的各类特色产品。四是搭建科技研发与转化合作平台。引导和协调对口援助单位实施科技合作战略，将高校技术研发与受援地资源开发、环境保护及特色产业发展等相结合，提高科技成果转化率、加快优势资源转化速度。

（3）创新创业背景下人力资源的合作开发

一是人才培训合作。在职业技术培训、劳务输出和干部双向挂职等方面开展了不同程度的合作，形成了常态化的干部交流和人才培训机制。二是人才输出合作。组织优秀教师赴受援区开展现场教学、教育研讨、管理经验交流；组织优秀医务工作者赴受援区开展现场医护示范、学术研讨、医院管理经验交流等；组织优秀毕业生赴受援地开展项目调研、课题研究等。三是创新创业合作。组织推动阿里巴巴集团等"互联网＋"平台，在拓展自身业务的同时，帮助受援区发展互联网经济、信息服务、人才培养、交流等工作，大力推动"大众创业、万众创新"。

（4）国家开放战略下对口双方共同"走出去"

一是共同打造"走出去"项目库。"一带一路"倡议将打造"一体两翼"对外开放的新格局，关注东部开放的同时，将西部内陆地区直接纳入对外开放的最前沿，提升西部地区开放水平。依托西部地区成为丝绸之路经济带核心区建设的战略机遇，发挥浙江在文化、旅游、信息等方面的产业先发优势，挖掘受援地区以文化旅游、绿色产品等为代表的资源优势，共建共享一批"走出去"特色产业项目、文化交流项目。二是共同培育"走出去"人才库。推动东西共建"一带一路"教育培训基地，运用政策咨询、信息服务、资源对接、教育培训等各类职能，联合培养能够对接"一带一路"建设的复合型人才,包括对外交流人才、涉外法律人才、企业家人才、专业技术人才等。

(5)特殊形势下对口帮扶的"反向支援"

2020年新冠疫情暴发,出现了特殊形势下对口帮扶的"反向支援"。"反向支援"丰富了对口帮扶的内涵。例如,温州与格尔木,海边与山巅,有着长达10年的对口支援关系。得知温州疫情形势严峻,防疫物资短缺,格尔木市主动提出支援。2020年2月12日,17辆装满次氯酸钠消毒剂的货车和1辆装满当地土特产品的货车从格尔木出发,每辆货车配备2名司机,由格尔木市安排4名特警、3名交通局干部带队,6天5夜驰骋,于17日抵达相距3000多公里的温州。除了格尔木,四川青川县、新疆阿克苏等温州的对口地区,也纷纷"反向支援",向温州发来慰问并捐赠物资。四方汇聚的"山海情谊",为当地战胜疫情注入强大动力。"反向支援"体现了对口双方在特殊形势下的互助精神,正是跨区域共同发展的意义所在。

三、深化浙江跨区域合作的对策建议

深化浙江跨区域合作,应做好与国家、省及各城市战略规划的有机衔接,凸显浙江新优势,实现浙江新跨越,开启跨区域合作新进程,增强区域的协调性、联动性、整体性,促进各地区之间的共同发展。

(一)深化改革与体制机制创新

1.强化组织领导

进一步明确职责细化责任,充分发挥领导小组的统筹协调作用,主动对接中央领导小组办公室和国家部委,对接各专项规划,对接整个政策体系。结合实际明确工作重点,着力加强对跨区域的重大战略、重大规划、重大政策、重大项目的研究谋划,及时协调解决存在的重大问题,积极争取上级对重大事项的支持。整合机制形成合力,梳理优化各项联系机制,切实增强协调合力,确保各项目标任务按时保质保量完成。吸收欧洲国家跨区域共建基础设施和促进公共资源优化配置的好做法,积极学习京津冀、粤港澳等地区在跨区域合作体制机制、科技创新、高等教育、对外开放等方面的做法,汲取改革创新经验。

2.发挥市场机制作用

从体制机制创新入手,加快解决制度供给,加快转变政府职能,切实减少政府对市场主体的不合理干预,破除制约跨区域合作发展活力和动力的体制机制障碍,清除妨碍统一市场和公平竞争的各种规定、做法以及市场壁垒,促进生产要素跨区域有序自由流动,提高资源配置效率和公平性。

3.完善区域互助合作机制

区域合作机制是降低交易成本、加强经济合作、推动区域经济健康有序发展的内在要求和重要保证。鼓励开展多层次、多形式、多领域的区域合作,促进产业跨区域转移和共建产业园区等合作平台,积极创新区域合作的组织保障、规划衔接、利益协调、激励约束、资金分担、信息共享、政策协调等机制。进一步创新帮扶方式,加强科技、教育、人才等方面的支持力度,增强欠发达地区自身发展能力,促进对口支援从单方受益为主向双方受益深化。

4.建立跨区域合作资金保障机制

研究设立跨区域合作发展基金,支持跨区域重大合作项目建设,鼓励金融机构和社会资本共同出资并参与基金的运营和管理。推广运用政府和社会资本合作模式,吸引更多社会资本参与跨区域合作,提高政府资金使用效率。支持开发性金融机构发挥资金、智力、产品等优势,在促进跨区域合作发展重大项目建设、编制合作规划、推进产业承接转移等方面发挥积极作用。

(二)加快跨区域合作的平台建设

1.推进园区合作共建

支持各方共建现代产业园区,促进地区间加强合作,发挥区域比较优势,推进产业转移,提升园区承载能力和集聚效应。建设好各类合作园区,创新发展合作平台,支持东西合作平台建设,完善国际合作平台,鼓励"飞地经济"发展。以国家级、省级开发区为主要载体,建设承接产业转移示范区。加大对加工贸易梯度转移承接地的培育支持力度。建立产业转移跨区域合作机制,制定产业转移指导目录,明确产业承接发展重点,促进产业组团式承接和集群式发展。

2.推动长三角地区跨区域金融合作平台建设

贯彻落实长三角区域一体化发展战略,积极推动长三角地区跨区域金融合作平台建设,加强长三角地区金融基础设施互联互通,推进长三角地区金融业务"同城化"。强化金融服务平台职能和金融服务体系功能,在科技金融、创业孵化、风险投资、技术协作等方面探索新的工作机制,推动长三角企业利用资本市场做大做强。推动长三角区域间以金融为纽带的更大范围经济合作,就共同完善地方金融监管体制、加强地方金融监管合作交流,以及防范化解区域金融风险等方面进行深度合作尝试,打造区域合作开放枢纽,为更好地引领长三角经济发展和更好地服务国家发展大局提供有力的支撑。

3.加快"一带一路""走出去"公共服务平台建设

特色小镇是浙江推进供给侧结构性改革的重要路径,随着云栖小镇、梦想小镇、基金小镇等的创建和发展,浙江省在特色小镇建设方面积累了丰富的经验,形成了多种创建运营模式。在国际跨区域合作中,采用特色小镇建设形态打造国际化服务平台是发挥浙江特色和优势,高质量实施"走出去"战略的可行路径。特色小镇与国际化服务互为依托,通过资源整合、项目组合、功能集合等方式融合产业、文化、旅游、社区等多种功能,形成国际化服务及创新生态系统,构建特色小镇建设的国际化示范窗口,推动国际性的跨区域合作。

(三)夯实跨区域合作的智力保障

1.建立跨域区人才交流培训体系

利用浙江人才优势、信息技术环境、组织培训资源,建立人才交流合作平台,逐步形成多层次、网络状、立体结构的人才交流培训体系;建立人才信息共享平台,为跨区域人才与区域内重大项目有效对接,推动人才交流信息共享。充分发挥区域内高层次人才在知识创新、成果转化、政策咨询等方面的作用,实现高层次人才智力跨区域共享。通过相互委托的异地人才评价、人才租赁等人才服务项目,开展跨区域人才服务合作。

2.推动跨区域产学研一体化建设

引导企业、高校、科研院所等进一步整合资源要素,在更深的层次上和更广泛的范围内统筹科技资源,推动跨区域、跨领域的技术成果转移和协同创新。建立创新联合体,切实提高科研成果转化效率,以协同创新机制的优化加快推动产学研用一体化发展。以产学研用各方的全面合作,使人力资本、知识技术、资金设备、市场客户等各类科技资源在加速流动中增加结合的机会,实现富有效率的协同创新。关注并促进技术与市场的良性互动,以跨区域分工协作机制的优化提高产学研用综合体的创新效率。

3.充分发挥新型智库功能

积极借力引智,构建共享平台,通过"产业引进""项目引进""课题引进"等方式组建新型智库,积极服务于决策咨询、理论创新、舆论引导,围绕更好实施跨区域合作、促进区域协调发展开展各项研究工作。更好发挥中介组织、社会团体、科研机构的桥梁和纽带作用,形成社会参与、共同促进区域合作的良好局面。

(四)促进跨区域合作的要素重组

1.人才要素

加速完善人才评价的互准互认机制,加强数据协同和资源共享,促进建立人才要素跨区域的充分流动并相互融合的市场体系。共建共享"两院院士""特贴专家""特支计划""百千万人才工程"等人才资源信息平台。完善专业技术人员互派挂职交流机制,推动企业、技工院校开展对口技能交流和实训服务。实施"银发工程",引导"智力定制",用活智力资源。

2.技术要素

坚持需求导向、问题导向、效果导向,完善市场导向的成果转移转化机制,深化科技成果产权制度改革,推进科技成果资源开放共享,完善转移转化市场体系。探索技术产权交易市场化运营机制,提升技术转移、成果转化、股份转让、融资服务等功能和水平,解决技术成果转化、产业化难题。

3.资本要素

建立跨区域项目财税利益分配机制,推进跨区域项目合作共建,深化区域合作。建立健全总部经济财税利益分配机制、园区合作共建财税利益分配机制、"飞地"经济财税利益分配机制,合理均衡企业总部与分支机构所在地的财税利益分配关系,让相关地区共享企业发展成果。建立健全园区合作共建财税利益分配机制,支持各方共建,促进地区间合作,发挥区域比较优势,推进产业转移,提升园区承载能力和集聚效应。建立健全"飞地"经济财税利益分配机制,促进"飞地"经济有序发展,整合区域要素资源、缓解发展瓶颈制约。

4. 创新要素

加强区域创新协同,与长三角区域其他省(市)共同构建协同高效的创新格局,促进要素优化配置、高效利用,推进开放共享,加强各类创新主体、创新要素和各个区域创新的协同,建立健全新型协同创新机制,着力推动分散式创新向系统性创新转变。与上海、江苏等地区共同建设开放创新平台,落实《推进"一带一路"建设科技创新合作专项规划》,深化与创新型国家和地区的产业研发合作,积极参与"一带一路"科技创新合作,集聚全球高端创新要素。

(五)加强跨区域合作的舆论引导

1. 发挥论坛作用

紧紧围绕跨区域合作与发展问题开展经济合作、生态建设、民生共享、公共服务等各类不同形式的论坛,分享跨区域合作经验,谋划跨区域合作项目,促进跨区域交流与合作对接,为跨区域合作建言献策,促进区域合作与互联互通。邀请国家有关机构共同办好跨区域合作的相关高端论坛。

2. 发挥媒体作用

健全舆情引导机制,强化媒体社会责任,切实提高新闻舆论传播力、引导力、影响力、公信力。引导报刊、电视、广播网络等多种形式,大力宣传和分享浙江在社会治理、生态建设等领域取得的成就和经验。引导主流媒体围绕机制创新,整合各方资源的跨界融合平台,开设"跨区域合作"电视专栏和报纸专版,集中宣传报道跨区域合作的内涵、意义和典型案例,形成良好的舆论氛围。利用网络新媒体和社交媒体等手段,或和国外大型媒体主动展开交流合作,在"一带一路"沿线国家开展跨区域合作理念传播,为跨区域合作开辟国际化氛围的生态。

3.发挥"浙商"作用

企业家是社会进步、社会创新最活跃的群体,通过融合,共同营造尊崇创新、鼓励创业的社会氛围。要重视和充分挖掘"浙商"巨大潜能,以弘扬浙商精神、凝聚浙商力量、传播浙商形象为目标,打造好浙商的"发声平台"——信息发布平台、智库建言平台,发挥他们参与者、建设者、传播者的重要功能。深入探讨浙商如何借助新媒体的力量营造良好舆论生态。支持组建跨区域行业协会(商会)联盟,鼓励相关行业协会(商会)开展合作。

参考文献

[1]车俊.浙江省委书记车俊在浙江省推进长三角一体化发展大会上的讲话,浙江在线,2019-06-21.

[2]陈海盛.以智治推进信用治理现代化的路径——基于诚信建设数字化的浙江经验.征信,2021,39(2):56-60.

[3]陈海涛.以五大发展理念为指导不断推动浙江对口支援工作迈上新台阶.浙江经济,2016(4):10-11.

[4]陈立旭.地域文化与浙商合作精神.杭州师范大学学报(社会科学版),2010,32(5):90-96.

[5]邓小平.邓小平文选(第三卷).北京:人民出版社,1993.

[6]剧锦文.民营企业的转型升级与高质量发展——民营企业40年发展回顾//发展和改革蓝皮书:中国经济发展和体制改革报告NO.8.北京:社会科学文献出版社,2018.

[7]李卫宁,王东祥,朱峰.浙江参与西部大开发:思路重点·措施.浙江经济,2000(12):4-7.

[8]刘乐平.民生"输血"产业"造血"——浙江援建持续助推中西部发展.浙江日报,2017-02-07.

[9]刘乐平.浙江深度融入"一带一路"建设新丝路新浙商新经济.浙江日报,2018-08-10.

[10]毛泽东.论十大关系.北京:人民出版社,1976.

[11]聂献忠,葛立成.产业转移,浙江能走多远?.浙江日报,2013-06-14.

[12]王永昌.新时代高质量发展呼唤高素质的浙商.浙江社会科学,2018(4):62-68.

[13]吴晓波.新时代的浙商精神.浙江社会科学,2018(4):69-71.

[14]习近平.干在实处走在前列——推进浙江新发展的思考与实践.北京:中共中央党校出版社,2006.

[15]习近平.加强改革创新战略统筹规划引导　以长江经济带发展推动高质量发展.人民日报,2018-04-27.

[16]习近平.坚持走中国特色社会主义社会治理之路　确保人民安居乐业社会安定有序.人民日报,2017-09-20.

[17]习近平.认清形势聚焦精准深化帮扶确保实效切实做好新形势下东西部扶贫协作工作.人民日报,2016-07-22.

[18]习近平."浙商文化"是浙商之魂.浙江日报,2006-06-16.

[19]夏炳荣,潘金明.东西合作的新探索——西部大开发中的"浙江模式"初探.中国金融,2008(4):27-29.

[20]徐冯璐.浙江省建设"一带一路"的地方金融支持研究.新金融,2018(1):52-57.

[21]徐林.实施区域协调发展战略.中国纪检监察报,2018-01-05.

[22]杨轶清.浙商40年.价值创造及时代内涵.浙江日报,2018-12-05.

[23]张全兴.营造良好涉外金融服务环境.中国金融,2017(17):92-93.

[24]浙江之声."一带一路"浙江先行.中国广播电视学刊,2017(5):137.

[25]周咏南,刘乐平,肖未,等.种好接轨上海的"试验田"——平湖走好长三角一体化发展"先手棋".浙江日报,2019-02-17.

[26]朱允卫.东部地区产业向中西部转移的理论与实证研究.浙江大学,2013.

执笔人:陈健、王琳欢、章潇,浙江大学中国西部发展研究院。

第一章　浙商国际国内合作

合作发展是浙商从小到大、从大到强成长历程中的重要一环。本章围绕浙商国际国内合作，以浙商架构体系与改革开放后浙商的崛起历程为切入点，分别介绍了浙商国内国际合作发展的历史沿革与现状。本章认为，处于全球价值链低端、同质化产业集群合作优势减弱、商会作用尚待发挥与劳动力优势减弱是浙商国内国际合作面临的问题，贸易摩擦、疫情冲击、融资难是浙商国内国际合作面临的挑战。同时，国内国际双循环、共建"一带一路"倡议、数字经济、资本市场深化改革都将为浙商合作发展提供机遇。基于以上分析，本章从商会发展、市场经济法制化、浙商"走出去"、创新、管理能力与企业家精神等方面提出了政策建议。

一、浙商的构架体系

（一）浙商精神：浙商合作的文化底蕴

浙商精神具有深厚的历史文化渊源，浙商群体在古代便开始探寻经商之道、拓展外部交易机会。

浙商的发展离不开儒学思想的渗透，在浙东学派的发展中，其反对历代君主推崇的"重本抑末"，推出"工商皆本"的口号，大力支持工商业的发展，认为古代帝王所谓的"公天下"只是为了帝王的一己私欲，并且每个人都有自私自利的权利，天下百姓和帝王没有任何区别。浙东学派对浙江文化产生了巨大的影响，他们"国家不可病商以滋弱"的思想观念，极大地影响着浙江工商业的萌芽，浙东学派就这样成为了浙商文化的根本动力。

经济主体之间的合作以彼此之间的契约精神和互相信任为基石，浙商精神的延续使得"诚信取向"等契约精神流淌在浙商群体的血液中。

浙商精神是传统与现代商业文化的有机融合。谢永珍和袁菲菲（2020）从政商关系、家族意识、仁爱取向、诚信取向、创新精神和开放精神六个维度构建了评价商帮文化的指标体系。如图 1-1 所示，一方面，浙商在"诚信取向"维度高于其他商帮，浙商精神传承了经济主体合作所依赖的契约精神；另一方面，发展社会主义市场经济，政商关系是始终绕不开的重要话题，浙商在"政商关系"维度同样高于其他商帮，这使浙商更好地融入到"亲""清"新型政商关系中。"坚忍不拔的创业精神、敢为人先的创新精神、兴业报国的担当精神、开放大气的合作精神、诚信守法的法治精神、追求卓越的奋斗精神"构成了"新时代浙商精神"的基本内涵。这些浙商精神特质提高了浙商在社会主义市场经济改革和对外开放中的市场适应能力，帮助浙商形成独特的竞争优势和广阔的市场前景。

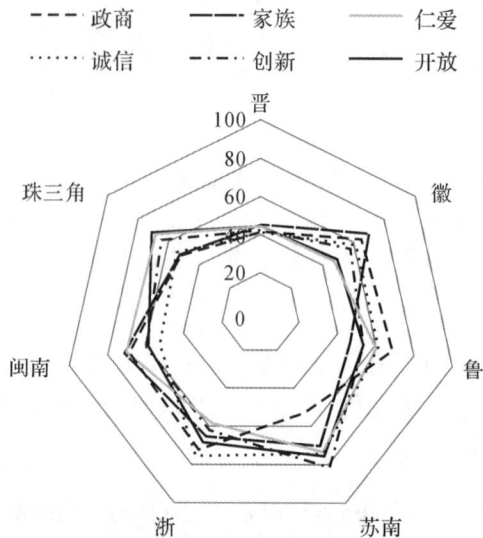

图 1-1　商帮文化及其比较的雷达图

资料来源:谢永珍,袁菲菲(2020)。

(二)浙商商会:浙商合作的重要组织

民间商会是指由独立的经营单位、事业单位或由自由商人、企业职员等自愿组成,保护和增进全体成员既定利益的非营利性组织。行业协会是典型的商会之一,是指"同行业企事业单位在自愿基础上组织起来,为增进同行业共同利益的松散的经济团体"(苏东水,2000)。

商会具有悠久的历史渊源,在我们熟知的义乌、温州商帮前几百年,浙江就出现了龙游商帮、宁波商帮等类似于当代商会的组织。从商会成员的内部关系来看,商会成员之间可以在一定程度上进行风险互担、成员互助,从商会整体与市场之间的关系来看,商会组织可以获取更多的交易信息,具有扩大市场交易半径、增加市场合作机会的经济功能。人们皆说浙商非常有团体意识,一起外出做生意时,可能首先想到的就是抱团发展,这不仅提高了浙商的交易风险承受能力,而且增加了浙商获得交易机会的概率和规模。

在中国逐步建立市场经济体制的进程中,民间商会与民营企业的发展体现出共生性的特点。与民营企业的迅猛发展类似,改革开放后民间商会的"民间性"与"自律性"逐渐得到党与政府部门的重视。作为政府与市场的纽带,民间商会在市场化改革和民营化推进中成为发展最好最快的社会组织。

改革开放以来,中国商会的发展可以分为1978—1990年的起步发展阶段、1990—2000年的快速发展阶段、2000年以后的全面发展阶段,在各个阶段中,民营企业和商会基本保持互利共生的同步发展趋势(李建琴等,2018)。自2001年开始,全国工商联正式在国家民政部登记注册为"中国民间商会",工商联从此具有了总商会的性质。根据全国工商联的统计数据,截至2015年底,各级工商联共有商会41679个,与2014年底相比,增加4698个,增长12.7%。其中,行业协会12668个,占比30.4%;乡镇商会15939个,占比38.2%;街道商会3865个,占比9.3%;异地商会5825个,占比14%;其他商会3382个,占比8.1%。各类型商会数量都有所增长,其中异地商会随着各地经济交流合作日趋紧密,数量增长比例最大。

浙商自古以来便有通过商会凝聚商业力量、拓展交易机会、降低贸易不确定性的传统,抱团发展、共生合作是浙商文化基因的一部分,1986年成立的上海市浙江商会、1990年成立的温州市总商会等均是代表性浙商商会。商会是社会团体组织的一种,如图1-2所示,浙江省每万人社会团体数量远远高于全国平均水平,并远高于其他经济发达省份,与江苏省基本持平。浙商建立的各种商会的模式和作用也日趋成熟。在浙商商会的发展中,商会扮演了重要的中间人角色,是中小微企业之间的合作平台,是企业与政府之间承上启下的桥梁。

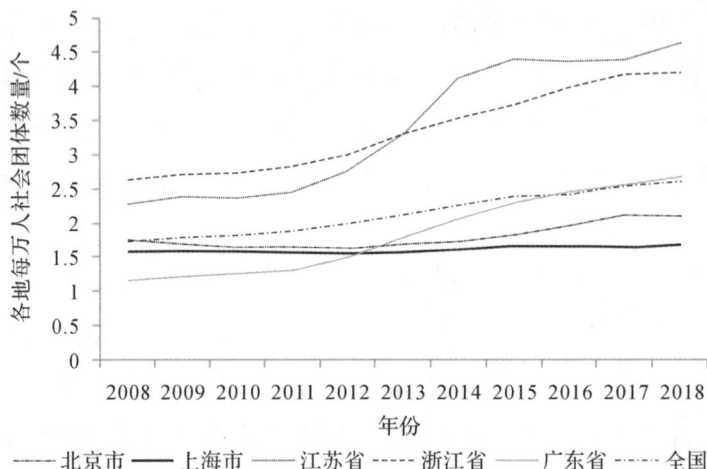

图 1-2　各地每万人社会团体数量

数据来源:国家统计局。

　　浙商商会是政企沟通交流的桥梁纽带。从市场中的企业与政府之间的关系来看,商会的作用可体现在两方面,一是商会是企业聚集的平台,能够起到促进区域经济发展、加快地区招商引资的作用;二是商会能够引导国家政策落地、代表企业谋求政府支持。商会聚集了各类企业,带动了地方发展、提升了政府绩效,同时政府也通过商会落实政策、哺育企业发展。

　　例如上海市浙商商会。在改革开放后,国家大力支持民营企业的建立,浙商借机在各地建立浙商商会分会。浙江商会上海分会在 1986 年正式登记建立,上海市浙江商会的创立意义重大,是浙江省在沪企业总部、沪浙经济文化和政商合作平台,为上海进行对外招商引资做出了巨大的贡献。2018 年,长三角浙商服务中心落户上海市闵行区,进一步促进了上海闵行区的经济发展与产业结构的转型。2020 年,上海浙商商会与上海农商行合作追加 400 亿的授信,推动中小微企业的融资问题,大力配合国家政策对中小微企业实施帮助,推动上海市经济发展。

　　再如温州市总商会。顺应改革开放的政策和经济大环境,浙江温州商会于 1990 年成立了温州市总商会。2000—2010 年阶段,浙江温州商会发展迅速,全国温州商会达到了逾百家。基层人员以及管理人员总数超过上万人,涉及行业包括眼镜、皮革、纺织品、家具等传统行业,同时也包括涉及新的商业领域的直属行业分会。2006 年温州人均 GDP 达到 4000 美元,龙湾区人均 GDP 超过 1 万美元。温州商会的发展为温州的经济发展提供良好的交流平台,也起到各大企业合作的桥梁作用。温州经济与温州商会相辅相成,相得益彰,互相成就。虽然机遇与风险并存,但是温州商会具有良好的商会文化和商会机构准则,参入商会的商人们互帮互助、互相提携、共渡难关,也恰恰体现了浙江商会的凝聚力和团体意识。浙江商人抱团的传统,使得商会在发展的过程中更好地克服了一些危机,优秀的商人向年轻的商人传授经验,趋利避害。总的来说,在改革开放后,温州商会发展速度显著提高,尤其是 2006 年,温州经济创造了一个飞跃后,温州商会在全国迅速扩增,截至 2020 年,仅仅是会员数目就达到了数万人。

商会组织的内部管理更加正式化、制度化。随着商会组织内部的企业数量攀升、经济职能愈发重要,商会的内部管理更加制度化。例如上海市浙商商会的制度较为成熟,商会运营杂志以及会刊,定期更新社交媒体和主流网站,并拟定组织章程。

(三)浙商使命:市场的开拓者与创新者

浙商是中国民营经济、私营企业的先锋带头人,是富有企业家精神的市场开拓者和创新者,浙商在一定程度上推动了中国的产业转型升级。

浙商敏锐的市场直觉和对市场利润的追求,会不断激励企业家满足消费者对产品多样化的需求,更迅速地捕捉消费者偏好。如图 1-3 所示,2011—2019 年,浙江省的发明专利、实用新型专利、外观设计专利申请授权量占全国比例较高,在 10% 至 15% 左右,尤其是发明专利申请授权量占全国比例不断上升,而实用新型专利、外观设计专利申请授权量占比有所下降。此外,如图 1-4 所示,2011—2019 年浙江省规模以上工业企业的 R&D 项目数和新产品销售收入增速稳定在 10%,占全国的比例也较高,且呈上升趋势。这在一定程度上反映了浙商产业正在努力实现转型升级、避免低端锁定,在这过程中,企业生产要素的投入机构也从低级向高级转换,对价值链高附加值环节的控制力也在不断增强(张小蒂,曾可昕,2013)。

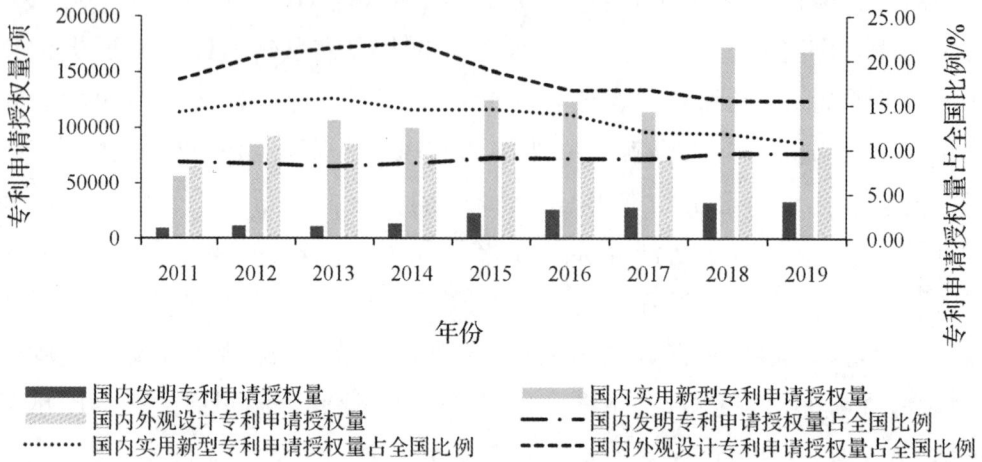

图 1-3　浙江省三类专利申请授权量及占全国比例

数据来源:国家统计局。

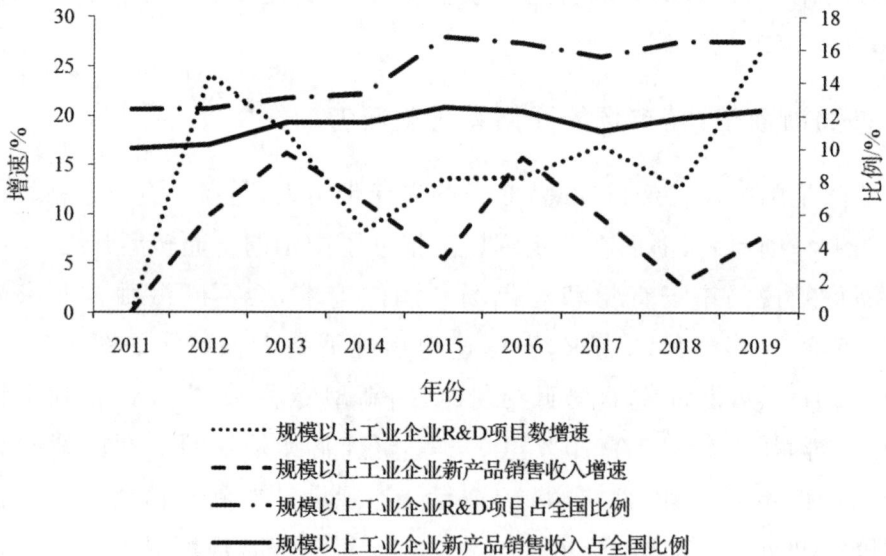

图 1-4　浙江省规模以上工业企业 R&D 项目数及新产品销售收入增速和占全国比例

数据来源:国家统计局。

　　"十四五"时期,中国将以推动高质量发展为主题,以深化供给侧结构性改革为主线,以改革创新为根本动力,以满足人民日益增长的美好生活需要为根本目的,浙商的创新意识和满足新需求的能力在市场中占有重要地位,这需要浙商采取使命导向、知识导向的发展策略,通过开展"自下而上"的制度创业、平台创业、商业模式创新实现浙商再次成长(项国鹏,吴波,2015)。

二、浙商国内跨区域合作发展概况

浙商的国内跨区域合作,是浙商从小到大、从大到强成长历程中的重要一环。随着浙商发展的不断壮大,涉猎产业的日益丰富,由原材料、技术、市场等因素驱使的合作发展成为了必然选择。

(一)改革开放与国内浙商崛起

在介绍浙商合作发展之前,有必要简述浙商的崛起历程。

在改革开放以前,中国的经济体制还是计划经济,个体商户、自主创业被政策所限制。在面临政策限制民营经济的大环境下,浙商也通过各种方式从事工商活动,一是实行小规模"地下经济"。譬如弹棉花、木工、挑糖等,可谓是层出不穷,同时也存在得到政府批准的临时工商许可后合法经营的小买卖,例如义务工商行批准的用小百货换鸡毛杂肥的临时许可证。二是在国有商业组织中进行工商活动。不少浙商会接手原本是国有的工厂继续运营,最具代表性的即为与马云、宗庆后齐名的浙商三大领军人物之一的鲁冠球,他于1969年接手已成烂摊子的宁围公社农机修配厂,在他的领导下,该农机厂实现"土鸡变凤凰",在1978年成为拥有400多人、年产值300多万元的大厂。尽管改革开放前,浙商从事工商活动的规模较小、范围受限,但为改革开放后浙商崛起奠定了良好的市场经营经验、企业家能力和社会关系基础。

改革开放后,在各项鼓励民营经济发展的政策推动下,浙商在全球范围内迅速崛起。剧锦文(2019)从改革开放后政策趋势和企业制度边际变化的显著程度等角度,将我国民营经济的发展过程划分为四个阶段,即从个体经营户到私营企业(1978—1991年)、从私营独资企业到股份制企业(1992—2001 年)、从家族式股份制到现代企业制度(2002—2011 年)、从股份多元化到优化治理结构的创新(2012 年至今)。浙商是我国民营经济发展的缩影和代表,经营模式同样呈现从改革开放初期简单的个体经济向私营企业、股份制企业、更健全的现代企业制度的转变。

(二)合作发展与浙商转型升级

改革开放 40 多年来,民营企业在推动经济发展、促进科技创新、增加居民就业、改善社会民生和扩大对外开放等方面发挥了显著作用,民营企业转型升级更是我国经济高质量发展的关键所在。民营企业的一大特点是市场的敏锐度高,特别是浙商,时常能够抓住"不是机会的机会"。在这样的快速发展过程中,转型升级的激励来自自身发展的需要,但转型升级的驱动力则需多方支持,走出浙江,走出国门,利用好多种资源、技术,成为浙商转型升级中的重要举措。从产业分布来看,浙商遍布商贸、个体手工业、轻工业、制造业、高科技产业等各个领域,并且都取得了不错的成绩,随着浙江民营企业实力增强,浙商也从最初简单的"引进模仿+消化吸收"更多转向自主研发和技术创新,这里处处都有合作发展的影子。

1. 从商贸、个体手工业、轻工业进入制造业(1978—1995 年)

虽然改革开放后第一代浙商大多数人出生身份都是农民,但浙商精神中的经商文化基因使他们具备一定的商业眼光。在当时经济还不够景气的条件下,大多数人选择了"小商品、小生意、小作坊"的"三小"作为工商第一步,因为这些选择不需要大量资金的投入,浙商能够轻易融入工商发展的潮流中。

在产业结构上,就表现为浙商以建立商贸、个体手工业、轻工业等小型企业为主。例如在轻工业中,如表 1-1 所示,浙商建立的小型轻工企业在 1980 年浙江工业总产值中的占比达到了 84%,大大超过了全国平均水平的 57%,而当年浙江省轻工业的占比达到了 60.5%,从事轻工业的浙商也成为了浙商发展初期的主力军。

表 1-1　1980 年小型企业和集体企业工业总产值比重　　　　　　单位:%

范围	小型企业	集体企业
浙江	84	39
全国	57	21

数据来源:胡兆量(1981)。

由于绝大多数浙江民营企业规模很小,大部分处于价值链和产业链低端,既不具备产业转型与升级的实力,也不具备足够的技术创新的激励,因此在发展初期多是"各自为战",技术策略上多采用拿来主义(剧锦文,2019)。有学者将温州商人的"群起效仿"的行为模式称为"蜂群现象",例如在 1986 年前后,不少富有商业头脑的温州人将日本生产的打火机拆开研究,结果温州人只花了 3 个月的时间就手工制作了第一只打火机,庞大的温州商人群体靠着廉价的劳动成本和高超的模仿工艺大批生产高仿打火机,并以极低的 1 美元价格出售,甚至抢占了位于日本、韩国以及中国台湾的 3 家最大的打火机生产基地的市场份额,最终使其步入倒闭的命运(子航,2017)。正是通过这种模仿技术,温州商人等浙商赚足了第一桶金。这一阶段的浙商处在发展初期,产业技术能力距离技术前沿也比较远,合作发展的紧迫性尚未凸显。

2. 在制造业和基础产业领域实施产业深化(1996—2011 年)

伴随民营企业发展壮大,浙江省民营企业不仅在产业结构上开始向制造业等基础上游产业发展,而且开始更加注重技术研发和产品创新。根据历年《中国私营经济年鉴》中浙江省工商联对浙江省私营企业的专项调查,在 2001 年前后浙江省私营企业加快了向教育、房地产开发、基础设施建设、交通运输、生物医药、环保化工、机械电子、仪器仪表、信息咨询服务业等行业和领域的投资经营。如表 1-2 所示,2002 年至 2003 年间,浙江省私营企业中从事制造业的比率已经远超批零贸易餐饮业。在 2004 至 2006 年上半年,浙江私营企业户数增长绝对量的 71.34% 为制造业,而个体工商户的增长中 94.94% 的仍以批发和零售业为主。截至 2008 年 6 月,浙江省个体工商户在一、二、三产中的分布分别为 0.71%、18.42%、80.87%,私营企业则为 1.35%、53.8%、44.85%,私营企业增量中仍以制造业为主,个体工商户增量仍以批发和零售业为主。

表 1-2　2002—2003 年浙江省私营企业行业分布变化情况

企业数和比率	农林牧渔业	采掘业	制造业	建筑房地产业	交通运输仓储业	批零贸易餐饮业	社会服务业	其他	总数
2002 年企业数/万户	0.28	0.12	14.34	0.46	0.33	6.57	2.3	0.34	24.73
比率/%	1.13	0.48	57.98	1.85	1.33	26.56	9.30	1.37	100
2003 年企业数/万户	0.4181	0.1259	16.9936	0.64	0.443	7.776	3.2805	0.5365	30.21
比率/%	1.38	0.42	56.25	2.12	1.47	25.74	10.86	1.78	100

资料来源:中华全国工商业联合会,中国民(私)营经济研究会(2005)。

　　这一时期浙江省民营企业创新能力不断提高。根据历年《中国私营经济年鉴》统计,2000 年浙江私营企业用于开发新产品的资金投入为21.4 亿元,2001 年为 30 亿元,2001 年底科技型私营企业 3318 家,139 家企业内部建立了科研机构;2003 年,浙江工业企业技术改造投资 1500 亿元,其中 80% 以上是民营企业投资,2002 年浙江省民营科技企业 3937家,比 2001 年增长 95.2%,2003 年底,浙江民营科技企业共 1.2 万家,当时全省 1000 多家省级以上高新技术企业中民营企业占比 95%;截至2006 年上半年,浙江个体私营企业 2005 年投入技改资金 500 亿元,比2004 年增长 18% 左右,投入新产品开发资金 60 多亿元,比 2004 年增长17% 左右,2006 上半年投入技术改造研究资金 239.56 亿元,同期增长1.46%,新产品研究开发投入 52.53 亿元,同期增长 6.23%,开发新产品近 3000 个,同期增长 16%。

　　随着创新能力的提升,浙江的民营企业在向价值链高端演进。这一过程中,有两个重要的特征反映了浙商跨区域合作发展。一是浙江省民营企业更加注重品牌效应。品牌是企业走出去发展的重要标志,也是企业跨区域合作发展的必备条件。在该阶段,浙江个体私营经济也从早期的"无牌""冒牌"到"贴牌"经营,并且"创牌"成为越来越多的个体私营企业的经营方式和目标。企业以产品与管理创品牌、提升品牌,以品牌推动企业进一步发展。根据历年《中国私营经济年鉴》统计,2000 年浙江省新注册私营企业新注册商标 6338 只,2001 年新注册商标 6091 只,多个商标荣获中国驰名商标;截至 2006 年上半年,浙江有知名商号 521 个,个体私营企业注册商标增加至 7.3 万多个,其中国家级驰名商标 63 个(2000 年末为 6 个)。这一阶段的浙商更加注重品牌,说明"走出去"发展已经成为共识和行动,合作发展已经初具规模。二是浙江省民营经济区域规模优势进一步突显。"专业市场+块状经济"模式是浙江区域经济特色所在,"建一个市场、带一片产业、兴一座城镇、活一地经济、富一方百姓"是浙江许多地方经济发展的真实写照。各行各业以区域特色产品为纽带,以龙头民营企业为依托,中小企业围绕龙头企业集群式发展,块状经济和专业市场格局使集聚效应进一步加强,推动了区域经济的持续增长。这种结构化的"抱团"发展本身就是一种合作,同一产业的上下游企业围绕龙头企业协同配合,发挥各自的比较优势,推动生产效率的提升。有关统计显示,截至 2010 年,浙江省块状经济以县(市、区)为单位,共计 460 多个,以11 个市为单位,将相同产业的区块进行归并,则块状经济有 370 余个,并且不少块状经济也突破"一县一品""一县多品"的行政区域经济特征,形成了更大范围的产业区,浙江省当时 52 个"块状经济"产品在国内市场占有率达到 30%以上。

3.科技新浙商的成长和崛起(2012 年至今)

金融危机过后,浙江民营企业在积极应对国际金融危机的同时,也在深刻反思过去的发展模式。这一时期,浙商涉及的行业结构在进行调整。

随着浙商实力的不断壮大,首先,合作发展方式产生了变化,并购成为合作发展的一种方式。如图 1-5 所示,在 2011—2020 年正在进行以及已完成、买方为国内私营企业的企业并购中,浙江私企在并购活动中表现十分活跃,而且占全国并购数量的 10%以上,这说明目前浙商积极寻求国内合作发展机会。

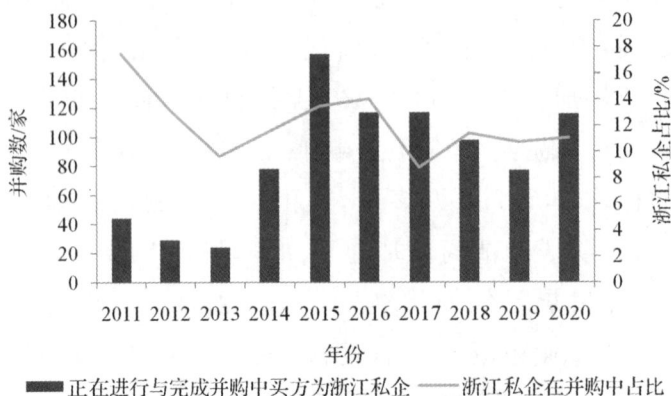

图 1-5　2011—2020 年浙江私企并购统计

数据来源：Wind 咨询。

　　其次，浙商合作发展的方向产生了变化，谋求产业深化发展、高新技术转型成为一大特点。根据在并购标的方所属行业，可见浙商 2011 年后的并购重点行业基本符合中国民营企业升级转型阶段特征。如表 1-3 所示，一是并购标的方集中于材料、工业、可选消费等行业。这与浙商发展的产业结构路径依赖特征有关，中国浙商从轻工业、个体手工业起家，并在 20 世纪末向制造业进军，后续通过并购方式增强同业合作、扩大经营规模、增强竞争优势；二是 2016—2020 年与 2011—2015 年相比，浙商开始加速并购信息技术企业，这表现为前者占比为 18.02%，后者占比为 14.24%，5 年间上升的 4 个百分点。近年来，浙商开始从价值链的低端向高端升级、从传统产业向新兴产业升级、从单纯制造向生产服务升级、从代理加工到建立品牌升级，在这过程中离不开在数字经济、智能制造、互联网＋领域的投入与合作，并谋划信息化转型、数字化转型，乃至智能化转型，因此浙商开始大举寻求与信息技术企业的合作。

表 1-3　2011—2015 年、2016—2020 年浙江民营企业正在进行或已完成的并购标的方所属行业

标的方所属行业	2011—2015 年		2016—2020 年	
	数量/家	占比/%	数量/家	占比/%
能源	3	0.34	3	0.19

续表

标的方所属行业	2011—2015 年		2016—2020 年	
	数量/家	占比/%	数量/家	占比/%
材料	115	13.20	216	13.95
工业	219	25.14	421	27.20
可选消费	229	26.29	291	18.80
日常消费	19	2.18	65	4.20
医疗保健	77	8.84	133	8.59
金融	48	5.51	68	4.39
信息技术	124	14.24	279	18.02
电信服务	0	0.00	0	0.00
公用事业	6	0.69	8	0.52
房地产	31	3.56	64	4.13
总计	871	100	1548	100

数据来源：Wind 咨询。

　　最后是持续加强产学研合作。原本主力于轻工业、制造业的浙商已经逐渐开始转型，并有许多企业转型成功。为补齐技术短板，浙商寻求优势互补合作，其中产学研合作是加强浙商技术进步的重要途径之一。例如新冠疫情期间，浙商企业家敢于人先、善于合作的企业家精神使其在高科技疫苗公司中崭露头角，万泰生物便是代表企业之一。万泰生物全称为北京万泰生物药业股份有限公司，成立于 1991 年，主要负责生物诊断、疫苗、医学仪器和抗体药物的研发以及生产。新冠疫情下，疫苗概念股疯涨，其中万泰生物市值超过千亿。万泰生物的成功得益于和厦门大学的科技合作。"万泰生物"作为浙商企业合作案例之一，是指万泰生物与中国厦门大学生物实验室合作研发并应用了全自动发光平台新冠病毒抗体检测试剂盒。同时，万泰生物和厦门大学研究制作成功了国产二价 HPV 疫苗。两次研发结果的阶段性成功，促成了股民对于企业发展的乐观态度，从而使得市值翻了 32 倍。促使企业合作成功的因素有三点，一是政策利好与大环境的疫苗需求，新冠疫情下对于生物药业行业的关注度大幅度提升，包括对于疫苗概念股的高度关注,都有益于企业市值的增加;二是企业万泰生物对于与厦门大学研究合作的宣传力度很大,高度契合了当下民众对于疫苗研发的期待;三是浙商勇于创新、敢于挑战的企业家精神,敢于把大规模的资金投入到有着失败可能性的疫苗研发中。

(三)国内浙商合作发展案例

1. 胡庆余堂的"老字号"创新

浙商诞生了许多"老字号",其中胡庆余堂便是其中之一。"江南药王"胡庆余堂,系清末"红顶商人"胡雪岩于1874年(清同治十三年)创建。在一个半世纪里,胡庆余堂坚守初心,诚实守信,坚持着"真不二价"的经营理念,继承与发扬中国传统中药文化。

20世纪90年代末,胡庆余堂对经营模式进行创新,从药业出发,构建了一个多元化产业。一是在中药文化基础上,以人文景观为主,加上药膳、保健养生会馆等系列组合,依托作为旅游城市的杭州,发展出一条成功的特色旅游产业;二是完成了包括药材种植、药酒加工、成品药制作、医疗保健、中药门诊及养生旅游等全产业链的产业格局,不断丰富品牌内涵(葛锦晶,2019)。

20世纪初,正值电子商务迅速发展阶段,胡庆余堂也开始采取电子商务经营战略。胡庆余堂不仅入驻天猫、京东,借着已有成熟电商平台发展,而且在2010年成立自己的电商企业,利用O2O模式融合线上线下场景。胡庆余堂积极迎合互联网发展趋势,不断探索转型之路。伴随"互联网+"深化发展,胡庆余堂不断通过线上渠道丰富多品种消费场景,不仅保持山参、燕窝等传统保健产品优势,而且增加红糖姜枣茶、酸梅汤等新消费品种。根据孙敏强和吴素芳(2019)的调查问卷,绝大多数消费者对胡庆余堂的产品认可度较高(见表1-4)。在2016年,胡庆余堂在百年传承的中药配方的基础上,推出了"中草药咖啡",备受年轻人喜爱。

表 1-4 消费者对胡庆余堂品牌认知及是否会购买参茸保健品

题目	选项	人数/人
您会购买参茸保健品吗	会	135
	不会	19
胡庆余堂是中华老字号,请问您听说过胡庆余堂吗	听说过,不是很了解	84
	了解	55
	没听说过	15

资料来源:孙敏强,吴素芳(2019)。

2. 美欣达集团的"绿色蝶变"转型

美欣达集团创始于 1993 年,从一家以纺织印染为主营业务的小型民营企业起步。由于新制定的环境保护法提高了污水排放标准以及纺织行业日渐式微,美欣达公司连续多年收入下滑。随着纺织业普遍遭遇困境,美欣达集团苦苦寻求蝶变之路,最终全力进军环保产业,将目光锁定在垃圾发电产业。

经过多年的转型升级、开拓创新,美欣达集团已经成为以环保产业为主,金融、旅游产业为辅的大型民营企业。集团各产业板块践行"科学发展,绿色环保,让人与自然和谐共生"的理念,坚守"环境产业,责任第一"的职责,管理和运营全国 20 多个城市垃圾焚烧发电项目,通过垃圾处理让城市变得更干净、更环保、更文明,成为城市的"美容师"与"好管家"。美欣达集团秉持创新驱动的公司战略,在垃圾焚烧发电、病死畜禽无害化、餐厨处置、危废处置、环卫一体化、汽车拆解等领域,构建美欣达固废生态产业圈,成为全国"无废城市"建设行业领军企业。

在 2019 年度(第 17 届)风云浙商颁奖典礼中,美欣达集团获得了"从污染大户到环保先锋,他是无废城市的探索者、先行者和实施者。每一次华丽转身,他都凤凰涅槃,用心擘画城市乡村的理想家园。绿水青山,美好共享"的美誉。

3. 恒林家居的匠心筑梦之旅

恒林家居成立于 1998 年,地处"椅业之乡"安吉,安吉是我国最大的坐具制造业集群区域,产业集群优势显著,长期深耕于坐具业务,产品主要包括办公椅、沙发、按摩椅和其他办公家具、家居等。办公椅为恒林家居的核心产品,2019 年公司办公椅业务营收占比达 50%,毛利占比达 49%。

恒林家居的核心战略方向是从传统的 ODM(original design manufacturer,原始设计制造商)代工转型为办公大家居提供商,恒林家居的发展路径一直遵循该发展转型方向。一是整合产业链,提升核心业务竞争力。2017年,恒林家居于上海证券交易所 A 股主板上市,2018 年,收购锐德海绵80%股权,并在越南投资建厂、扩充产能。二是推动"办公环境解决方案"和"大家居"战略。2019 年,恒林家居全资收购办公行业龙头企业 Lista Office,Lista Office 是瑞士知名的办公家具制造商,拥有先进的生产技术和研发中心,该收购行为使恒林股份充分发挥与 Lista Office 的协同效应,在市场和渠道、产品和技术、生产和运营管理经验等方面资源整合,提升了恒林股份整体的市场竞争力和企业影响力。2020 年 5 月 13 日,公司发布公告拟收购东莞厨博士家具有限公司,厨博士主营全屋定制,收购有利于恒林家居拓宽布局定制家具赛道,进一步打开成长空间。

综合来看,在 1998—2018 年,恒林家居以 ODM 代工为主。在 2019 年之后,OBM(original brand manufacture,代工厂经营自有品牌)业务提速,在办公椅、沙发等产品保有一定 ODM 代工产能的同时,也加强自主品牌打造,并通过收购 Lista Office、厨博士等拓宽产业发展空间。

在 2019 年度(第 17 届)风云浙商颁奖典礼中,恒林家居获得了"从家庭小作坊,到椅子行业单打冠军。他专注如初、匠心筑梦,从'世界工厂'到让世界为我制造。他书写传统制造转型升级新传奇。致远万里,逆风飞翔"的美誉。

三、海外浙商发展现状

(一)改革开放以来浙商的海外发展概况

1. 浙商积极探寻海外合作机会

浙江是全国重点侨务大省,大约有 220 万华侨华人分布在 180 个国家和地区。作为国内极具活力和影响力的商人群体,海外浙商早已踏出国门,在世界各地建立了著名的商业中心,例如阿联酋迪拜的中国日用商品城分市场、罗马的服装批发商贸城、莫斯科著名的"海宁楼"等。从浙商海外发展阶段来看,大致可分为传承近代海外浙商产业(1978—2001年)、中国加入WTO与浙商海外发展(2002—2008年)、金融危机与浙商发展新机遇(2008—2014年)、"一带一路"倡议背景下的浙商海外发展(2015年至今)四个阶段。

(1)浙商海外发展第一阶段:传承近代海外浙商产业(1978—2001年)

鸦片战争后,清朝闭关锁国局面被打破,通商口岸的建立使浙商积极探寻对外贸易机会,大量从事中国木器、瓷器等商品贸易。进入20世纪,浙商前往海外贸易的步伐加快,例如在欧洲,参与对外贸易的浙商可大致分为两类(徐淑华,2013):一是家族殷实、资本实力相对雄厚的浙商。例如湖州南浔丝商巨贾之家的张静江、古玩巨商罗君芹成为众多华商效仿的榜样,但该部分商人数量十分有限,也未形成群体力量,不构成欧洲海外浙商的主体。二是在欧洲从事小型商业活动的浙江小商贩,这些小商贩人均资本量很低,但数量非常庞大,据统计,在30年代,仅浙南青田在欧洲从事商贸活动的小贩就可达2万多人(徐淑华,2013)。这部分小贩也逐渐通过建立百货批发商铺、合资创业等形式积极合作,为之后海外的中餐业、欧洲皮革业等奠定了基础。

改革开放初期,浙商海外发展主要是传承浙商在海外已奠定的产业基础,集中于餐饮业、皮革业、零售杂货业、纺织服务业、航运业等领域。随着改革开放后初代海外浙商资本额的积累及新一代海外浙商的崛起,为谋求更大的发展空间,海外浙商不断进入新的产业领域,到20世纪90年代,海外浙商资本已经遍及消费品制造业、休闲娱乐业、商业服务业、房地产业、进出口贸易业、电子及信息产业等诸多领域。根据《中国私营经济年鉴(2000—2001年)》统计,在2000年前后,随着国家出口市场的多元化和"走出去""引进来"外贸战略的实施,2000年浙江共有1225家私营企业与外商合资,新增外资11159万美元,设立境外机构56个,有1119家私营企业获得自营进出口权,比1999年增长77.6%,出口的商品也已向科技含量高、产品附加值高的汽车零配件、电子五金、化工、机电产品发展。

但浙商海外合作之路却一直陷入走不出去的国际化困境。浙商一直尝试在国外工商市场中也能像国内一样站稳脚跟,但却屡屡发生一些不和谐事件,比如 2001 年俄罗斯扣鞋事件,俄罗斯查扣中国商品,使温州鞋业遭受重创,对浙商相关企业直接造成将近 4 亿人民币的经济损失;又如 2005 年的巴黎骚乱,当地圣诞节期间在巴黎的中国商家货物仓库被烧,浙商是损失最惨重的集体,直接经济损失达到数亿元。与此相似的案例还有很多,种种不和谐的新闻标志着浙商还是不能顺利融入国外市场。

浙商的"走出去"之路更为艰辛的原因有很多,一是浙商的成功引起当地竞争者的攻击,俗话说强龙不压地头蛇,当浙商太过耀眼时,势必会引起当地同行的排斥与打击;二是我国有利于对外投资的法律法规与政府政策相对不足,没有政府协助,私营企业在国际谈判中很难得到保护,正当利益也很难得到实现;三是浙商对于外国当地的法律法规与政策缺乏了解,这也是浙商在国际化进程中的一大难题;四是劳动力成本以及工作文化、制度的差异,例如国内一些需要加急处理的订单可以通过加班来完成,但外国工人可能就会拒绝加班,导致工厂无法按期完成订单,进一步导致订单挤压、影响公司效率。

(2)浙商海外发展第二阶段:中国加入 WTO(世界贸易组织)与浙商海外发展(2002—2008 年)

2001 年 12 月,中国加入世贸组织,浙江民营经济在继续保持快速发展的同时,也更加依靠国外市场需求的推动,广阔的国际市场为浙江民营经济带来大好商机,使浙江民营经济的外贸出口迅猛增长,成为浙江经济增长的主要贡献者。但伴随经济全球化加快,成熟、强大的国际市场也给原先以"轻、小、低、散"为特色的浙江个体私营经济强大的压力和动力。

根据历年《中国私营经济年鉴》统计,2003 年浙江省外卖出口 416 亿美元,其中民营经济占 36.5%,首次超过国有及国有控股企业和外商投资企业,2003 年底,全省私营企业在境外累计设立企业 535 家,占浙江境外企业总数的 38.7%,投资额达 15526 万美元。许多民营企业利用外资和著名品牌,通过嫁接改造,提高企业的管理水平和技术水平;2006 年上半年有 1.57

万户个体私营户实现出口创汇,折合人民币 869.35 亿元,分别同期增长 8.66％、11.87％。浙商在"走出去"的同时,"引进来"的步伐也在不断加快,大批企业以民资吸引外资,跨区域跨国界并购和股权转换,走上合资合作的发展道路;2007 年新增外向型个、私企业 28372 户,同比增长 43.98％,其中年出口额百万以上的企业有 13438 户,同比增长 44.18％。新增获自营出口权私营企业 4414 家,同比增长 13.91％。在境外设立机构 138 个。合同利用外资 55 亿美元,同比增长 2.02％。其中华立集团、康奈集团、海亮集团在当时分别进军泰国、俄罗斯、越南等国建立工业园区。

(3)浙商海外发展第三阶段:金融危机与浙商发展新机遇(2008—2014 年)

浙商走不出去的困境,在 2008 年有了极大改善。2008 年的金融危机席卷全球,众多国外公司受到金融风暴的影响,产能下降,营业额降低。金融危机在一定程度上提高了国际合作的成功率。一些具有技术实力的外国公司因为资金短缺,急需国际合作来缓解自己资金上的问题来维持公司的运转。2008 下半年,在中国出口受金融危机影响急转直下的环境下,中国政府施行了"四万亿计划",不仅给诸多中国企业服了一颗定心丸,也为众多中国公司提供了新机遇。

例如,这次金融危机成为吉利收购沃尔沃的重要导火索。2008 年金融危机后,全球经济形势低迷导致大众对豪车的需求量下降,国际知名车厂沃尔沃的市值在当时出现连年断崖式下跌,沃尔沃的母公司福特也开始考虑起怎么甩掉这个烫手的山芋。吉利集团迫切地需要引进新鲜技术和沃尔沃品牌效应,顺势与福特谈判,这是对吉利和福特都有利的双赢国际合作。整个收购计划一共 18 亿美元,虽然在收购过程中有人支持有人反对,但就现在而言,吉利收获的技术、沃尔沃的全球生产线和销售点证明了这是一个正确的选择。吉利收购沃尔沃也算开启了大型国际合作的先河,这桩并购案背后不仅仅是金融上的合作,更是文化上的交融,吉利曾经作为中低端车型的生产商,在收购了沃尔沃的高端技术后,两家公司在汽车文化领域进行了深入的交流,吉利也诞生了自己的高端品牌——领克。

2008 年金融危机后,浙江民营企业不畏困难,发扬千方百计提升品牌、千方百计保持市场、千方百计自主创新、千方百计改善管理的精神,积极稳妥地开展了一系列的经营活动,加大自主创新力度,转变发展方式。根据《中国私营经济年鉴》统计,2009 年浙江民营企业外贸出口额 729.24 亿美元,占全省出口比重超过一半,民营企业出口比重从 2007 年的 48.24％上升到 2008 年的 51.71％、2009 年的 54.82％,2010 年上半年,浙江省民营企业出口 467.7 亿美元,同比增长 46.5％,分别快于外商投资企业和国有企业出口增长 12.7 和 21.4 个百分点。

由于受美国次贷危机和欧洲债务危机影响,2007 年之后,中国整体出口增速放缓,甚至部分年份出现了负增长。民营企业的出口也同样深受金融危机带来的外部需求波动影响,在 2009 年出现了前所未有的负增长,但与其他类型企业相比,民营企业出口下降幅度最小,在 2010 年后以最快的速度恢复增长,并且增速一直在所有企业类型中居首位。这种快速的增长使得民营企业与外资企业在出口额中的差距不断缩小,到 2015 年,民营企业出口 1.03 万亿美元,占出口总额的比重为 45.2％,占比首次超过外资企业,在中国外贸中的地位进一步提升(见图 1-6)。

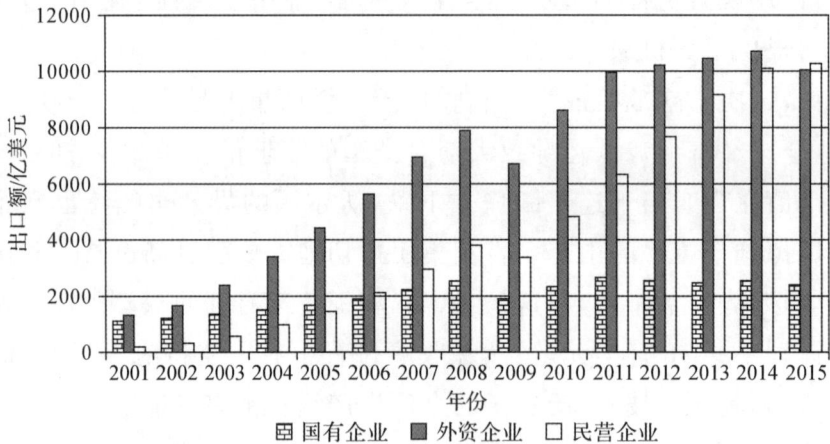

图 1-6　中国分企业类型出口额

资料来源:黄先海,杨高举(2018)。

(4)浙商海外发展第四阶段："一带一路"倡议背景下的浙商海外发展（2015年至今）

"一带一路"是"丝绸之路经济带"和"21世纪海上丝绸之路"的简称，2013年9月和10月习近平总书记分别提出建设"丝绸之路经济带"和"21世纪海上丝绸之路"的合作倡议。2015年3月28日，国家发展改革委、外交部、商务部联合发布了《推动共建丝绸之路经济带和21世纪海上丝绸之路的愿景与行动》，标志着"一带一路"建设全面展开，已从构想阶段进入有具体指导的操作阶段（陈楠枰，汪场，崔丽媛，2015）。

"一带一路"倡议，也客观上为浙商"走出去"、打开国外市场、树立自身品牌提供了契机。作为改革开放前沿地区和沿海发达省份，浙商在参与"一带一路"建设方面有着明显又独特的优势。"一带一路"沿线是浙籍华人华侨的聚集地区，也是浙商分布较为集中的区域。

为认真贯彻落实中共中央、国务院《关于印发丝绸之路经济带和21世纪海上丝绸之路建设战略规划的通知》精神，发挥好浙江在沿线国家的经贸合作优势，全面融入"一带一路"倡议，浙江省制定了《浙江省参与"一带一路"建设经贸合作实施方案》，打造"一带一路"倡议的经贸合作先行区、"网上丝绸之路"综合试验区、产业转型升级示范区、沿线国家在中国的贸易物流枢纽中心，布局了培育对外贸易新增长点、建立境外营销网络、建设国际物流大通道、引导优势产业对外投资、打造境内外产业合作平台、承揽沿线国家基础设施建设、构筑"网上丝绸之路"、深化能源资源和农业合作、完善地方经贸合作机制、丰富经贸人文交流载体等十大主要任务。可以预期，浙商将会持续在"一带一路"中大放异彩。

2. 海外浙商商会的发展

浙商在"走出去"过程中，面临国外经济信息不对称、政策不熟悉、文化差异等多重困境，海外浙商商会可在一定程度上缓解上述问题，海外浙商商会是要凝聚浙商力量、弘扬浙商精神、传承浙商文化，找好切入点，主动与住在国经济充分融合的重要媒介。

浙江商人不仅遍及全球，浙江商会也办到了全球各地，成为在外浙商的娘家人。

例如,新加坡浙商协会在国际商会的合作中,就充当了一个桥梁的角色。之前许多想发展国际业务的中国企业家苦于找不到当地企业的沟通渠道,而止步于新加坡的国际贸易合作。同时,新加坡当地的企业对于华人企业更是知之甚少。自从新加坡国际浙商协会创建以来,为双方提供了很大的便利。近年来,中国内地有 50 家浙江企业和 100 家新加坡企业以新加坡浙商总会为平台,进行了有效的沟通和国际贸易。

(二)海外浙商发展案例

1.非洲成浙商投资新热土

非洲是一片"希望之地",不仅非洲当地创业者不断挖掘市场空间,而且吸引了大批浙商前来投资。如图 1-7 所示,中国近几年对非直接投资、承包工程完成营业额、对非劳务合作派出人数基本稳步增长。

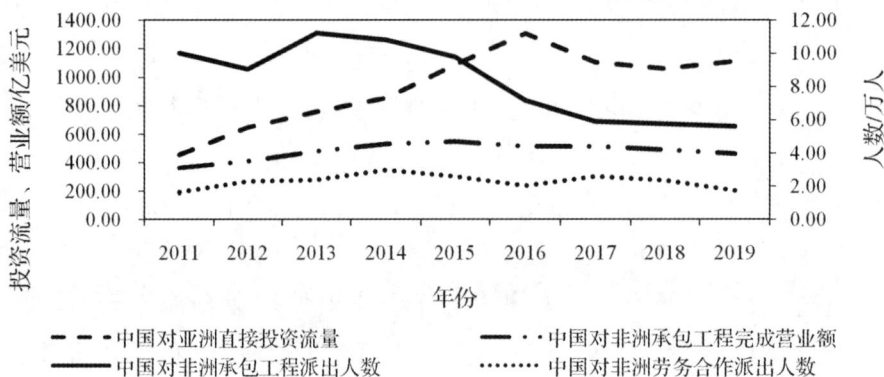

图 1-7　中国对非部分数据

数据来源:国家统计局。

据统计,2018 年 1 月至 7 月,浙江对非洲国家进出口额为 1127.4 亿元,同比增长 14.4%,截至 2018 年 6 月,经省商务厅核准或备案的在非浙商企业超过 532 家①。2018 年 8 月,"马云非洲青年创业基金"宣布成立,并于 2019 年 2 月正式启动,将在 10 年间提供 1000 万美元资金,鼓励非洲年

---

① 数据来源:浙江在线,浙非经贸往来更热络前 7 月对非进出口增长 14%,https://baijiahao.baidu.com/s? id=1610824197610036369&wfr=spider&for=pc。

轻创业者发展,这都彰显了浙商对非洲的投资热情。2020年3月,浙江省商务厅出台《浙江省加快推进对非经贸合作行动计划(2019—2022年)》,力争到2022年底,浙江省对非贸易总额达到400亿美元,对非累计投资力争达到40亿美元。

目前,已有诸多浙非经贸项目开花结果,许多产业在不断填补非洲空白。例如,在医药健康领域,在十多年前,因药物缺乏,疟疾在非洲猖獗,2006年,华立集团的抗疟药“科泰复”最先在乌干达、塞内加尔上市,并在2007年选入全球基金推荐采购抗疟药产品名单。截至2019年初,其生产的抗疟药已在非洲销售2500万人份,已覆盖27个国家。近几年来,华立集团又以从“产品进非洲”转变为“产业进非洲”的理念,谋划建设北非工业园,这将会造就涵盖服装业上游产业、汽车零部件产业等的大量制造业企业,为非洲带来近8万人的就业机会。

在采矿业领域,非洲矿产资源丰富,有着巨大的开采潜力,伴随非洲政治经济环境趋于稳定,非洲矿业部门成为吸引外资的重要领域。浙江华友钴业在2006年起便在非洲开发钴铜矿资源,目前已建立起完整的钴铜矿产资源的采、选、冶产业链体系。

浙商与非洲之间还搭建了许多双边合作平台。卢旺达访问团多次访问浙江相关产业区域和企业,深入学习了电商业务知识并表达了深切的和中国商家对接的意愿。2018年10月31日,阿里巴巴集团和卢旺达政府签署备忘录,要合作建设非洲首个海外数字中枢,eWTP将发挥数字化平台功能,帮助出口当地特色产品。浙江省政府将不断推进浙非合作平台,支持“中非民间商会”、打造“中非研究院”智囊团等,进一步优化浙商在非经营环境和提高浙非合作水平。

2. 新冠肺炎疫情中海外浙商迎难而上的正能量

新冠肺炎疫情对于经济发展和社会治理能力而言是一场猝不及防的“大考”,在疫情期间,浙商充分发挥资源优势,弘扬企业社会责任,为疫区驰援。例如阿里巴巴,在疫情初期,立刻协调92家口罩厂商,将4612.2万只口罩发往全国,并宣布设立10亿元医疗物资供给专项基金,展开“全球寻源”,从海内外直接采购医疗物资,定点送往武汉及湖北的医院;吉利集团除设立 2 亿元新冠肺炎疫情防控专项基金用于支援湖北、浙江等疫情严重地区疫情防控工作外,还积极协同旗下海外子公司购买急需的医疗物资支援国内疫情严重地区。

在疫情期间,浙商不仅为国内抗疫提供了大量物资援助,而且不断协助海外抗疫,广大浙商秉持团结互助、同舟共济的中华传统,向海外国家施以援手,弘扬"人类命运共同体"精神。例如浙商总会会长马云在 2020 年 3 月 6 日宣布向伊朗捐赠 100 万只口罩;复星集团调动全球资源支援全球抗疫,用最快的速度把急需的医疗物资送到日本、韩国、意大利等重灾区助力抗"疫",并在日本、意大利等地成立多个海外抗疫工作组;南方玻纤为海外侨胞定向捐赠 100 万元,助力海外侨胞抗疫;意大利各青田商会组织也组织成立了疫情防控应急小组,在当地帮助海外侨胞解难题。意大利西部"六省一市"华侨华人联谊会在意大利北部等疫情严重的地区第一时间提供帮助。部分意大利的浙商商会也在企业出现经营困难时,及时提供资金、资源、人力等方面的帮助。

3. 共建"一带一路"倡议与温商海外发展

温商是浙商的重要主体,也是改革开放初期的第一代商人,有"东方犹太人"之称。随着温州人在海外人数的不断增多,海外温商网络的发展,吸引了更多的海外温商。温州自古是海上丝绸之路的重要节点,海外温商也积极践行"一带一路"建设。

温州移动大数据中心与温州波普研究院 2019 年发表的《基于移动手机大数据的"一带一路"温州人分析报告》,该报告以 2017 年 12 月至 2019 年 5 月出国并使用国内移动号码的 59.4 万名温州用户,根据同一个国家漫游次数、漫游天数、国际通话等特征,识别出温州地区出国经商游学样本 12.6 万名,并进一步筛选出 3.6 万名"一带一路"温州出国经商游学样本。

在出国经商游学人员数量方面,根据统计,浙江省各地市"一带一路"人数分布如图 1-8 所示,可见温州在 2017 年 12 月至 2019 年 5 月之间的"一带一路"经商游学人数累计 3.58 万名,在浙江省各地市中排名第一。

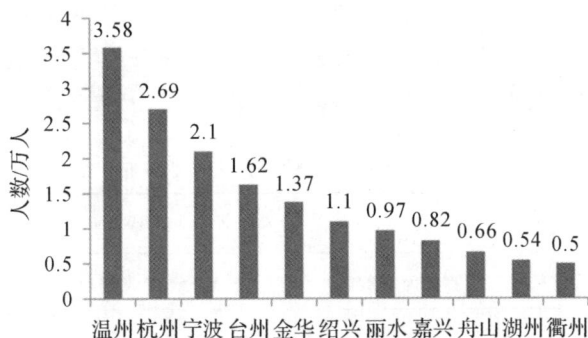

图 1-8　2017 年 12 月—2019 年 5 月浙江省各地市"一带一路"人数分布

资料来源：温州移动大数据中心，温州波普研究院（2019）。

在"一带一路"国家温州人分布方面，如表 1-5 所示，出国人数最多的前 18 个国家里，有意大利、泰国、越南、阿联酋、柬埔寨、马来西亚、俄罗斯、印度尼西亚、菲律宾、新加坡 10 个"一带一路"沿线国家，人数占 53%。

表 1-5　"一带一路"国家温州人分布

序号	国家	人数/人	
		2017 年 12 月—2018 年 5 月	2017 年 12 月—2019 年 5 月
1	意大利	6718	17146
2	泰国	567	4643
3	越南	633	4585
4	阿联酋	699	3183
5	柬埔寨	541	2823
6	马来西亚	477	2729
7	俄罗斯	698	2262
8	印度尼西亚	371	1959
9	菲律宾	144	1432
10	新加坡	224	1408

资料来源：温州移动大数据中心，温州波普研究院（2019）。

在产业分布方面,如表 1-6 所示,温商在"一带一路"的主要输出行业为制造业,占比高达 40.9％。而在制造业中,温商从事的产业主要有纺织服装、鞋帽,电气机械及器材,专用设备制造业。

表 1-6　"一带一路"温州人行业分布

"一带一路"温州人前十行业分布		"一带一路"温州人从事制造业前十产业分布	
行业名称	占比/%	行业名称	人数/人
制造业	40.9	纺织服装、鞋帽制造业	561
批发零售业	10.3	电气机械及器材制造业	557
公共管理和社会组织	8.88	专用设备制造业	304
居民服务和其他服务业	8.53	农副食品加工业	252
教育	6.51	金属制品业	213
住宿和餐饮业	3.81	通用设备制造业	208
租赁和商务服务业	3.67	交通运输设备制造业	197
农林牧渔业	3.53	皮革、皮毛、羽毛(绒)及其制品业	159
金融业	2.87	塑料制品业	154
建筑业	2.15	纺织业	126
合计	91.15	合计	2731

资料来源:温州移动大数据中心,温州波普研究院(2019)。

截至 2019 年底,温州在"一带一路"沿线国家已建成 6 个境外园区,总数占浙江省的 2/3,其中国家级境外园区 3 个,是拥有国家级境外园区最多的地级市。具体有俄罗斯康吉工业园(国家级)、越南龙江工业园(国家级)、乌兹别克斯坦鹏盛工业园(国家级)、塞尔维亚商贸物流园(省级)、乌兹别克斯坦农林科技产业园(省级)、印尼纬达贝工业园(2019 年新建)。温商将不断抢抓机遇、发挥优势,继续助力"一带一路"建设。

四、浙商国际国内合作的问题与挑战

（一）浙商国内国际合作面临的问题

1.浙商整体处于全球价值链低端

20 世纪 60 年代以来,以跨国公司为主导的经济全球化推动了全球范围内的资源重新配置,劳动要素与资本要素在国际市场流动速度加快。同时由于现代通信技术的不断进步,国际信息交流的成本大幅度下降。这使得产品以及产品生产流程中的各个环节和工序可在全球范围内根据要素禀赋状况进行最优化配置,由此带来了国际分工模式的巨大变化,即形成了价值链条各环节的全球价值链分工(张奎亮,2011),亦即产品内分工。

中国正是借此奠定世界工厂的地位,其民营经济主动利用生产要素价格低廉的比较优势参与全球产品内分工,大力发展加工贸易,即通过国际代工或贴牌代工方式参与到主要由国际大买家或者跨国公司主导与控制的全球价值链分工体系中(见图 1-9),由此带来民营经济对外贸易的爆炸式增长(张奎亮,2011)。然而由于主要以廉价劳动力等低端要素参与国际分工,中国出口企业以环境与资源为代价,从中所能获得的收益非常有限(王柏玲,江蓉,2010)。这种"低成本竞争模式"的发展空间不断缩小,在国际市场上也面临越来越多反倾销调查(张奎亮,2011)。

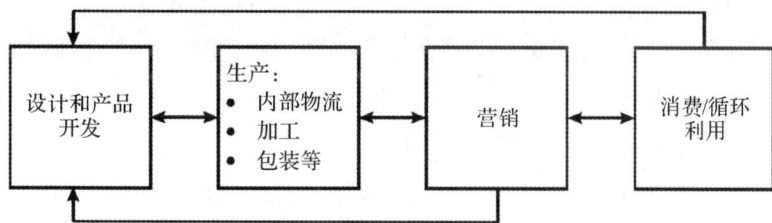

图 1-9　价值链的四个环节

资料来源:池仁通,邵小芬,吴宝(2006)。

在当前国内经济增速放缓的背景下,民营经济产业转型升级是中国产业结构转型升级的重要内容,对于中国经济实现可持续发展,改变以量的扩张为主的增长模式至关重要。因此转变民营经济发展方式,对中国形成新的经济增长点、提升产业的全球价值链地位有着重要的现实意义。在全球竞争加剧的形势下,提升竞争优势和价值链地位,开拓国内外市场,是中国民营企业发展过程中必须面对的难题。具体来说,从中国民营经济或浙商在全球价值链中的总体地位来看,具有以下特征:

第一,处于价值链低端。从企业生产领域和规模来看,浙商民营企业以加工制造企业为主,而且其中绝大多数是中小型企业,处于价值链中利润较薄的一环,在产业链环节中设计、技术、营销等最关键、最赚钱的环节基本掌握在欧美等发达国家手中,浙商等民营企业的竞争力不足。

第二,价值链呈零散化分布。从单个企业的价值链来看,中国浙商等大部分民营企业的价值链不完整以及重点不突出的问题显著。中国民营企业资本规模偏小,由于资金规模的制约,决定了大部分民营企业没有与大型跨国公司相抗衡的实力,从而其参与全球产业分工时,不得不选择增值率低的加工生产环节。

第三,价值链管理能力薄弱。中国民营企业技术含量低,很多企业没有专利技术或设备。在人力资源管理方面,民营企业一般也缺少人才利用的总体战略,习惯于在管理层中任用"自己人",即所谓的"家族式管理",尽管这种管理模式有一定的"向心力",但对企业的发展未必有利。因此,总体上技术和管理环节的不足,必然导致民营企业竞争力低下(李明玉,2008;王柏玲,江蓉,2010)。可见,中国民营企业的价值链管理能力和水平还很薄弱,甚至还未形成价值管理意识,只能在全球价值链中扮演一个很初级的角色。

2. 浙江同质化产业集群的合作优势日趋减弱

产业集群的同质化是指大量企业在产品、技术、经营模式等方面相似度极高,某一产业领域的相关企业竞争极为激烈的现象(肖建玲,2015)。浙江诸多企业依托低成本劳动力、低级生产要素在零售商品、低端制造业等产业领域形成了大量产业集群。在市场发展初期,巨大的潜在市场使中小企业进入市场的门槛很低。这些中小企业在产品、技术等方面相似,彼此之间通过产品模仿和改进形成自身具有差异化的产品,并主要以价格为竞争手段,在此过程中很容易形成产业集群。

随着市场饱和,同质化的中小企业在技术和产品等方面的竞争能力会逐渐变弱,由于缺乏核心技术、欠缺研发能力,难以开拓新的市场领域,产业集群同质化会逐渐削弱企业竞争优势。然而,由于创新的高投入与不确定性以及合作研发的搭便车效应,中小企业技术进步困难重重(肖建玲,2015)。

根据对浙江部分地方产业集群中小企业技术联盟的问卷研究(潘文安,骆李佳,2013),第一,集群中的大企业与小企业合作关系是非对称的。大企业履行承诺的积极性更强,而小企业难以及时履行承诺。第二,由于中小企业自身资源有限,市场波动性大,联盟中的信任程度较低。第三,中小企业更加关注短期收益,所以联盟的项目选择以见效快、研发周期短的小型创新为主。

3. 商会的作用有待提升

改革开放以来,民营企业和民间商会取得了长足的发展,在数量、规模和实力上都有了显著提升,逐步成为国民经济的重要组成部分。然而,在其互动发展的机制中,民营企业和民间商会仍然受到来自经济环境、制度环境以及其自身的阻碍因素的制约。随着我国简政放权政策的深化,政府微观经济治理职能逐渐减少,民间商会将在更大程度上承担起行业规范与监管的职能,这意味着民间商会的进一步发展将面临前所未有的机遇与挑战。

第一,商会的职能定位不清晰。对于商会的职能定位,政府并没有给出明确定义,而是随着经济社会发展的需要而不断变化。应履行的职能有哪些、哪一部分是固有的、哪一部分是可以调整和授受的,并没有得到明晰的界定。在有关基本职能定位没有落实的情况下,商会的许多工作将无法展开。

第二,商会的治理结构不完善。一个清晰的团体治理结构是商会依法自制的组织基础,然而,到现在为止,仍然没有完整有效的商会治理机制来保证其决策、执行和监管之间的平衡。组织内各职称的设置、权责、选举机制、决策机制,会员的权利与义务、会员产生的机制、会员参与商会工作的性质等,由于没有系统的框架,商会的建立与运作没有受到明确的指导,不利于商会的发展。

第三,商会的内部管理运营能力有限。由于人力财力不足、指导缺乏理论支撑等原因,不少行业协会仍然比较轻视内部组织建设,以致商会的管理运营能力一直都受到限制。

第四,商会的对外合作功能有待提高。浙商在对外合作中,经常会面临受到当地人排挤、政策不友好、在合作中受质疑的问题,例如海外货品被砸被烧、在国际合作中被国际舆论不看好,比如吉利收购沃尔沃等。新加坡浙江商会总体上发展欣欣向荣,但内部也存在着一些固有问题。一个是长期以来中国企业在进行国际贸易的时候,关于当地的信息匮乏。二是随着中国内地的区域经济块和自由贸易区的建立,浙商对于国际商会的兴趣减少。当地的信息匮乏,不仅仅是因为语言的差异,更在于对新加坡媒介平台的专业型市场研究工作较少。三是浙商近百年来以制造业发展为主,在互联网经济发展迅猛的今天,整个浙商的竞争力都减弱了不少。

4.浙商的劳动力优势减弱

比较优势的互补是合作的重要基础。在改革开放初期,廉价劳动力是浙商在加工制造业等领域赚取客观利润的比较优势,在合作发展中得以进一步发挥。但随着劳动力价格攀升,浙商的劳动力优势逐渐减弱。在劳动力市场,人口结构的变化带来人口红利的消退。从 2007 年开始,中国 65 岁以上人口占比出现快速上升,在 2011 年达到 8.1%,在 2014 年达到 10.1%;劳动阶段人口(即 16 岁到 62 岁阶段的人口)的增速也在 2008 年开始下降,并在 2012 年进入净减少的阶段,大致每年减少约 35 万人。人口红利的快速消退导致劳动力工资快速上升,根据财政部楼继伟部长的披露,自 2007 年开始,全国劳动力工资的增速已经快于劳动生产率增速。此外,2008 年 1 月《中华人民共和国劳动合同法》的实施,进一步削弱了劳动力市场的灵活性,加快了人口红利的消退速度。如何在合作中寻找新的比较优势,亦或是在高附加值的行业中如何寻找合作点,都是浙商国内国际合作面临的重要问题。

(二)浙商国内国际合作面临的挑战

1. 贸易摩擦增加了浙商"走出去"的难度

近几年,逆全球化在经济领域突出表现在贸易冲突与摩擦大行其道,各国政府越来越多地寻求对本土产业的保护。2020 年,全球发起 422 起贸易救济措施的原审立案,创 1995 年以来新高,1995—2000 年,美国和印度发起的贸易救济原审立案数最多,均在 1000 起以上[①]。WTO 的一项统计表明,其成员自从 2008 年全球金融危机以来已经推出了 2100 多项限制贸易的措施[②]。

如图 1-10 所示,2017 年以来,中国进出口总额、中国同美国进出口总额增速明显放缓。表 1-7 列举了中美贸易摩擦中部分事件,从 2017 年开始,美国不断对华加征关税,并将部分企业列入出口管制"实体名单"。从目前中美贸易磋商以及新冠疫情造成的一系列贸易摩擦的结果看,两国之间的冲突在"十四五"期间缓和的可能性在降低,因此带来的全球性贸易放缓将进一步影响总需求,使得全球经济进入新周期的步伐放缓。

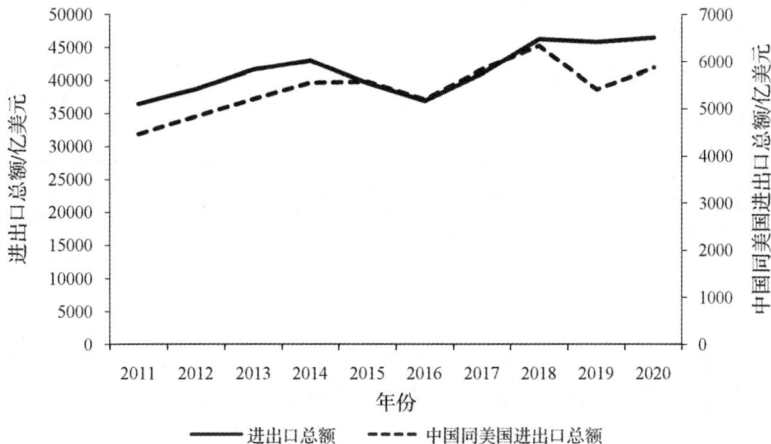

图 1-10 中国进出口总额

数据来源:国家统计局。

[①] 数据来源:前瞻经济学人,2020 年全球贸易摩擦发展现状分析 高度频发、美国和印度是主要发起方,https://baijiahao.baidu.com/s? id=1692473220754716463&wfr=spider&for=pc。

[②] 数据来源:红歌会网时评,最大事件:全球化的兴起和逆转,http://www.szhgh.com/Article/news/comments/2016-12-11/126339.html。

表 1-7   中美贸易摩擦中部分事件

序号	内容
1	2017 年 8 月,美国贸易代表办公室对中国开展 301 调查。次年 3 月《301 报告》指控中国存在强迫技术转让、窃取美国知识产权等问题,特朗普据此对华加征关税
2	2018 年 6 月 15 日,美国拟对 500 亿美元商品征收 25% 关税,分两批实施。中国于同日决定对原产于美国的约 500 亿美元进口商品加征 25% 的关税; 2018 年 7 月 6 日,美国对 340 亿美元的中国商品加征 25% 进口关税的措施落地。中国于同日对同等规模的美国产品加征 25% 的进口关税; 2018 年 8 月 8 日,美国宣布将于 8 月 23 日对华进口 500 亿美元商品中剩余的 160 亿美元商品加征关税。中国宣布 8 月 23 日对美 160 亿美元商品加征关税
3	2018 年 6 月 18 日,美国确定拟加征关税的 2000 亿美元的中国商品清单。6 月 27 日,特朗普表示将限制中国投资美国关键科技产业; 2018 年 8 月 1 日,特朗普威胁将对华 2000 亿美元商品加征关税税率从 10% 上调至 25%。8 月 3 日,中方回应将对美 600 亿美元商品分别加征 5%、10%、20% 和 25% 的关税
4	2018 年,美国政府正式宣布于 9 月 24 日起,对约 2000 亿美元进口自中国的产品加征 10% 的关税,并将于 2019 年 1 月 1 日起将关税税率提高至 25%。美国还称如果中国针对美国农民或其他行业采取报复措施,将对约 2670 亿美元的中国产品加征关税。中国商务部当日回应称将同步反制
5	2018 年 10 月 1 日,美加墨协定谈判成功,设置毒丸条款,规定美加墨三国都不得"擅自"与"非市场经济"国家签署协定
6	2018 年 11 月 1 日,美国财政部外国投资委员会依据 6 月美国国会通过的《外国投资风险审查现代化法案》,正式加强对航空航天、生物医药、半导体等核心技术行业的外资投资审查,同时该法案还规定美国商务部部长每两年向国会提交有关"中国企业实体对美直接投资"以及"国企对美交通行业投资"的报告
7	2019 年 1 月 29 日,美国司法部宣布对华为提出 23 项刑事诉讼,并将向加拿大提出引渡华为副董事长、首席财务官的请求,在全球范围内打压华为的行动持续升级
8	2019 年 1 月 30 日至 31 日,中美经贸磋商取得阶段性进展,双方同意采取有效措施推动中美贸易平衡化发展,中方将有力度地扩大自美农产品、能源、工业制成品和服务产品进口,但双方在协议执行、知识产权保护和技术转让等结构性问题方面仍未达成一致
9	2019 年 2 月 14 日至 15 日,第六轮中美经贸高级别磋商结束,双方讨论了技术转让、知识产权保护、非关税壁垒、服务业、农业、贸易平衡、实施机制等议题,达成原则共识

序号	内容
10	2019年2月21日至24日,第七轮中美经贸高级别磋商达成重要共识,双方围绕协议文本开展谈判,增加了汇率和金融服务谈判的内容,取得实质性进展
11	2019年3月1日,USTR(美国贸易代表办公室)宣布对2018年9月起加征关税的自华进口商品,不提高加征关税税率,继续保持在10%。中方表示欢迎
12	2019年3月28—29日、4月3—5日和4月30日—5月1日,第八、第九和第十轮中美经贸高级别磋商继续讨论协议有关文本,持续取得进展
13	2019年5月6日,特朗普突然表示,将从5月10日起对中国原征收10%关税的2000亿美元的进口商品加征关税至25%,且短期内将对另外3250亿美元商品征收25%的关税。5月13日,中国宣布6月1日起对美原加征5%和10%关税的600亿美元商品提高税率至10%、20%和25%
14	2020年1月15日,中美在白宫签署第一阶段经贸协议。协议内容分为知识产权、技术转让、食物和农产品贸易、金融服务、宏观经济政策和汇率、扩大贸易、双边评估和争端解决、最后条款八个章节
15	2019年5月15日,美国总统特朗普签署行政命令,宣布美国进入"国家紧急状态",美国企业不得使用对国家安全构成风险的企业所生产的电信设备。美国商务部工业和安全局把华为公司列入出口管制"实体名单"; 2019年10月8日,美国商务部将28家中国实体加入"实体管制清单",包括20家政府机构与8家企业,禁止这些实体购买美国产品; 2020年5月25日,美国商务部宣布将33家中国企业、机构、院校和个人列入"实体清单",包括网络安全公司奇虎360,AI企业云从科技、东方网力,以及多家研究机构及高校,如北京计算科学研究中心、北京高压科学研究中心和哈尔滨工业大学等; 2020年7月20日,美国商务部将11个所谓"与新疆侵犯人权"有关的中国实体列入"实体清单"; 2020年12月18日,美国商务部以"侵犯人权"为由,将中芯国际、大疆(DJI)、无锡中德美联生物技术(AGCU Scientech)、中国科学仪器材料有限公司、光启集团(Kuang-ChiGroup)等60家企业列入实体清单

注:根据任泽平等(2020)整理。

浙江省民营企业主要出口机电产品、纺织服装、高新技术产品、八大类轻工产品、农副产品等。如图 1-11 和图 1-12 所示,浙江省的民营企业进出口总额明显放缓,对美出口总额近几年有所上升,但随着中美摩擦加剧,民营企业的商品可能会出现产品堆积,影响浙江省民营企业"走出去"的步伐。

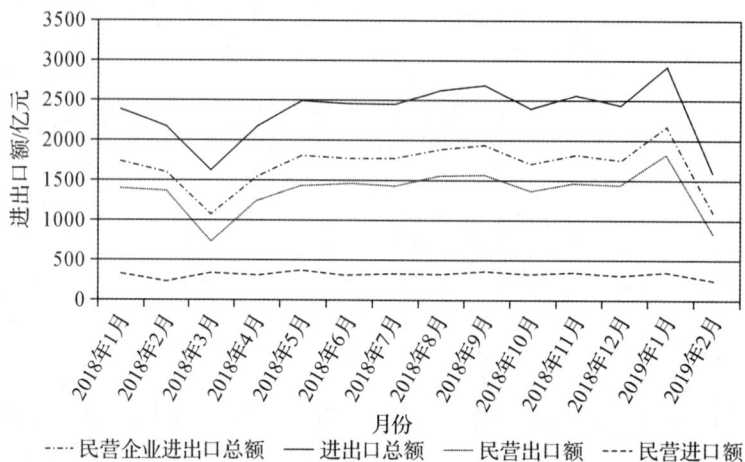

图 1-11　2018—2019 年 2 月浙江省民营企业进出口比较

资料来源:陈霞,陈小倩(2019)。

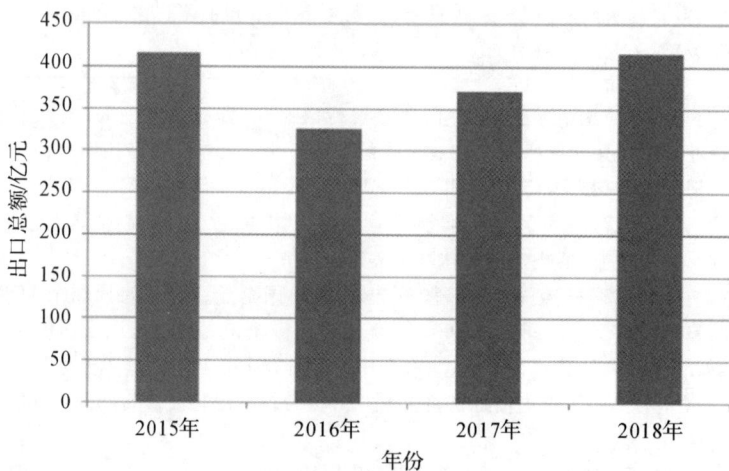

图 1-12　2015—2018 年浙江省对美出口总额

资料来源:陈霞,陈小倩(2019)。

2. 疫情冲击考验浙商的抗风险能力

2021 年,世界范围内继续对疫情进行防控,疫苗效果也初现,尤其是中国的疫情已经得到基本控制。中国是疫情发生以来第一个恢复增长的主要经济体,在疫情防控和经济恢复上都走在世界前列,中国经济稳中向好、长期向好的基本面没有变。

但后疫情时代，经济发展面临着新生活方式、新生产方式、新消费方式的转变，对企业来说，要适应后疫情时代的服务需求变化仍面临很大挑战。如表 1-8 至表 1-11 所示，根据郭涛、刘瑞（2020）通过国民经济核算数据季度月度数据的研究，疫情冲击对需求端的负面影响比供给端大得多，受疫情冲击的影响，交通运输仓储和邮政业、批发和零售业、住宿和餐饮业等供给端，零售业等需求端增速大幅度回落。

表 1-8　无疫情冲击 2020 年第一季度的预测值（供给端）

行业	同期增加值增量/亿元	名义增速/%	实际增速/%
农林牧渔业	736.4	10.6	3.4
工业	4097.4	5.8	5.7
建筑业	368.0	3.3	4.9
批发和零售业	2109.5	9.6	5.5
交通运输、仓储和邮政业	493.9	5.3	6.3
住宿和餐饮业	385.4	9.1	6.2
金融业	1533.2	7.8	7.0
房地产业	1190.5	7.5	2.5
信息传播、软件和信息技术服务业	1597.3	20.8	15.6
租赁和商务服务业	1124.2	14.7	9.9
其他行业	3630.6	9.2	5.3
GDP	19491.3	8.9	6.0

资料来源：郭涛，刘瑞（2020）。

表 1-9　无疫情冲击 2020 年第一季度的预测值（需求端）

指标	同期增加值增量/亿元	名义增速/%
社会消费品零售总额	8526.8	8.7
商品零售总额	7357.6	8.4
餐饮收入总额	1309.8	12.3
投资完成额	4535.2	4.6

续表

指标	同期增加值增量/亿元	名义增速/%
商品净出口总额	731.7	14.6
商品出口总额	2295.9	6.1
商品进口总额	3342.8	10.3

资料来源:郭涛,刘瑞(2020)。

表 1-10　无疫情冲击 2020 年第一季度的实际值(供给端)

行业	同期增加值增量/亿元	名义增速/%	实际增速/%
农林牧渔业	1459	15.8	−2.8
工业	−6522.5	−9.0	−8.5
建筑业	−1765.3	−15.8	−17.5
批发和零售业	−3209.6	−14.6	−17.8
交通运输、仓储和邮政业	−1521.5	−16.2	−14.0
住宿和餐饮业	−1414	−33.4	−35.3
金融业	1696.7	8.6	−6.0
房地产业	−710.9	−4.4	−6.1
信息传播、软件和信息技术服务业	503.2	6.0	13.2
租赁和商务服务业	−527.2	−6.9	−9.4
其他行业	353.6	0.9	−1.8
GDP	−11558.5	−5.3	−6.8

资料来源:郭涛,刘瑞(2020)。

表 1-11　无疫情冲击 2020 年第一季度的实际值(需求端)

指标	同期增加值增量/亿元	名义增速/%
社会消费品零售总额	−19210	−19.6
商品零售总额	−14592.3	−16.7
餐饮收入总额	−4617.8	−43.4

续表

指标	同期增加值增量/亿元	名义增速/%
投资完成额	−17727	−17.4
商品净出口总额	−4069	−80.4
商品出口总额	−4306	−11.4
商品进口总额	−237	−0.7

资料来源:郭涛,刘瑞(2020)。

在新冠肺炎疫情的发展和抗击疫情的过程中,浙商等广大民营企业,特别是中小民营企业,受到很大冲击。民营企业大部分集中在服务业,餐饮、娱乐、商场、百货、旅游、运输等受冲击比较大;民营企业多为加工制造业,处于产业链的低端,随着疫情在世界各国蔓延,有的环节停工停产,导致产业链不完整,使许多规模小、抗挤压能力差的企业受到严重冲击。

3.经济下行压力削弱浙商外部融资能力

企业的市场合作行为通常需要融资能力的支撑,其中经济波动和趋势是影响企业经营绩效、获取外部融资的重要方面。党的十九大报告作出"我国经济已由高速增长阶段转向高质量发展阶段"的判断,"十四五"时期我国经济发展面临一些问题,如外部环境异常复杂、人口红利渐失、内需不足等,经济增长速度放缓,高质量、高效益将是这一时期经济社会发展的主要特征。再加上新冠疫情对经济的不利冲击在短期内不会彻底消除,抗议常态化挑战民营企业抗风险能力,并可能会削弱民营企业的外部融资能力。

信用债违约情况可以很好地反映企业经营压力和可持续融资能力。自2014年第1只债券违约以来,截至2020年4月底已有617只信用债发生违约,涉及金额达到4120.71亿元。受新冠疫情影响,自2020年2月至4月底就有56只债券发生违约。债券违约主体由一般民企扩展到上市国企,违约债券涵盖短期融资券、中期票据、企业债、公司债等各种类型,并涉及制造、批发和零售、建筑、采掘、交通运输、房地产等各大行业(罗小伟,梁晨,2020)。

如图1-13和图1-14所示,一是自2014年以来,每年的民营企业信用债券违约只数和金额逐年攀升,这一方面是因为债券市场不断发展,债券存量规模不断攀升,另一方面也意味着债市的刚性兑付时代一去不复返,债券违约将成为常态化,受经济波动的影响更为敏感;二是浙商在全国民营企业中占据重要地位,无论从民营企业的信用债违约只数还是违约金额来看,浙商占比都比较高,这说明经济波动和债券违约常态化,对于浙商的融资能力的影响是很大的。

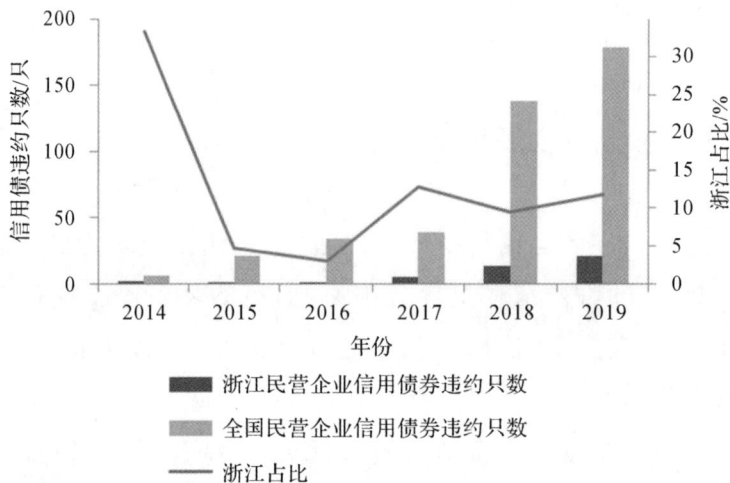

图 1-13　民营企业信用债券违约只数统计

数据来源:Wind 咨询。

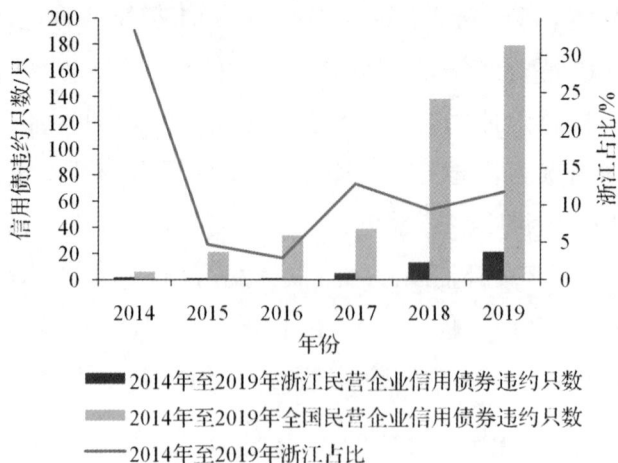

图 1-14　民营企业信用债券违约金额统计

数据来源:Wind 咨询。

五、浙商国际国内合作的机遇

(一)国内国际双循环带动浙商发展

当前中国经济形势仍然复杂严峻,不稳定不确定性较大,因而需要加快形成国内大循环为主,国内国外双循环相互促进的新发展格局。

国内以内需为主的一些经济依然面临很多问题,在内循环打通后,将更多发掘国内发展的潜力、增长新动力,也意味着深化供给侧结构性改革是关键,以提高生产率、提高资源配置效率。内循环经济的打造将使得更多资源随着国内消费升级、市场变化向相关产业去配置,比如说向服务业里的养老、医疗、健康、数字经济等各方面发展,通过市场和消费来引领供给的有效发展。如果没有民营经济的长足发展,将难以真正实现"内循环"、难以有效缓解就业压力、难以形成活跃的市场经济、难以激发企业家精神去实现真正的创新、难以出现真正在世界上有竞争力的中国企业。

新发展格局强调"以国内大循环为主体",但"国内国际双循环相互促进"同样至关重要。推动形成以国内大循环为主体、国内国际双循环相互促进的新发展格局,目的是通过发挥内需潜力,使国内市场和国际市场更好联通,更好利用国际国内两个市场、两种资源,实现更加强劲可持续的发展。

要意识到,由于受到国际疫情的影响,海外市场受到很大的冲击,因此,一定要千方百计地挖掘国内市场。把国内巨大的消费市场开拓出来,做到国际国内两个市场统筹兼顾,将会对民营经济、中小企业今后的市场占有率非常有利。

(二)"一带一路"为浙商"走出去"创造新契机

"一带一路"倡议最早是 2013 年 9 月由习近平主席提出,具体是指建设"新丝绸之路经济带"和"21 世纪海上丝绸之路"的倡议构想。倡议构想的核心是互联互通,逐步形成以点带线,从线到片,最终形成大区域大合作的发展格局。积极推进"一带一路"的建设无疑为我国企业"走出去"开创了良好的局面。与此同时"一带一路"倡议的实施和推进将从以下几个方面促进民营企业对外投资。

第一,为浙商提供新的合作机会。随着贸易保护主义的盛行、我国自身地位的不断提升,国外政府开始对我国的对外投资进行越来越频繁的政治干预。而"一带一路"倡议不断深化与别国的合作,通过建立"古丝绸之路"同沿线国家开展和平、包容、共同繁荣的合作,对民营企业的对外投资而言无疑建立了一个更为稳定的和平环境。而且"一带一路"沿线国家数量颇多、资源禀赋优势各不相同,能够为我国各类民营企业提供彼此互补的合作机会。

第二,专项建设资金能够拓宽民营企业融资渠道。"一带一路"倡议的推进无疑将帮助民营企业扫除融资企业受限的障碍,为民营企业"走出去"提供多元化的融资渠道,保障民营企业能做到"粮草齐备"地"走出去"。政府部门在推进"一带一路"的建设进程中通过设立专项建设基金,将直接有利于为民营企业在"一带一路"建设的背景下"走出去"提供重要的融资支持。

第三,政府积极引导民营企业"走出去"。一是政府引导"一带一路"建设有利于助力民营企业降低投资风险与提供及时的保护和沟通服务,为民营企业参与"一带一路"建设创造公平、透明的市场竞争环境;二是依托政府提高自身的抗风险能力,依托政府及时向有意向"走出去"的企业发布对外投资合作的风险提示,在"走出去"前就能做到有效预警。政府能协助企业提高对境外风险的防控能力,健全企业的境外风险管理机制。

(三)数字经济为浙商合作增添新动能

互联网、大数据、云计算、区块链等新一代信息技术的发展,催生了数字经济,开启了数字时代,电子商务、互联网金融、网络自媒体等一系列新业态应运而生。2020 年政府工作报告提出,"要继续出台支持政策,全面推进'互联网+',打造数字经济新优势",数字经济也为经济转型发展注入了新动力。据中国信息通信研究院预测,2025 年我国数字经济规模将达到 60 万亿元。

在新一轮的科技和产业大变革的背景下,数字化转型成为中国和世界企业所面临的重要方向。这一轮数字化变革,将在大范围内带动服务行业和消费行业。以 5G 数据传输为例,新的 5G 会大幅度更新现有的手机硬件,过时的手机硬件将被逐渐淘汰,支持制作更高网络传输协议的厂家则会在这次硬件竞赛中脱颖而出。而 5G 附属的其他技术,比如说云存储、云计算等都会极大带动服务行业和消费行业的发展。具体来说,数字经济可通过以下方式为浙商发展提供新动能。

第一,"互联网+"引领新一轮技术革命。现阶段投资增长乏力、消费热点不多,新的经济增长点难以寻觅,直接导致稳增长目标的实现难度不断加大。在工业产业价格持续下降、生产要素成本不断上升、企业创新能力不足和产能过剩问题突出的背景下,传统产业的价值创造方式急需实现转型升级。而从互联网诞生,直至现在智能终端、云计算、物联网、大数据等新兴信息技术蓬勃发展,互联网正快速推动传统产业进行结构性调整和变革。在这样的背景下,2015 年 3 月,"两会"的政府工作报告将"互联网+"的行动计划正式从民间智库提升为国家战略。而"互联网+"的时代必将引领新一轮的技术革命,为传统产业注入新的活力,互联网将与传统产业实现创新融合,这也将对未来我国企业尤其是富有创造力的民营企业的创新活动以及海外投资产生深远的影响。

第二,数据成为企业发展、经济增长的重要资产。数据资产已成为丰富市场产品、提供精细化服务、提高组织绩效、带动经济增长的新型生产要素。2020 年政府工作报告强调,要"推动要素市场化配置改革""促进人才流动,培育技术和数据市场,激活各类要素潜能"。数据治理、数字化转型日益成为企业充分利用数据资产、实现新动能的基础。构建完善的数据治理体系和良好的数据生态,能够提高数据资产的配置效率、发挥数据资产作为新型生产要素的经济价值,为市场提供更加多样化的产品和服务,也是企业提升核心竞争力的重要方面。

第三,加快商业模式创新。传统企业正在利用数字技术对自身营业模式进行创新。例如疫情期间,生鲜超市、水果店、食材、快餐、线上线下的融合、线上交易、线上教育获得快速发展,基本生活领域发展迅速,奢侈品市场相对萎缩。在数字经济带动的新模式、新业态发展下,商业模式将会进入新旧动能转换、优胜劣汰加剧的过程。

(四)资本市场深化改革助力浙商发展

金融是国家的核心竞争力之一。如表 1-12 所示近两年,自证监会启动资本市场全面深化改革以来,改革政策频发,资本市场基础制度体系正在完成新一轮向市场化、法治化以及更符合注册制要求的革新。从投融资制度到市场化退出机制等都坚持市场化、法治化原则,这无疑为民营企业通过资本市场融资带来了积极作用。

表 1-12　2019 年以来资本市场主要监管政策汇总

时间	发布政策	信息来源
2020 年 6 月 27 日	证监会计划向商业银行发放券商牌照	财新报道
2020 年 6 月 19 日	修订上证综合指数编制方案并发布科创板 50 指数	上交所
2020 年 6 月 12 日	创业板改革并试点注册制	证监会
2020 年 6 月 5 日	《关于红筹企业申报科创板发行上市有关事项的通知》,规定科创板针对红筹企业回归制度	上交所
2020 年 6 月 3 日	新三板转板制度落地,精选层企业挂牌满一年可申请转板至科创板、创业板上市	证监会
2020 年 5 月 29 日	证监会允许证券公司发行次级债	证监会
2020 年 5 月 22 日	证监会修改《证券公司分类监管规定》	证监会
2020 年 5 月 7 日	QFII(合格境外机构投资者),RQFII(人民币境外合格机构投资者)额度正式取消	中国人民银行
2020 年 4 月 15 日	首批 6 家券商被纳入并表监管试点范围	证监会
2020 年 3 月 13 日	取消外资股比限制	证监会
2020 年 3 月 6 日	降低证券公司 2019 年度及 2020 年度证券投资者保护基金缴纳比例	证监会

续表

时间	发布政策	信息来源
2020 年 3 月 1 日	新《证券法》正式实施	全国人民代表大会常务委员会
2020 年 3 月 1 日	七家券商获首轮获批基金投顾业务试点资格	证监会
2020 年 2 月 14 日	证监会发布再融资新规	证监会
2020 年 1 月 23 日	证监会发布证券公司风控指标计算标准	证监会
2020 年 1 月 19 日	新三板深化改革	证监会、全国股转公司
2019 年 12 月 13 日	《上市公司分拆所属子公司境内上市试点若干规定》	证监会
2019 年 10 月 18 日	《关于修改〈上市公司重大资产重组管理办法〉的决定》，并购重组松绑	证监会
2019 年 9 月 9 日	资本市场"深改 12 条"	全面深化资本市场改革工作座谈会
2019 年 3 月 1 日	科创板注册制正式落地	证监会

资料来源：根据网络资料整理。

第一，"深改 12 条"确立资本市场改革全面路线图。2019 年 9 月 9 日至 10 日，证监会在京召开全面深化资本市场改革工作座谈会，提出了当前及今后一个时期全面深化资本市场改革的 12 个方面重点任务（"深改 12条"）。"深改 12 条"包括发挥科创板试验田作用、推动上市公司提高质量、补齐多层次资本市场体系短板、狠抓中介机构能力建设、推进资本市场开放、推动中长期资金入市、切实化解重点领域风险、加大法治供给、加强投资者保护、提升稽查执法效能、简政放权、提升科技监管能力等 12 个方面，是资本市场深化改革的顶层设计，确立了本轮资本市场改革的思路框架。2019 年底以来，围绕"深改 12 条"已有再融资新规放开、科创板再融资新规、新三板改革细则、H 股全流通等多项政策落地，未来多项配套措施和改革细则将陆续推出，深化资本市场将取得实质性进展。

第二，注册制改革推动多层次资本市场发展。本轮资本市场改革以注册制改革为主线,是要素市场化配置体制机制改革中的重要组成部分,有利于进一步激发资本市场枢纽功能,充分激发市场配置资源的核心作用。2020年3月修改后的《中华人民共和国证券法》正式生效,全面确立了注册制法律基础。科创板、创业板不仅是"注册制"的试验田,而且是支持"硬科技"企业利用资本市场做大做强的主战场。科创板、创业板、新三板等一系列改革措施是一套为"硬科技"企业提供金融支持的组合拳,是中国经济转型升级、行稳致远的重要举措。如表1-13所示,科创板、创业板等一系列改革已经在浙江民营企业向高新技术产业转型、促进直接融资等方面发挥作用。

表1-13   浙江民营企业科创板、创业板上市企业统计(截至2020年9月26日)

行业	科创板		创业板(注册制后)	
	上市企业数量/家	上市企业市值/亿元	上市企业数量/家	上市企业市值/亿元
电子	2	185.5086	0	0
化工	1	128.4642	0	0
机械设备	6	341.8773	1	59.728
计算机	4	457.1691	0	0
医药生物	1	190.416	1	55.0123
汽车	0	0	2	100.7236
电气设备	0	0	2	101.3187

数据来源:Wind咨询。

第三,持续优化并购重组、再融资、分拆上市等一系列制度。2019年以来,并购重组、再融资、分拆上市等方面的新规陆续落地。并购重组新规在重组上市认定标准等方面给予放松,同时加强重组业绩承诺监管,鼓励和规范上市公司重组行为;证监会发布的再融资新规全面放宽了主板、中小板、创业板再融资要求,对发行条件、锁定和定价机制等进行了大松绑;分拆上市规定进一步明确分拆条件、规范分拆流程、强化中介机构职责。这一系列制度将大力发展直接融资特别是股权投资,进一步提高资本市场形成效率,助力解决融资难融资贵问题。

六、政策建议

（一）继续完善商会体制

民间商会是随着 20 世纪 80 年代民营经济的发展而迅速崛起的,虽然在经济社会中举足轻重,但尚属于新兴的组织形式,缺乏成熟的发展体制。民间商会的性质、职能等许多问题尚没有被明确地澄清。

第一,促进商会的制度变革。一是明确商会性质与职能定位等基本问题。民间商会应履行哪些职能、怎样履行职能、职能之间的差别和主次、与政府合作时哪些职能可以授受以及如何授受等问题,是指明民间商会该"做什么""如何做"的关键。二是完善商会的内部治理模式。为使民间商会加强自身建设,其内部治理的模式应该不断完善,包括选举制度、议事制度、财务制度、人事制度等。三是改善民间商会的运营模式。目前,我国商会主要以服务会员企业为运营模式,具有非营利的性质,其财政来源主要是通过会员企业缴纳会费以及赞助等形式。借鉴外国的成熟、大规模商会的发展经验,可以推行商会在运营模式上"经营与服务一体化",非营利组织也可以进行经营,其经营的收入用于服务会员企业,以此可以扩大商会的财政来源,推进商会的市场化。

第二,提高商会自身的运营能力。一是提升从业人员能力和知识技术储备。可通过研讨会、交流会、培训学习等形式加深对行业的认识,提升从业人员能力,提高内部治理和与外部合作的水平。二是加强商会间的交流与合作。在"一业一会"制度逐渐瓦解的情况下,商会的数量、质量、类别都会大大增加,加强商会间的交流合作可以使得商会整体实力有所提升。三是引导商会之间公平竞争。引导商会间的公平竞争是促进商会提高自身运营能力、促进商会为会员企业服务的有效手段。为进一步加快商会行业协会的市场化,可以引导商会通过竞争机制来吸引更多的会员企业,并调整自身结构、规模以适应竞争中的发展。四是鼓励商会积极参与政策制定与社会事务处理。商会作为企业或行业整体利益的代表,也可以表达企业的政治诉求。通过鼓励商会参与到政策制定和公共事务的处理中,可以给企业和企业家提供参与政治的渠道，可以使对政治参与有潜在诉求的人参与到政策制定与公共事务处理中，提升企业和企业家参政的有效性。

第三，以行政、法律促进商会发展。一是形成健全的法律环境。随着改革的推进，政府逐渐退出市场，社会、企业对于商会功能的需求不断增加，将带来商会的急速发展，也将使商会面临设立、组织、管理、监督等各方面的问题，因此亟须制定一部统一的商会法。在未来我国商会立法进程中，应优先解决选择立法模式、商会的法律性质、商会与政府的关系等问题。二是营造宽松的政策环境。政府要进一步放权，落实一元综合管理模式。要给商会独立的权力，让其自主经营和管理。要明晰商会体系层次，整合商会资源。要改革登记制度，完善监管机制。

第四，加强浙商等民营企业的商会参与程度。商会与企业之间存在着互相促进、共同发展的关系。民营经济不断发展、市场不断扩大时，民间商会在自身运营和提供行业服务等各方面也渐趋成熟。由此，加强商会和民营企业的互促发展，应鼓励企业积极加入商会、参与到商会的运营中。可以通过项目的合作，加强企业间沟通，更好地整合资源，取得共赢。并且企业应自觉地承担促进商会发展的责任，在可以为商会提供便利的时候积极主动地参与和配合。在促进企业加强与商会的互动合作上，鼓励优秀的企业家参与商会工作、为行业的发展出力。

（二）不断推进市场经济法治化

市场经济是法治经济，民营经济的发展离不开健全的法律制度。在江浙一带的一些经济发达地区，民营经济成为经济发展的主力军。我国法律要适应经济发展的大潮，及时反映社会经济发生的深刻变化，重视对民营企业的法律保护。只有建立健全有利于民营经济发展的法律体系，才能构建一个最有利于民营企业发展的政策法律环境和制度保障体系。

第一，建立有利于民营企业融资的法律保障体系。在民营经济市场准入方面，一是可以针对不同行业特点制定差异化制度，废除歧视性规则，排除不公平的市场壁垒；二是进一步转变政府职能，促进政府由管制型模式向服务型模式转型，简化审批程序；三是建立推动产权主体多元化的法律保障体系,让民营企业能够更加自由地选择经营模式,通过产权主体多元化科学分散企业的经营风险,进一步改变不合理的企业治理结构。

第二,建立有利于民营企业融资的法律保障体系。一是完善间接融资体制,逐步提高银行等金融机构对民营企业的扶持力度;二是完善直接融资体系,积极探索风险投资机制,扩宽融资渠道;三是逐步建立支持民营企业融资的信用担保法律体系。

第三,完善知识产权保护制度。一是在立法层面,针对目前知识产权保护制度的惩罚力度低、威慑力不足,导致侵权成本低的问题,未来的改革在于法制的进一步健全、科学管理的不断加强,特别对反复性、群体性侵权等违法行为能做出严厉的处罚,更加充分地发挥知识产权保护制度的激励作用。二是在执法层面,未来的改革在于执法力度的提高。知识产权法院的成立将提升知识产权创造、运用、保护、管理和服务实力。在问责机制、追诉机制得以健全的情况下解决诉讼成本高、执法效率低的问题。探索建立全国性的知识产权违法企业曝光查询平台、诉讼平台,降低诉讼成本,提高惩罚力度,从而建立知识产权行政执法的权威性。

(三)支持浙商"走出去"

民营企业的发展将推进经济体系的国际化。在应对"逆全球化"思潮、推进国际化的过程中,要鼓励浙商"走出去",发挥民营企业敢拼敢打的奋斗精神。这是加强浙商竞争力,拓展国际市场,适应全球化的重要路径。

第一,通过"一带一路"倡议为浙商等民营企业对外投资提供新的平台。"一带一路"倡议与"古丝绸之路"沿线国家建立和平、繁荣、共赢的合作关系,这无疑为我国民营企业"走出去"提供了一个全新的平台,减少了民营企业"走出去"主要畏惧的政治风险这一障碍,同时也为民营企业对外投资提供了更广阔的空间和创造了更有利的条件。

第二,有序推进一系列全面深化改革的措施,为民营企业的"走出去"创造有利的环境。要实现政府职能的转变和效率的提升,一方面原本作为"全能型"的中国政府继续向"服务型"政府转型;另一方面通过不断推进的"简政放权",继续改善民营企业对外投资面临的审批效率低下、信息服务水平较低的情况,使民营企业"走出去"变得更有效率和更加便捷。

第三,深化新科技革命,为民营企业对外投资创造新的契机。在新科技革命的背景之下,民营企业要通过对外投资实现产业部门的更新换代、获得逆向技术溢出,不断提升自身的技术创新能力。

(四)提升以浙商为主体的民营企业的技术创新能力

以浙商为主体的民营企业是科技创新的重要参与者,随着市场竞争越来越激烈,民营企业要在国际竞争中脱颖而出,提高产品质量、培养核心竞争力是企业取胜的关键。进口国外先进设备、引进高新技术是提升企业技术水平的快速之道,但要全面长期地培养企业的竞争力则依赖于企业自主的研发投入和科研人员的引进。一方面,民营企业研发的投入和科研人员的引进将大大提高自身的自主研发和创新能力;另一方面,这也能大大加强企业对进口的先进设备、高新技术的利用率,增强企业的学习和模仿能力,最大化民营企业进口的技术溢出效应,从而推动企业自身的创新能力、产品质量和技术水平不断提高,在激烈的竞争中获得成功。民营企业应更加注重自身技术水平的提高,加大自主的研发投入,在企业内部设立专门的研发部门从事研究与创新活动;同时,民营企业应加强科研人员的引进与培养,科研人才不仅能为企业研发出新的产品和工艺,同时也能更好地利用企业现有的技术和设备产生更高的经济效益;最后,民营企业应加快企业内部研发创新制度的完善,建立良好的激励机制,充分发挥民营企业自身动力机制完善的优势,从制度的根源上促进企业的研发和创新活动。

2020年10月,发改委发布《关于支持民营企业加快改革发展与转型升级的实施意见》,提出要支持参与国家重大科研攻关项目、增加普惠型科技创新投入、畅通国家科研资源开放渠道、完善知识产权运营服务体系、促进民营企业数字化转型等强化科技支撑措施。要尽快推动相关支持政策加快落地见效,应对新冠肺炎疫情影响,激发民营企业活力和创造力。

(五)重视民营企业管理水平的提高和企业家精神的培养

改革开放以后,民营企业家一直勇于探索,敢于创新,在市场中始终保持竞争优势,在中国企业发展史中留下了浓墨重彩的一笔。然而,由于自身资源限制和竞争环境巨变,民营企业出现了管理僵化、企业家畏首畏尾的现象。因此,民营企业要重视管理模式创新和企业家精神的培育,以适应当前民营企业高质量发展的要求。

第一,中小型民营企业要加快完善规章制度。民营企业要摆脱过去依赖非正式治理的路径,以解决委托代理问题为目的,努力完善现代企业制度。企业家要克服小富即安和封闭的思维,在企业制度、管理和营销模式、生产技术和产业选择等方面将企业带向制度和技术的新高度。

第二,中小型民营企业要注重积累人力资源。中小型民营企业存在员工成长速度跟不上企业发展速度、核心团队能力支撑不了企业转型升级所需、高薪招聘的新人忠诚度低等问题,因此,民营企业应当积极参与劳动力市场,以吸引人才和留住人才为目的,完善招聘制度与薪资制度,在劳动用人育人留人机制、民营企业人才管理机制、人才培训教育等方面实现创新。

第三,民营企业家应当具备正确的经营理念。首先,树立“以客户为中心”的经营理念,适应市场需求的变化规律,在此基础上再考虑企业盈利;再者,树立品牌意识和质量意识,以品牌创新和品质优化提升企业竞争力;最后,坚守契约精神,市场交易以契约为核心,市场参与者应当具备契约精神与契约意识,诚实守信,遵纪守法,否则将被市场淘汰。

参考文献

[1]陈楠枰,汪场,崔丽媛.“一带一路”串联世界新梦想.交通建设与管理,
　　2015(7):22-23.
[2]陈霞,陈小倩.中美贸易摩擦对浙江民营企业的影响及对策.北方经贸,
　　2019(11):23-25.
[3]陈学文.浙商的历史溯源:地域、时段、人文基因的交互融合.商业经济与
　　管理,2007(4):3-9.
[4]池仁勇,邵小芬,吴宝.全球价值链治理、驱动力和创新理论探析.外国经
　　济与管理,2006(3):24-30.

[5]葛锦晶.浙商老字号创新案例研究——以胡庆余堂为例.企业改革与管理,2019(4):70-71.

[6]龚晓菊.制度变迁与民营经济发展研究.武汉:武汉大学出版社,2005.

[7]郭涛,刘瑞.疫情冲击对国民经济运行的影响:机制、证据与策略.上海经济研究,2020(9):67-77.

[8]胡兆量.浙江经济为什么近几年发展较快.统计,1981(5):13-14.

[9]黄先海,杨高举.民营经济发展与对外贸易//史晋川.中国民营经济发展报告.北京:经济科学出版社,2018.

[10]冀春贤,王凤山.近代浙商的三大转变与启示.商业经济与管理,2008(10):25-30.

[11]剧锦文.民营企业的转型升级与高质量发展——民营企业40年发展回顾//邹东涛.发展和改革蓝皮书:中国经济发展和体制改革报告NO.8.北京:社会科学文献出版社,2018.

[12]李建琴,韩灵馨,邓雅姗.民营企业发展与民间商会//史晋川.中国民营经济发展报告.北京:经济科学出版社,2018.

[13]李明玉.中国民营企业核心竞争力的现实分析.商场现代化,2008(1):156-157.

[14]罗小伟,梁晨.我国企业债券违约的特征趋势、融资特点及风险处置机制研究.金融发展研究,2020(4):44-53.

[15]潘文安,骆李佳.中小企业技术联盟成员之间信任、关系承诺与合作绩效——基于浙江地区产业集群实证研究.科技管理研究,2013,33(3):175-179.

[16]任泽平,华炎雪,罗志恒,等.中美贸易摩擦:本质、影响、进展与展望.(2020-12-28).https://www.thepaper.cn/newsDetail_forward_10559971.

[17]苏东水.产业经济学.北京:高等教育出版社,2000.

[18]孙敏强,吴素芳.老字号品牌在大数据时代的营销策略分析——以胡庆余堂为例.现代营销,2019(11):142-144.

[19]王柏玲,江蓉.基于价值链视角提升民营经济竞争优势研究.企业活力,2010(3):88-92.

[20]温州移动大数据中心,温州波普研究院.基于移动手机大数据的"一带一路"温州人分析报告,2019.

[21]项国鹏,吴波.全面深化改革和浙商创业创新.管理世界,2015(4):166-169.

[22]肖建玲.浙江同质化产业集群中的企业合作研发机制.企业改革与管理,2015(1):21-22.

[23]谢永珍,袁菲菲.中国商帮边界划分与文化测度——"和而不同"的商业文化.外国经济与管理,2020,42(9):76-93.

[24]徐淑华.基于海外闽商比较视角下的海外浙商发展路径研究.商业经济与管理,2013(10):32-39.

[25]张奎亮.中国制造业在全球价值链分工中地位的影响因素分析.山东大学,2011.

[26]张小蒂,曾可昕.基于企业家才能提升的市场规模内生性扩大研究——以浙江义乌产业集群为例.财贸经济,2013(5):122-130.

[27]中华全国工商业联合会,中国民(私)营经济研究会.中国私营经济年鉴2002—2001年.北京:中华工商联合出版社,2003.

[28]中华全国工商业联合会,中国民(私)营经济研究会.中国私营经济年鉴2002—2004年6月.北京:中国致公出版社,2005.

[29]中华全国工商业联合会,中国民(私)营经济研究会.中国私营经济年鉴2008年6月—2010年6月.北京:中华工商联合出版社,2011.

[30]周晓梅.我国现阶段私营经济发展问题研究.东北师范大学,2004.

[31]子航.新浙商.北京:时事出版社,2017.

执笔人:任晓猛,浙江大学中国西部发展研究院;贺新宇,中国人民银行征信中心。

第二章　跨区域产业转移

国家西部大开发、东北振兴、东部崛起、长三角一体化及"一带一路"倡议的实施,为浙江企业在不同阶段开展跨区域合作提供了有利机遇,大批浙江企业到省外乃至全球进行投资,企业对外投资及跨区域产业转移日趋活跃。然而,由于中美贸易摩擦、"逆全球化"浪潮及新冠肺炎疫情的影响,以全球分工为基础的浙江省跨区域产业转移又面临着较大的风险与挑战。本章在深入分析浙江跨区域转移趋势、原因及障碍的基础上,提出进一步推动浙江跨区域产业转移的战略思路及对策建议,有利于更好应对当前浙江产业跨区域转移所面临的风险与挑战,推动新时期浙江产业高质量发展。

跨区域产业转移是区域经济梯度差异以及市场经济发展的必然结果,也是区域间产业分工、产业结构调整和技术进步的重要手段。第二次世界大战结束后,全球分工模式不断由产业间向产业内及产品内分工深化演进。以发达国家为主导的跨国企业,将原由一个企业内部完成的产品生产链条,垂直拆分成不同环节和工序,并基于不同国家及地区的比较优势,对不同生产环节与工序进行全球化配置。通过产业转移的方式,跨国企业将不具优势的非核心环节转移至具比较优势的国家或地区,在客观上形成了生产链的全球化空间分布及以区域间分工协作为基础的全球性生产网络,有利于提升生产效率并创造更大利润空间。

改革开放后,为加快国内经济发展,我国以政策倾斜的方式,推动东南沿海地区积极加入发达国家主导的全球生产网络,推动外向型经济发展。以浙江省为代表的沿海省份,凭借优越的区位地理、优惠的政府政策、廉价的劳动力成本以及土地资源等优势,积极吸引外商投资并承接发达国家产业转移,在促进外向型经济发展的基础上,推动了本土民营经济与制造业的发展。在这种背景下,以劳动密集型为主要特征的浙江省制造业得到了迅猛发展,成为中国经济发展最富有活力的地区之一(王晓萍,胡峰,2014)。

然而,浙江省制造业是利用土地、劳动力、资源等要素低成本优势加入全球生产网络的,受省内要素成本与资源环境的制约,浙江制造业的低成本比较优势不断弱化,产业竞争力不断下降。如何通过产业转移及跨区域合作重塑浙江产业竞争优势,是浙江产业转型升级过程中必须解决的问题。国家西部大开发、东北振兴、东部崛起、长三角一体化及"一带一路"倡议的实施,为浙江企业在不同阶段开展跨区域合作提供了有利机遇,大批浙江企业到省外乃至全球进行投资,企业对外投资及跨区域产业转移日趋活跃。然而,由于中美贸易摩擦、"逆全球化"浪潮及新冠疫情的影响,以全球分工为基础的浙江省跨区域产业转移又面临着较大的风险与挑战,如何应对这些风险与挑战也是新时期浙江产业高质量发展亟待解决的问题。

一、回顾与展望

(一)理论综述与形势研判

受中美贸易摩擦的影响,中美两国的双边贸易,呈现持续萎缩的态势。在这种背景下,浙江省的跨区域产业转移,在现阶段呈现出一些新的特征;同时,受新冠疫情的影响,浙江产业发展也面临一些新的困难与机遇。以下根据徐子福(2019)、包纯田(2020)等的研究进行论述。

1.中美贸易摩擦的影响

从全国情况看,根据徐子福(2019)等的研究,自 2018 年下半年以来,受中美互征关税等因素影响,美国与中国大陆,以及韩国、越南、中国台湾地区等经济体的进出品贸易,呈现出"对称性背离"态势。

首先,从美国进口数据看,2019 年美国进口总体增幅不大,增长率约为 0.3%,但美国自中国大陆进口贸易额却显著下降,降幅为 12.4% 左右;同时,美国自越南、韩国及中国台湾等经济体的进口却有显著提升,总体进口增幅达 20% 左右。

其次,从中国大陆出口数据看,中国大陆对美国出口贸易额显著下降,降幅约为 8.2%;同时,中国大陆对越南、韩国及中国台湾等经济体的出口总量显著增加,同比增幅约为 8.5%。

从以上数据,可以看到以下基本情况:

第一,自 2018 年以来,美国与中国大陆、韩国、越南及中国台湾等各经济体的贸易趋势呈现分化态势。美国从中国大陆进口增速显著下降,而美国自越南、韩国和中国台湾等经济体的进口增速呈现对称性提升。

第二,美国在加大对韩国、越南及中国台湾等经济体进口的同时,中国大陆对这些经济体的出口也在对称性同步提升。

从产业结构看,韩国、越南及中国台湾等经济体与中国大陆相似。此外,各经济体进出口贸易的转折点,与中美贸易摩擦及征税时间节点高度契合。据此,徐子福(2019)等推测,美国与中国大陆、韩国、越南以及中国台湾等经济体的进出品贸易呈现分化及"对称性背离"的主要原因,是部分美国企业为规避新增关税,通过对韩国、越南及中国台湾等地区产业转移、转口贸易等形式来间接实现对美贸易。

就浙江省而言,中美贸易冲突加剧的背景下,其对美国进出口贸易,也出现了与全国相类似的情况。从统计数据看,2019 年浙江省对美国出口呈现低增速,增速仅在 1.9% 左右。相反,浙江对东南亚经济体出口,却呈现高增速,比如,越南增速为 32.6%,印尼增速为 26.1%,印度增速为 15.5% 等。因此,对浙江省而言,许多企业往往通过产业转移及转口贸易等方式,来规避新增关税。如此,越南、印尼以及印度等东南亚经济体,正成为浙江省企业开展对外贸易的"中转站",成为省内企业"走出去"的重要支点。

2. 全球新冠疫情的影响

新冠肺炎疫情在全球的持续蔓延,从供需两端对全球产业链产生了冲击:一方面,由于疫情引发的停工、停产,导致供应链被打断,许多国家产能的利用率急剧下降;另一方面,需求端也呈现萎缩态势,特别是开展国际贸易的企业,海外订单大量缩减。由于各国家疫情发展情况处于不同阶段,导致全球协同复工缺乏必要前提与基础,加大了全球产业链、供应链协调难度,甚至破坏了产业链各环节的分工与协作关系,全球产业链安全问题凸显。

作为全球制造业大国,我国制造业规模居全球之首,是全球唯一拥有全部工业门类的国家,拥有最完整的产业链条,且与全球供应链深度融合,在全球产业链具有举足轻重的地位。随着新冠疫情的持续蔓延,全球贸易保护主义、逆全球化思潮有所抬头,影响全球产业链的不稳定因素显著增多,我国也不可避免地受到冲击和影响,因而必须高度重视产业链安全与风险的防控。同时,新冠疫情在全球的蔓延,也为我国参与全球产业链格局重塑及提升产业竞争优势提供了难得的机遇与战略窗口期。就浙江而言,因新冠疫情的冲击,浙江省对外直接投资受到较大影响。据浙江省商务厅统计数据,截至 2020 年 7 月,经备案、核准的浙江省境外企业和机构共有 338 家,境外直接投资备案额 413.71 亿元,同比下降 14.49%。但是,新冠疫情的冲击,也给浙江产业全球化发展与布局带来一些新的机遇。现根据包纯

田(2020)等研究,作如下总结:

(1)资源要素加速向我国流动

首先,在资本要素方面,由于我国率先赢得疫情防控、复工复产的主动权,加之我国完整工业体系的配套效应及巨大消费市场的磁石效应,会对全球资本形成强大的吸引力。同时,由于疫情等原因,近期欧美资本市场剧烈动荡,我国在全球资本市场的地位更加重要、更显突出,低成本境外资本加速流入中国。在国内发达地区中,浙江无论在经济总量、活力,还是创新空间、动力上,都具有巨大优势,资本运营的外部环境相对宽松,因而会成为国际资本流入的重要目的地。

其次,在创新资源方面,我国龙头企业提升产业核心技术水平的机会凸显:一是由于全球疫情持续蔓延,部分境外企业经营状况恶化,一些掌握核心技术高管、研发骨干到中国投资或创业发展的意愿增加,为浙江省争夺以人才为核心的高端要素资源提供了难得的历史性机遇。二是部分境外企业经营状况恶化,也为浙江省企业开展境外投资提供了战略性"窗口期",有利于通过并购等途径加速不同区域间的技术转移,有利于消化吸收并购企业核心技术的基础上,加速自身技术与工艺的创新。比如,吉利对沃尔沃、卧龙对 ATB 中高压电机技术的消化吸收,都是典型的成功案例。三是迫于疫情带来的市场经营压力,欧美国家在中国的独资或合资企业只有加大技术研发投入、加快核心技术转移,才得以保住或扩大中国市场份额。目前,在国内实体领域中,多数企业已基本完成单纯模仿跟踪阶段,浙江省更是如此,在局部技术及工艺创新方面,凭借多年的积累,部分龙头企业已拥有较强的国际竞争力,甚至能与国际同行齐头并进。上述机会的凸显,有利于浙江省龙头骨干企业进一步提升产业核心技术水平。

(2)同业竞争向利于我方转变

受疫情持续扩散影响,许多欧美实体产业受到较大冲击,国际同行的竞争态势向有利于我国的方向转变。在全球产业链格局重塑方面,浙江企业面临更多机会。

首先,对于国际产业链龙头企业而言,受疫情持续蔓延影响,部分国际龙头企业的正常经营,已受到实质性冲击,许多已局部减产,甚至局部关停。

例如,浙江省某维生素龙头企业,其两家欧美竞争对手处于上述这种情况,因此,相关产品的市场供需格局,迅速向有利于浙江省龙头企业的方向变化,并造成市场供给的短缺,为浙江省内各行业龙头企业带来发展机会,相关企业应抓住机会,迅速抢占并扩大国际市场份额。

其次,对于国外产业链中小型企业而言,受近年市场前景不明等因素影响,许多国外优质企业经营压力增大,新冠疫情的持续蔓延,更是加速了此类企业的经营恶化,面临被市场所淘汰的危机。浙江相关行业的龙头或骨干企业,应抓住机遇,积极参与对此类优质专业型中小企业的并购,以借机迅速壮大自己。

最后,对于国外供应链大中型企业而言,虽然这类企业通常不愿被并购,但受新冠疫情持续蔓延的影响,其生存与发展空间将被进一步压缩,因而对外迁或深度合作的意愿会不断增强。例如,浙江省某汽车龙头上市公司,就在新能源汽车核心电动部件领域,与德国某汽车零部件巨头进行了全方位合作。因此,对浙江省跨国企业而言,这是进行产业全球投资布局的良机,必须紧紧抓住。

(3)国际市场壁垒得到削弱

对中国产品进入国外市场,发达国家往往通过设置质量标准、严格环保认证等贸易壁垒的方式进行结构性封锁。即使在性价比上具备优势,但受制于各种严格的认证等诸多方面的限制,中国产品往往也很难顺利进入相关国际市场。就拿浙江省企业来说,回顾40多年来对外经济与贸易的实践经验,浙江省产品打开国际市场、直接配套终端市场的过程,是很艰难的,究其原因,欧美发达国家经几十年甚至上百年形成的利益格局、合作网络,很难被打破,其经营过程中所形成的品牌认同度等高门槛很难被冲破。这次新冠疫情在全球市场的持续蔓延,将有助于中国及浙江企业冲破这些障碍。

首先,浙江自主品牌培育的机会增大。从产品性价比而言,浙江省有相当一部分企业,已经具备较强的国际竞争优势。随着新冠疫情在全球持续蔓延,欧美品牌的市场优势相对弱化,浙江有关企业应抓住机遇,通过实施自有品牌国际化战略,加大自主品牌的推广力度,努力提升"浙江制造"的国际影响力。

其次,全球渠道品牌整合机会增加。不管是工业资本品,还是生活消费品,在很长一段时期内,国外一些知名品牌渠道的市场影响力及相对优势仍然客观存在。浙江企业应善于借助这些影响力与优势,充分利用这些品牌与渠道进入国外市场的跳板作用,以达到自身产品迅速占领相关国际市场的目的。受新冠疫情的影响,许多欧美企业供应链受到冲击,面临生死考验,为了生存下来,企业必须保证供应链的稳定性与安全性,中国企业产品往往质优价廉性价比高,有利于降低供应链成本、确保供应链安全稳定,可以有效契合欧美企业的诉求。浙江企业应抓住机遇,利用境外企业的经营压力,通过境外并购整合或合资合作等方式力争所在国对浙江企业与产品开放其市场与渠道。

(4)独立供应链体系构建正当其时

在对外贸易及对外开放方面,浙江省是走在全国前列的。然而,即便如此,从全球看,浙江省出口及对外经济贸易,依然停留在相对初级的阶段。究其原因,除多数产业在价值链中地位偏低、产品附加值不高等因素之外,产业供应链的全球支撑条件不足是一个重要原因。由于供应链的全球支撑条件不足,浙江出口产品的境外后端服务体系,如物流、仓储、结算等环节,均受制于国外供应商。换而言之,浙江省企业在开展境外业务过程中,尚未形成独立自主的供应链服务闭环。有少数在国际市场上具有相对竞争优势的浙江产品,大多也是借助于国外一级供应商进行供货,真正为国际知名终端厂家直接供货的仍偏少。然而,随着疫情的持续蔓延,现有欧美全球供应链体系,必将受到严重冲击。虽然在短期内,这会对浙江省的外贸出口产生直接冲击,但从长远来看,却也给浙江企业构建独立自主的境外供应链体系提供了难得的新机会。

(二)浙江对外投资和产业转移的总体趋势及主要特征

1.浙江对东南亚投资呈现加速态势

近几年来,随着国内资源要素成本的持续攀升,国内产业已呈出现向低劳动力成本地区跨区域转移的趋势。如表 2-1 所示,除英国外,2016 年至

2018 年浙江省与各国(地区)的出口总额都呈现持续攀升态势。据 2019 年《浙江省统计年鉴》,2018 年浙江省与各国(地区)的出口总额为 211745029 万元。其中,在全球各大区域中,浙江对亚洲出口总额 69477039 万元,占比最高为 32.8%;其次是对欧洲的出口,总额为 55283448 万元,所占比重为 26.1%;排名第三的是对北美的出口,总额为 45076522 万元,所占比重为 21.3%。而在亚洲国家中,浙江对东南亚及东盟国家出口额所占比重达 55.7%。因此,近年来,亚洲特别是东南亚国家及地区已经成为浙江省开展对外经济活动的重要支点。

表 2-1　2016—2018 年浙江省对各国(地区)或国际组织成员的出口总额　单位:万元

国别(地区)或 国际组织	出口总额		
	2016 年	2017 年	2018 年
总值	176664804	194397631	211745029
亚洲	61610804	65770518	69477039
中国香港	2653602	2391753	2487052
日本	7473988	8044405	8374351
中国台湾	1770005	1929673	2118214
韩国	4454419	5021827	5511525
东南亚国家联盟	16144464	17419598	20220373
非洲	13894941	14742278	16598995
欧洲	45987804	51082893	55283448
欧洲联盟	39473095	43262570	46622454
英国	7010163	7187496	6600083
德国	7235138	7796993	8403379
意大利	3752856	4154291	4525102
法国	3269476	3708515	3923628
比利时	1698524	1851096	2058415

续表

国别(地区)或	出口总额		
国际组织	2016 年	2017 年	2018 年
俄罗斯	4450017	5444714	5898578
拉丁美洲	15203813	17535968	19866448
北美洲	35423580	40323000	45076522
美国	32496267	36980691	41485897
加拿大	2923932	3340458	3585996
大洋洲	4543863	4940550	5442578
澳大利亚	3395755	3883317	4371911

数据来源:2019 年《浙江省统计年鉴》。

如图 2-1 所示,在对东南亚各国的对外经济活动中,2018 年浙江对外投资呈现明显加快趋势。其中,对印度尼西亚的投资净额近年基本呈现持续增长态势,而浙江对越南、韩国的对外投资净额在 2017 年曾有短暂的回落,但在 2018 年却重新反弹,尤其是 2018 年下半年,对外投资净额呈现持续攀升。

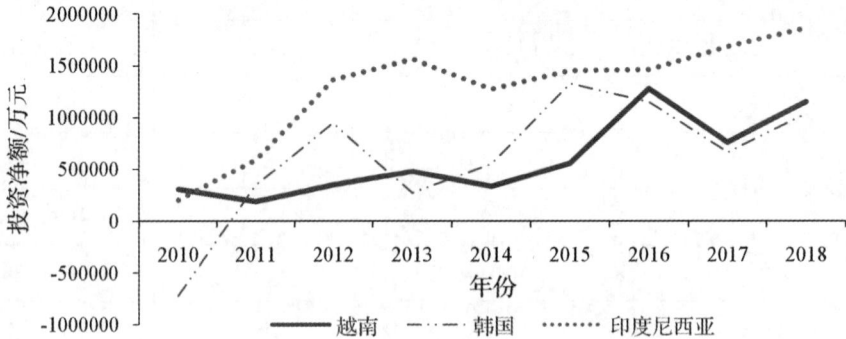

图 2-1 浙江对东南亚部分国家(地区)投资净额

数据来源:Choice 金融终端。

此外,2018 年浙江省对越南、韩国等经济体的对外投资净额大幅增加,与 2017 年相比,2018 年的增长率分别达 55.55%、55.64%。另据浙江省外汇局统计数据,2019 年浙江制造业对外新设投资项目占比,要显著高于 2015 年至 2017 年的水平。

2.对外投资的动因是规避关税壁垒

联合国有关贸易与发展会议指出,受新冠疫情影响,2020 年全球投资量或下降 40%,全球经济增速将大幅下降,甚至出现负增长。但从越南情况看,其经济增速下降情况远低于全球水平。据越南计划投资部报告,截至 2020 年 8 月,全球 104 个国家或地区对越南进行投资,共吸引外资额达 195.4 亿美元,同比下降 13%;实际到位资金 113 亿美元,同比下降仅为 5.1%。其中,最大的投资国来源是新加坡,投资额为 64.4 亿美元;其次,是韩国和中国,投资额分别为 28 亿美元和 17 亿美元。从新增项目数看,韩国 421 个项目,位居第一;中国 237 个项目,位居第二;日本 175 个项目,位居第三。这些数据显示,全球投资者对越投资具有相当大的信心。究其原因,除越南地理优势、政局稳定、经济稳增、人力充足及疫情有效控制等基本因素之外,越南极具吸引力的优惠政策,包括与日本、欧盟及欧亚经济联盟等经济体签署自贸协定的因素,对越南吸引外资起到了极大的作用。对于全球投资,特别是对中国企业而言,绿色投资在对越投资中占有相当大的比重。

徐子福(2019)也认为,相对并购而言,绿色投资更能解释浙江企业对外投资,而且近期对外投资的内在动因主要是规避中美贸易摩擦,主要理由与依据是:

首先,近年越南等东南亚国家的要素价格持续上涨。在雇工用工方面,综合工资收入及社保等支出,越南人均用工成本为每月 3000 元,与国内差距不断缩小。在厂房租金方面,某公司于 2019 年初赴越南投资的厂房月租为每平方米 21 元,是国内的 1.75 倍,下半年月租又涨至每平方米 27 元,是国内的 2.5 倍。在用电方面,越南供电不稳、电量不足、电价偏高等问题突出。在柬埔寨,每度电价 1.1 元,每度较国内高 0.4 元;如遇旱季停电,则须自备发电设备,自发电成本每度达 2 元。

其次,据 2019 年浙江外汇局统计数据,浙江对外投资的行业,按对外投资企业数量进行比较,排名前五位的行业分别是家具制造、纺织服装、造纸和纸制品、橡胶和塑料制品、皮革制品和制鞋,这些行业均涉及美国加征关税因素。因此,浙江省对外投资的行业结构与美国加征关税种类高度重合。因此,规避中美贸易摩擦,而非成本驱动才是当前浙江产业外迁越南等东南亚国家的首要原因。

3.局部行业地区呈现集中转移趋势

近几年来,受国内要素成本价格持续上升等因素影响,浙江部分产业"走出去"步伐明显加快。根据2018年浙江外贸企业调查,在省外乃至国外投资设厂的企业占3%,有"走出去"计划的企业占4.5%。在浙江走出去企业中,大多数都是民营企业,这些企业市场敏锐性强,其"走出去"到海外发展,既是基于市场的判断,也是自身战略定位的调整,有利于浙江企业融入全球价值链,进一步开拓国际市场,在全球范围内优化统筹原料、制造、物流各产业链环节,从而提升产业链竞争力(陈芳芳,2018)。

浙江"走出去"企业大都是劳动密集型制造业企业,其"走出去"的主要方向为东南亚国家或地区海外布局,"走出去"的核心目标是降低成本。近期,受中美贸易摩擦影响,局部行业与地区的产业有集中转移倾向。比如,2018年下半年,浙江省安吉县家具行业中就有三家龙头企业进行产业转移。此外,在产业转移过程中,上下游产业间的关联性也很大。比如,2019年4月某家生牛皮制造企业在柬埔寨设立生产基地,究其原因,主要是近年下游皮沙发生产企业迁至柬埔寨等东南亚国家,为贴近市场并降低运输成本,该企业也紧随下游企业迁移(徐子福,2019)。

4.产业转移企业数量增多、金额有限

如图2-2所示,据《浙江省国民经济和社会发展统计公报》数据,2019年全年经备案核准的境外企业和机构共计763家,比上年增加26家。境外直接投资备案额830.8亿元,下降34.1%。虽然,2019年经备案新增境外企业与机构数量有所增加,但境外备案投资额却大幅下降,可以看出,随着形势的发展,浙江省中小型企业逐步成为对外投资的主力军。究其原因,主要有两个方面(徐子福,2019)。

第一,产业链上下游企业转移呈现梯度性特征。受环境保护、原料供应及反倾销等诸多因素影响,浙江省许多处于产业链中的大型核心企业,

是在中美贸易摩擦爆发之前就开始着手进行全球化的产业布局。相反，中小型企业大都围绕产业链中的核心企业，在其上下游中进行生产布局，加之抗风险能力较弱，相较龙头企业而言，在开展境外投资时具有一定的滞后性。

第二，中小企业境外投资具有一定的被动性。随着中美贸易摩擦的不断加剧，产业链中的大型龙头企业通过扩大境外基地、提高境外产能利用率等方式，将部分订单转移至境外，导致浙江中小型企业紧随其后，被动加速产业境外转移与投资的步伐。据近年外汇局浙江省分局调查数据，在 100 家代表性企业中，有 46 家已将产业转移至境外，这些企业是大型企业，有 66％为行业龙头；而多数中小型企业仅有向境外转移的意向。

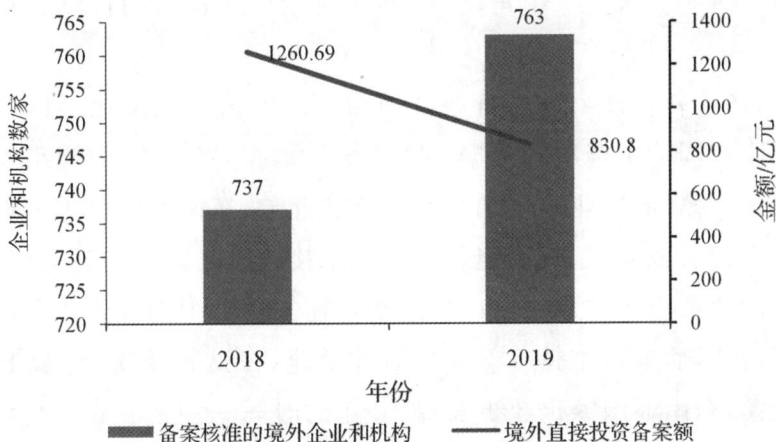

图 2-2　2018—2019 年浙江省境外投资备案情况

数据来源：2019 年《浙江省国民经济和社会发展统计公报》。

5.产业转移难以导致"产业空心化"

徐子福（2019）认为，虽然目前在局部行业与地区浙江产业呈现集中向境外转移的趋势，但从长远看，这种转移难以导致"产业空心化"。

第一，浙江的出口结构以一般贸易为主。相对而言，加工贸易比一般贸易对成本变化更为敏感。然而，据统计，2018 年浙江一般贸易出口占出口总额的 80.1％。这意味着，浙江外贸顺差具有相对稳定性，产业具有较强的凝聚力与扎根性，对产业转移的承受力较强，应能扛住因贸易摩擦导致的风险。

第二,关税清单对出口负面影响逐步递减。目前,较东南亚国家而言,浙江制造在营商环境、技术水平、劳动力熟练度等方面更具优势。当前,"避税型"产业转移的行业和规模,与美国关税清单和加征进程,有密切关联。随着美国加征关税进程的推进,在500亿、2000亿、3000亿美元商品清单中,对中国商品的依赖度依次越来越高,最终消费品及高端制造品比重,也依次不断上升。例如,美国自中国进口占其进口总额比重大于50%的商品,在500亿、2000亿、3000亿美元的清单中依次占比分别为3.7%、47.3%和76.1%。这就意味着,随着清单的推行进程的推进,美国进口商品在别国找到替代品的难度也将不断加大与升级,继续维持加征关税的难度也会越来越大。从另一个角度看,其对我国产业转移的推动力也会相对减弱。

第三,产业转移迁入地自身条件的约束。中国与东南亚诸国两者的经济体量并不在同一个档次。根据WTO统计数据,2017年中国出口规模约是东盟的1.7倍,制造业出口则是2.3倍。此外,东南亚各个国家储蓄率和投资率水平普遍较低,这就决定了其产业承接速度是无法与近30年的中国相比的。即使东南亚制造业出口的未来增速能达到中国加入WTO后年均14%的高增速,而中国维持5%左右的低增速,在这种情况下,要赶上中国的出口规模,东南亚国家仍至少需要10年的时间。

第四,产业加速向东南亚转移是企业应急性措施。在行业层面上,中国作为最大的制造业产出国,美国作为最大的制造业需求国,两者具有极强的产业互补性,这是其他任何经济体难以替代的。当前,产业加速向东南亚转移,只是企业为应对外部环境突变而采取的短期应急措施。此外,中国作为全球潜在的最大消费市场,对产业扎根本土具有长期吸引力,因此,浙江乃至全国的产业并不会因产业转移而导致"空心化"的发展趋势。

二、原因与障碍

(一)跨区域产业转移原因分析

1.内部因素

(1)产业转型升级

民营经济问题专家史晋川(2014)认为,改革之初浙江省面向国内东北、西北、华北及西南"三北一南"市场,抓住"吃穿"等国内传统日用品需求的机遇,加大生产要素投入,通过民营经济与劳动密集制造业发展,形成了以皮带、小五金、塑料制品等为主的低加工度、低附加值劳动密集型传统制造业,从资源与经济小省逐步成长为经济与财政大省。2002年后,随着国内居民对"吃穿"等传统日用品的需求增速下降、对产品品质要求的提高及对"住行"等的需求增速加快,国内市场消费结构发生了较大的变化,客观上为浙江民营经济转型发展与结构调整提供了有利时机,但因同期我国正式加入WTO,多数民营企业推迟了转型升级与结构调整的步伐,转而将发展的重点放在以"内销改出口"为主的市场结构调整上,走向外向型经济的发展道路。到2008年,浙江省的出口总量达1542.9亿美元,是1978年的3080倍,GDP总量达21487亿元人民币,依同期汇率计算,出口依存度达到了50%左右,外向型经济发展取得了突出的成就,但浙江省也因此错失了一次产业转型升级的良机。

利用城市化初期我国日用品消费的轻工业发展期,以及国际市场对我国以劳动密集型产品为主导的市场需求,浙江省形成了以劳动密集型制造业为主体的轻小工业体系,导致浙江GDP、财政收入及城乡居民人均收入一直位居全国前列。然而,随着东部沿海产业转型升级以及中西部地区加快发展,浙江产业结构劳动密集型产业规模大、比重高,高新技术产业相对滞后、服务业比重偏低等结构性矛盾也日益显现,产业竞争优势持续下降,体现在:产业结构与层次偏低,高新技术产值与规模明显小于广东及江苏,重化工业产值与规模不及山东,不但与广东、江苏、山东等发达省份差距不断扩大，而且与河北、河南等相对滞后省份差距不断缩小。因此，如何加快产业结构转型与升级，是浙江省产业进一步发展必须要解决的一个课题，而不断压缩劳动密集型产业规模，大力发展高技术产业、战略性新兴产业、海洋经济及生产性服务业等高附加值产业，则是浙江产业转型升级的必由之路。理由有二：

第一，浙江的资源禀赋、产业基础与发展阶段已经发生转变。在改革开放初期，相对于全国其他省份，浙江的自然资源相对匮乏，但轻工业基础比较好，加之工业化城市化初期我国经济处于日用品消费期与轻工业发展期，具备大力发展劳动密集型产业的基础条件与比较优势。然而，在工业化城市化后续阶段，高技术产业、战略性新兴产业、海洋经济及生产性服务业是主导性产业，同时经前一阶段的发展，浙江具有充裕资金与人力资本优势，具备大力发展高技术产业、战略性新兴产业、海洋经济及生产性服务业的产业基础条件与比较优势。

第二，是优化浙江产业结构、增强发展后劲的紧迫要求。对浙江而言，大力发展高技术产业、战略性新兴产业、海洋经济及生产性服务业，具有特别重要的意义，不仅能优化产业结构、拓展发展空间，而且能完善经济体系、增强发展后劲，是产业转型升级的必然选择，也是从经济大省到经济强省的必由之路。

然而，从实践看，虽然经过了多年调整，但工业化与城市化发展过程中，浙江产业结构与层次仍然未能得到明显提升，这在很大程度上，是受经济发展的路径依赖与产业锁定效应制约。具体体现在：

第一，路径依赖效应。经济发展路径与原有产业的产品、设备、技术与市场等因素紧密相联。大规模的劳动密集型产业，导致浙江省要素资源，尤其是土地资源，供给十分紧张，以及节能减排约束趋强，如果不从整体上压缩、淘汰劳动密集型制造业，就会无法解决高技术产业、战略性新兴产业、海洋经济及生产性服务业发展用地不足、节能减排指标约束等问题。

第二，产业锁定效应。受资产专用性限制，压缩劳动密集型制造业、淘汰过剩产能与落后产品，需要付出巨大的沉没成本，使产业发展面临较大的内在锁定效应，导致产业转型升级缺乏内生机制，需要借助外部境的变化，形成比较收益与内生动力。

综上所述，受路径依赖效应与产业锁定效应的限制，只有在外部环境变化，导致旧有产业体系竞争优势明显下降，同时产业调整预期成本低于产业升级预期收益的情况下，才能使地方政府与相关企业达成共识，通过政府政策扶持及企业自身努力，突破路径依赖与产业锁定造成的结构固化束缚，共同推动产业升级。而在突破路径依赖效应与产业锁定效应方面，跨区域产业转移是一种最佳的选择。通过将劳动密集制造业向中西部地区及国外产业转移，不仅可以有效解决高技术产业、战略性新兴产业、海洋经济及生产性服务业发展用地不足、节能减排指标约束等问题，而且可以避免压缩劳动密集型制造业、淘汰过剩产能与落后产品引致的沉没成本过大的问题。

（2）生产成本上升

改革开放以来，浙江省通过发挥土地、劳动力、资源等要素低成本优势及东部沿海的区位地理优势，嵌入发达国家主导的全球价值链体系，推动浙江民营经济走向外向型经济的发展道路。到 2008 年，浙江省的出口总量达1542.9 亿美元，是 1978 年的 3080 倍，GDP 总量达 21487 亿元人民币，依同期汇率计算，出口依存度达到了 50% 左右（史晋川，2014）。然而，以出口加工模式为主导的浙江省民营经济，虽然经过多年的发展，但其产业层次低、布局散、竞争力弱的格局以及在全球价值链中的整体境遇并无显著改善，特别是在遭受金融危机冲击时，企业关停并转成"潮"，其脆弱竞争力一览无遗（王海兵，杨蕙馨，吴炜峰，2014）。因此，虽然对外贸易持续高速增长，但难以推动浙江民营经济实现转型升级。人民币升值及要素成本上升，传统浙江民营经济的低成本竞争优势逐步丧失，加之金融危机后，国家宏观经济形势下行，宏观调控政策的不连续性以及国外市场需求萎缩等种种外部因素，更是加重了浙江民营经济的转型升级的艰巨性。

第一，资源成本。

2008 年全球金融危机后，伴随全球投资规模持续扩大与经济增长的快速回升，国际市场能源、大宗商品及原材料价格持续再次大幅上升。例如图 2-3 所示，国际原油现货价从 2008 年 12 月底 44.6 美元/桶，上涨至2011 年 12 月底 98.38 美元/桶，涨幅为 120.6%。

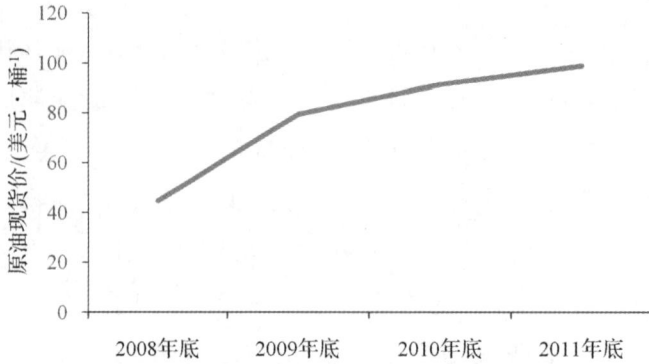

图 2-3　2008—2011 年国际市场原油现货价

数据来源:Choice 金融终端。

伦敦金属交易所铜现货结算价从 2008 年 12 月底 2812 美元/吨,涨至 2011 年 12 月底的 7554 美元/吨,涨幅为 168.6%(见图 2-4)。

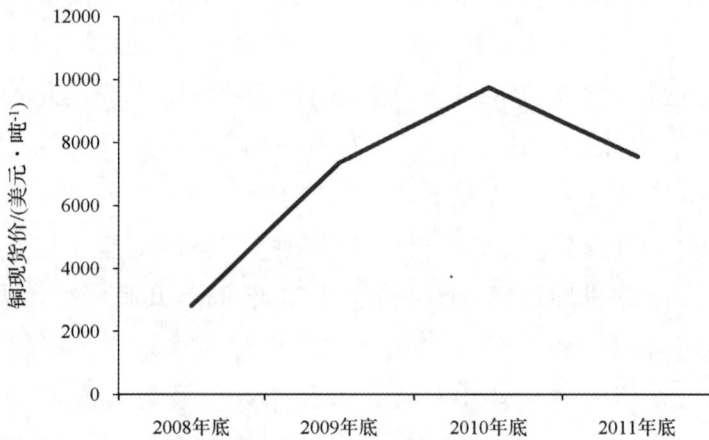

图 2-4　2008—2011 年国际市场铜现货价

数据来源:Choice 金融终端。

浙江是一个资源匮乏型省份,人均资源占有量远低于全国人均水平,能源资源供应外向依存度逐年扩大。能源、原材料与大宗商品价格持续上涨,必然导致企业生产成本大幅增加。在这种情况下,浙江产业低成本竞争优势逐渐丧失,以低成本资源要素投入为推动力的浙江经济增长模式遭受严峻挑战。事实上,早在 21 世纪初,浙江的经济增长模式就已遭受能源资源问题的困扰。水资源、电力资源、矿产资源等能源资源短缺问题,一直是限制浙江经济发展的一系列瓶颈。

在水资源方面,浙江省许多地区存在水资源短缺问题,2010 年水资源需求缺口达 55 亿立方米。例如,在人均水资源占有方面,浙江宁波全市为 1315 立方米,是全国平均水平的 62%,远低于国际公认 1750 立方米的用水紧张线水平。据有关部门统计,宁波、舟山等地的年缺水总量约为 6 亿立方米,虽然同步建设引水及水库工程,但随着经济的发展,缺水总量仍将在很长一段时间内维持在 6 亿立方米左右。

在电力资源方面,从 2003 年,浙江省就是全国拉闸限电范围最大、缺电最严重的省份。据统计,2004 年夏季,浙江省实际最大电力供应缺口在 700 万千瓦以上。2004 年 1 月至 8 月,浙江全省拉限电损失电量达 56.6 亿千瓦·时,占全国的 59%。电力供应短缺问题成为浙江经济的"附骨之刺",企业发展经常因此遭受严重损失。

到 2006 年,电力供应短缺问题开始缓解,但中央又出台严格措施,要求节能降耗,中央"十一五"末节能降耗目标是 20%,高于浙江省 15% 的自我规划目标。此外,为进一步控制温室气体排放,国家确定了 2020 年碳排放新目标,浙江减排形势变得更为严峻。从全球发展的整体趋势看,随着新兴经济体快速增长,以及发达经济体缓慢复苏,全球在能源、原材料与大宗商品等方面的需求将持续增长。因此,长期来看,国际能源、原材料与大宗商品市场价格持续上涨的态势不会改变,继续以低成本资源要素投入为推动力的浙江经济增长模式、维持企业竞争优势与市场赢利能力的做法,是不可持续的。

第二,商务成本。

除了资源成本不断上涨之外,外部环境变化所带来的商务成本持续上升,也是浙江劳动密集型制造业向外转移的重要因素。作为企业商务成本的重要组成部分,土地价格也是影响产业跨区域转移的重要因素。总的来说,土地价格主要从以下两方面影响企业产业跨区转移决策。

一是削弱了企业的竞争优势。浙江土地面积狭小,多为山地丘陵。随着工业化与城市化发展,用地指标紧张、供需矛盾突出,用地价格持续攀升,导致潜力较大、前景良好的高新技术产业项目难以落地,不仅抬高了高技术产业项目的投资门槛,还提高了企业的生产成本,在很大程度上削弱了企业的竞争优势。特别是劳动密集型制造业,不仅用地规模较大,而且盈利水平较低,很难与中西部地区同类企业开展竞争,导致许多企业纷纷将产业转移到中西部地区发展。

二是扭曲了资源配置机制。随着土地成本的持续上升,浙江工业用地用于发展劳动密集型制造业,是难以形成竞争优势的。但因这些工业用地的原置成本很低,每亩只有数千元与数万元,因此许多劳动密集型企业,利用早年低廉原置成本与现行市场价格之间的巨大差价进行套利,以获取非经营性收入的方式来维持劳动密集型产业的生存,甚至获取巨额利润。因此,许多劳动密集型企业不急于产业转移,并热衷于工业用地的圈囤,严重扭曲了市场资源配置机制,工业用地空置率居高不下,并人为导致工业用地紧张,进而影响企业创业创新的积极性。

第三,劳动力成本。

改革开放后,浙江经济持续快速增长,相当程度上是依赖低价格要素资源,特别是廉价劳动力充裕供给,因为广大中西部农村有大量劳动力转移到东部沿海地区,为浙江制造业发展提供了廉价、充裕的劳动力资源,成为浙江制造及产品竞争优势的重要来源。然而,2008 年以来,除国有企业与集体企业之外,我国制造业非公制造业工资收入水平直线上升,劳动用工成本持续上升。如图 2-5 所示,2008 年均工资为 15455 元,到 2019 年则涨至54677 元,年平均增长率为 23.07%。

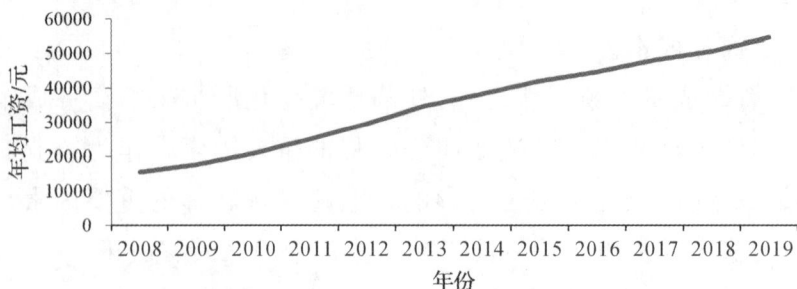

图 2-5　2008—2019 年我国非公制造业年均工资水平

数据来源:Choice 金融终端。

究其原因:首先,为保障劳动者的基本生活和合法权益,中央及各级政府开始实行最低工资标准,逐年推动工资合理上涨,以改善低收入群体的收入状况并通过《中华人民共和国劳动法》和《最低工资规定》予以保障。

其次,随着我国制造业迅速发展,2010年我国制造业产值已赶超美国,成为全球制造业第一大国,业务规模不断扩大。同时,我国人口红利逐步消失,全国性用工荒开始出现。

据全球人力资源咨询公司怡安翰威特发布的《2010—2011年度珠三角工人调研》,2011年初珠三角地区86.7%的公司订单量增加,导致82.5%的公司需扩增用工数量,扩增比例达20%左右。官方统计数据显示,2011年珠三角用工缺口高达90万。此外,"长三角"地区也在春节后集中出现大规模"用工荒"。2011年"用工荒",不仅来势猛,而且缺口大,成为拉动工资上涨的主要因素,特别是技术工人短缺,成为拉动工资上涨上调的主导力量。

在浙江省,劳动力成本上升也体现得非常明显。在最低工资方面,浙江省政府结合本地实际决定,从2015年11月1日起,浙江省最低月工资标准调整为1860元、1660元、1530元、1380元四档,平均增幅13%。2007年至2018年,浙江省城镇居民家庭人均可支配收入从20574元增加至55574元,年均涨幅为15.5%;农村居民家庭人均可支配收入从8265元增加至27302元,年均涨幅为20.9%(见图2-6)。

图2-6 2007—2018年浙江城乡居民家庭人均可支配收入情况

数据来源:2019年《浙江统计年鉴》。

2011年出现的"用工荒"背后,显现出我国区域间经济社会的结构已经发生了深刻变化。特别是农村产业结构的变化与调整,以及农村经济的发展给中西部地区带来了更多的致富机会。同时,随着西部大开发的持续推进,我国内地的就业机会也逐步增加,而且工资待遇已经与沿海地区日益接近。正因如此,越来越多的农村居民开始选择在本地就近就业。国家统计局发布的《2009年农民工监测调查报告》显示,早在2009年,东部地区务工的外出农民工人数就开始减少,与2008年相比较,下降8.9%,珠三角地区下降特别明显,该比例较2008年下降22.5%。人社部副部长杨志明在2014年时也指出,2013年农民工总量增长了2.4%,同比增幅下降1.5%。其中,外出农民工增长了1.7%,但同比增幅下降1.3%。从总量上看,我国农民工存在供大于求现象,但仍存在就业与招工"两难"的结构性矛盾。这种"两难"是市场选择的结果,从根本上反映了农民工正从无限供给向有限供给转变。同时,中西部地区持续较快增长,尽管中西部地区务工收入比东部地区一般低10%左右,但由于离家较近,生活成本低,便于照顾家庭等因素,使得中西部地区就业的吸引力不断增强。鼓励通过就地就近就业、扶持返乡创业等方式,解决农民工就业招工"两难",不仅能顺应产业转移与升级的需要,而且有利于促进东中西部之间农民工的合理流动。

综上所述,中央与地方政府最低工资标准的提高,以及我国劳动力市场结构性矛盾等问题的出现,倒逼用工企业不断提高员工待遇,促进跨区域产业转移及产业转型升级。

（3）资源环境约束

区域间资源环境的差异,对跨区域产业转移路径与模式选择,具有重要影响。由于资源环境条件的不同,浙江省产业转移的模式与江苏、广东两地的模式有很大差异,江苏、广东两省主要采取省域范围内跨区域转移的模式,而浙江省则采取超越省域范围的跨区域产业转移。具体影响因素如下:

首先,地域空间与土地等资源要素供给差异。从地域空间与土地等资源要素供给看,浙江省地域空间狭小,而且土地资源大多以山地与丘陵为主,不仅缺乏省域内产业转移所需的地域空间,而且土地等要素资源也相对匮乏。比如,丽水等地生态环境脆弱,不宜发展能耗大、污染高的劳动密集型制造业;衢州等地虽然具备一定条件,但也面临着资源要素供给趋紧、节能减排约束强化等问题。而与之相比,广东的粤北地区及江苏的苏北地区,其要素资源供给条件,显然要优于浙江。因此,浙江不具备省域范围内产业转移的基本条件,而广东、江苏具备产业在省域范围内部转移的地域空间与资源环境基础。

其次,地区间经济发展差距导致的资源要素成本差异。从地区间经济发展差距看,如图 2-7 所示,浙江省地区间经济发展差异系数是 0.38,小于全国 0.67 的平均水平,而且远小于广东的 0.77 与江苏的 0.71。由此可知,浙江地区间经济发展差距不是很大,因此,省内经济落后地区,如衢州与丽水等地,其要素资源供给及生产成本,没有明显优势,对制造业企业的吸引力不强。相反,与浙江毗邻的江西、安徽、河南等中西部省区,不仅要素资源供给充裕,而且要素成本明显低于浙江,对制造业企业产业转移有很强的吸引力。

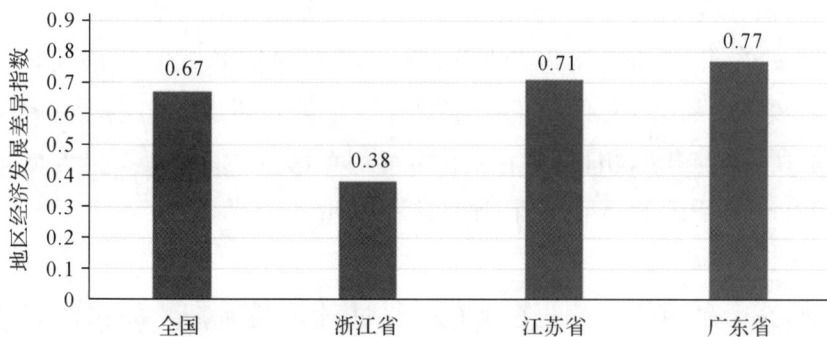

图 2-7 全国及部分省份地区间经济发展差异

数据来源:傅允生,2011。

基于上述两方面原因,广东、江苏的劳动密集型制造业可以通过省区内梯度转移为主的途径向粤北、苏北地区转移,而浙江劳动密集型制造业只能通过跨省区产业转移,向毗邻的江西、安徽、河南等要素资源供给条件较好的中西部省区转移发展(傅允生,2011)。

　　2.外部因素

　　(1)经贸关系

　　稳定的经贸关系,特别是部分国家所具备的关税优势,是影响跨区域产业转移的重要驱动因素。从这一点上说,在全球经济体中,东南亚大部分国家,都具备较大的关税优势。以越南为例,1986 年推行国际化的经济政策后,越南与全球各个国家和地区逐步签署了 13 个双多边自由贸易区协定,成为全球参与多边和双边自由贸易协定(FTA)最多的国家之一。在 FTA下,经济体间一般实行零关税,相对于最惠国待遇更为优惠。2009—2018年,越南先后与日本、韩国、欧亚经济同盟等国和地区签订 FTA,并已生效,由此形成的关税优惠,为其建立出口竞争优势提供了重要保障。比如,2015年签署的 FTA 日本承诺 10 年内将 94％税目税率降至零,2016 签署的 FTA欧亚经济同盟让越南 90％出口产品享受关税削减优惠,59％出口产品关税降至零。2015 年签署的 EVFTA(欧盟—越南自由贸易协定),越南与欧盟双方协定取消 99％ 以上的关税,并通过有限的零关税配额,部分取消剩余的关税。协议生效后,欧盟将在 7 年内逐步取消从越南进口的 65％的商品关税,其余部分将在 10 年内逐步取消。又如,柬埔寨现有的 7 项有效 FTA,商务部信息显示,每年柬埔寨出口产品,从美国的普惠制和欧盟关税优惠所获取的优惠总额,占其出口总额的 60％以上,这对其开拓出口市场至关重要①。

　　综上所述,与我国相比,越南、柬埔寨等东南亚国家,在关税方面具备明显的优势,成为我国制造业向东南亚转移的重要驱动因素。

　　(2)人口红利

　　当前,在全球范围内,许多国家,包括中国,都面临老龄化的趋势。然而,在东南亚各国,适龄劳动人口却一直持续增长。如图 2-8 所示,2019 年东南亚各国未成年人口抚养比中,新加坡最低,2019 年仅为 16.38％,东帝汶最高,为 63.83％,除新加坡与泰国,其他各国都高于中国,如老挝为63.83％,柬埔寨为 50.84％,菲律宾为 47.46％。

---

　　①　案例资料及数据来源:搜狐新闻网,前瞻产业研究院,东南亚的关税优势,能否撼动中国服装出口第一大国地位? https://www.sohu.com/a/379650525_120065163。

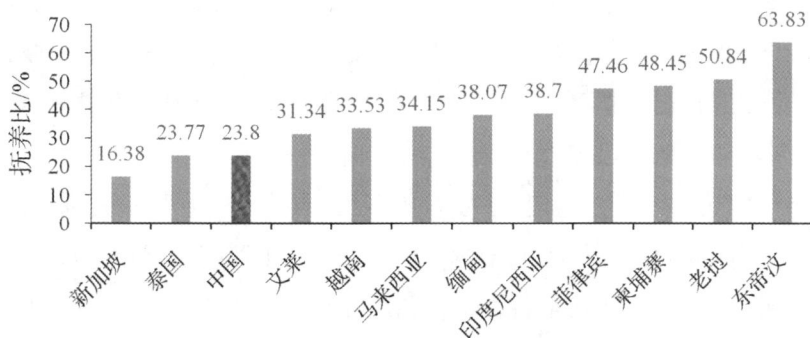

图 2-8 2019 年我国与东南亚各国未成年抚养比对比情况

数据来源:世界银行数据库及国家统计年鉴。

东南亚各国劳动年龄人口占比普遍较高。如图 2-9 所示,新加坡占比最高,为 75.28%,东帝汶占比最低,但也达 58.42%。此外,2015—2019 年,东南亚各国中,除新加坡、越南、泰国与柬埔寨等国家外,劳动人口占比呈上升趋势。

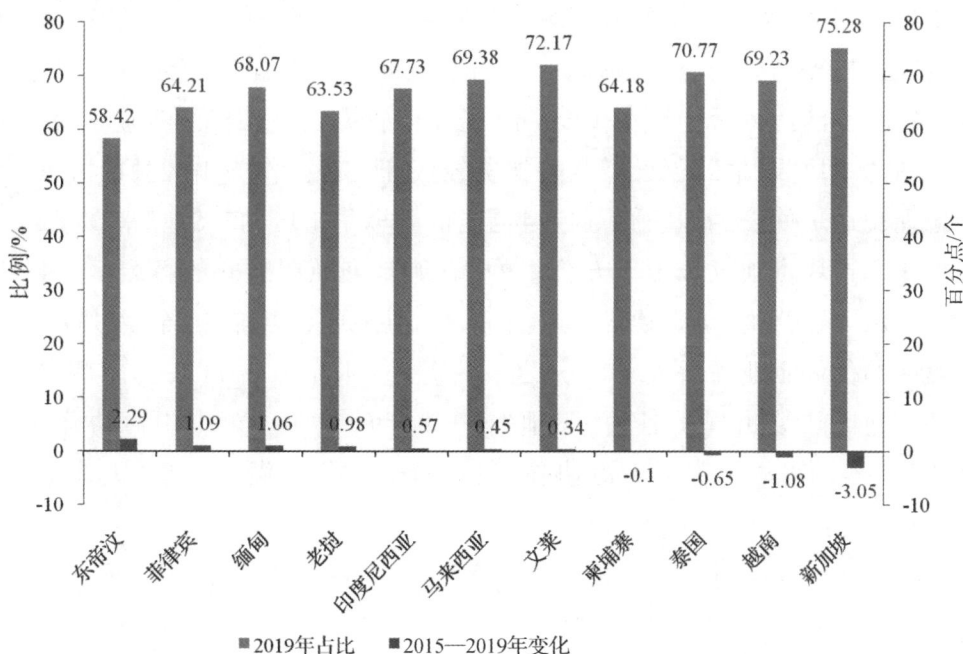

图 2-9 东南亚各国劳动年龄人口占比及变化情况

数据来源:世界银行数据库。

由于青年人群体的比重较高,东南亚各国不仅劳动力数量充足,而且劳动力价格低廉,人口红利的优势与潜力得以持续扩大,有利于推动东南亚制造业的提升。与此同时,在中国,由于制造业的资源成本、商务成本特别是劳动力成本不断攀升,很多企业选择将产业转移到东南亚国家。2020年月人均工资缅甸为108美元,老挝为133美元,柬埔寨为182美元,菲律宾为135美元[1],而中国每月平均工资为738美元,美国则是4814美元[2],东南亚各国具有明显的劳动力成本优势。而在低成本优势的助力下,东南亚制造业良好的发展前景,是显而易见的。

(二)跨区域产业转移障碍分析

1.国内情况及主要障碍

(1)基本模式

第一,"飞地"经济合作。

"飞地"经济是通过跨区域产业转移促进区域间产业协作与协同发展的重要途径,其特点是保持原有行政区划不变的情况下,通过产业转移与承接打破区位地理的分割,实现资源互补与区域间合作共赢。浙江省是较早实践"飞地"经济的省份。早在1995年,经浙江省委、省政府批准,金华就在市区内划出一块"飞地",创设了金磐扶贫经济开发区。作为山区县的磐安,尽管地理交通不便、工业基础薄弱,但也能借助金华市区的"飞地"来发展自己的工业。这块占地仅2.1平方公里的"飞地",虽说在磐安的行政区划图上没有显示,但对磐安县来说却是非常重要。据2016年统计,金磐扶贫经济开发区的优势企业占磐安县三分之一,高新技术企业占80%。此后,在浙江许多地区陆续出现了各种"飞地":2012年的龙泉—萧山山海协作产业园、2018年的平湖·青田山海协作"飞地"产业园、南湖—遂昌"飞地"产业园、秀洲—龙泉"飞地"产业园……

---

① 数据来源:柬埔寨观察,柬埔寨2020年工人最低工资堪比越南最高工资,https://baijiahao. baidu. com/s? id=1645450991698034567&wfr=spider&for=pc。

② 数据来源:北冥看跨境,疫情和经济危机下,东南亚是如何超越欧盟成中国第一大贸易伙伴的,https://baijiahao. baidu. com/s? id=1666206189118497210&wfr=spider&for=pc。

嘉善—庆元—九寨沟"飞地"产业园是浙江省首个跨省、跨县域三地共建"飞地",是三地优势互补、深化山海协作和东西部合作发展的一个典型。合作三方的嘉善、庆元、九寨沟三地,虽然地理相隔,但却各具优势。其中,庆元与福建接壤,土地资源丰富,生态环境优美;九寨沟是"世界自然遗产",旅游资源丰富,知名度较高;而嘉善则接轨上海桥头堡,区位条件独特,营商环境优越。环境优势、开放优势是三地最为突出的优势,三地携手打造跨省"飞地"产业园,是三地优势互补、合作共赢的积极探索,开创了跨省"飞地"抱团壮大实体经济的先河。嘉善—庆元—九寨沟"飞地"产业园按照德国工业厂房风格整体规划设计、整体建造,厂房建筑面积约58000平方米,办公楼约4000平方米,综合楼约5700平方米。园区内道路、绿化等配套齐全,拥有智能照明、智能安防等现代化智能设施。园区规划面积300亩,首期73.6亩,总投资2.28亿元。首期建成投入使用后,预计可为庆元县和九寨沟县每年带来约2200万元的收益,可用于推动庆元县83个薄弱村和九寨沟县48个贫困村增强"造血"功能,相当于每个村每年增收16万元。而目前庆元与九寨沟的村集体经济收入每年分别不足5万元、2万元(骆颖叶,张文燕,2018)。

第二,对口产业援助。

对口产业援助是浙江对口支援工作的重要组成部分。一直以来,浙江省的对口支援工作都是走在全国前列的。党的十八大以来,浙江紧紧围绕受援地区"稳定、发展"主线,按照"精准发力、久久为功"的原则,开展"全要素、全方位、全过程"的对口支援,对新疆阿克苏地区和新疆建设兵团第一师(阿拉尔市)、西藏那曲地区、青海海西州、重庆涪陵区、贵州省黔东南州、黔西南州、四川阿坝州、凉山州木里县和广元市青川县、宜宾市屏山县、乐山市峨边县、马边县、金口河区、湖北恩施州、吉林延边州等8省(区)14个地区开展对口支援活动,有力助推受援地区经济社会发展,促进各民族交往交流交融。

对口产业援助可以充分发挥浙江省对中西部落后地区的辐射带动作用,打通浙江省向西部技术与产业转移的主干道,并以此推动两地之间成果转化、人才交流、创新创业。同时,西部有着广阔的商机,对浙江企业来说,对口产业援助也是浙江企业向西部地区发展的一个良好机遇。比如,在四川广元,双方合作建设浙江产业园,先后引进娃哈哈、中哲集团、青春宝等一大批浙商企业。在重庆涪陵,浙涪双方创新合作模式,探索建立园中园的模式,在工业园区专门建立浙江园,通过市场机制吸引浙商企业投资兴业,先后有华峰化工、万丰奥特等一批知名企业落户。据不完全统计,目前在川在疆浙商均超过 30 万人,其中在阿克苏约 3 万人;在重庆浙商有 25 万人,在藏浙商超过 1 万人,在那曲超过 1000 人;在青浙商近 10 万人,其中在海西约 2.5 万人。天山南麓新疆阿克苏地区,浙江投资 1.5 亿元援建的浙江产业园,成为汇聚企业的大平台;在青海德令哈市,新一批援青干部 2016 年 7 月进驻后,共推进实施援建项目 13 个,其中 3 个为新建项目,下达援青资金 1330 万元。2016 年,浙江在四川阿坝州共投入资金 15445 万元,实施援建项目 76 个;在青川投入援助资金 1000 万元,援建项目 14 个;在涪陵投入援助资金 2091 万元,援建项目 34 个。

此外,对口产业援助通过产业转移的方式帮助浙江企业在西部地区的落户,不仅拓展了浙商企业的市场空间,提升了市场占有率,发展壮大了浙商企业,而且为当地创造了大量税收,提供了数以万计的就业岗位,并通过提升当地产业实现帮助贫困地区脱贫致富的目的。例如,浙江慈溪近年来也不断加强与贵州省安龙县、兴仁市两个结对地区的对口产业帮扶工作。为改变安龙县经济相对落后、产业单一、产业链短的状况,慈溪市整合两地资源,延伸拓展相关项目,搭建起产业集聚的大平台,通过以园区化建设为主导,产业链互补为抓手,实现资源要素的优化配置,激发结对地区的产业活力。同时,做好人员培训、金融服务等配套,使入驻企业乐意去、留得住、能发展。其中,由慈溪市与黔西南州安龙县合作,并联合万洋集团共建的"慈溪·安龙万洋众创城"产业园,就是首个宁波对口帮扶黔西南州产业园援建项目。项目总投资 30 亿元,规划用地 1000 亩,总建筑面积约 100 万平方米,其中一期项目用地 360 亩,投资约 10 亿元。该产业园集制造研发、电子商务、仓储物流、技能培训、生产生活配套、金融服务和智慧园区管理于一体,将有效推动当地一、二、三产业朝着多样化、规模化、产业化、专业化发展,帮助当地贫困人口创收增收。通过以园区化建设为主导,采用政府引导、民间主导的多元化投融资模式,慈溪市动员民营企业联合参与东西部扶贫协作和产业园共建,预计产业园一期全部投产后可促进就业超 4000 人,实现税收约 1 亿元。目前,汽车密封条制造、家用电器、生活日用品制造、中药材深加工等行业的实力型企业已在园区安营扎寨,布局新项目,谋划新发展。仅 2020 年度,慈溪市实施两地援助财政帮扶资金项目 21 个、资金达8500 万元,引导本地企业赴产业园投资 14 家(陆燕青,翁云骞,2020)。

在新疆,浙江省、衢州市两级以产业援疆为抓手,高质量开展了产业援疆"十城百店""百村千厂""万亩亿元"三大工程,实现以项目带动招商、招商带动产业、产业促进就业、就业带动增收、增收促进脱贫,助力受援地加快脱贫攻坚步伐,促进当地社会长治久安。2019 年,由衢州援建乌什县阿合雅镇产业园开园,园区规划面积 600 亩,投入援疆资金近 6000 万元建设标准厂房。经过两年多的建设,目前已经实现了供排水、电、暖、通信等设施"七通",具备了承载企业、为企业服务的能力。积极引进浙江、衢州籍企业家投资成立乌什华盛纺织有限公司、阿克苏鼎隆帽业公司等 4 家企业,总投资达7 亿元,全部投产后可解决 1350 人就业(吴昊斐,夏云伟,2019)。

在四川省青川县,浙江从 1997 年开始帮扶青川县发展茶业,从 1997 年的 1.96 万亩,增加到 2016 年的 24 万亩,销售收入从 1997 年的 392 万元增加到 2016 年的 4.3 亿元,茶业成了青川县的农业支柱产业,带动一大批贫困户脱贫致富(刘乐平,2017)。

第三,产业地产开发。

新一轮改革开放,园区依然是各地发展中傲立潮头的核心载体。当前,无论是在国内,还是在国外,我国经济都面临巨大不确定性风险。在这种情况下,产业园区更需要发挥扛鼎之力,展现砥柱之姿。特别是在新一轮"硬科技、强产业"的旗号下,园区经济更要当仁不让,在这场硬仗中冲锋陷阵,成为中国"强起来"的底色和骨干。然而,以园区为典型的产业地产,其本质并不是房地产,而是制造业服务者,属现代服务业中的生产性服务业和科技创新服务业。在这一点上,浙江省有清晰的认知和理解。在"去房地产化自律"的同时,浙江省基于产业园区这个载体的创新表率尝试,将产业园区作为政策创新集聚地和试验田,产业园区定位为政企合作的准公共产品,以及帮扶小微企业、振兴实体经济的核心载体，形成了产业地产开发的浙江范本。比如，以德清经验为推广重点，浙江省 2018 年 8 月发布了《关于加快推进"标准地"改革的实施意见》，要求省级以上开发区、高新区、特色小镇以及小微园等重点区域新批工业用地不低于 30% 按照"标准地"制度供地，以"标准地"制度供地的企业投资项目实现开工前审批最多 100 天。因而，大大压缩了时间成本，提升了行政效率，在现实中，拿地到开工可能只用 1 个月，甚至十几天。同时，也提高了园区土地出让过程的选商能力，把土地集约利用、环保节能落到实处，还提高了政府监管权限的透明度。基于对产业地产业的定位及其职能等问题的全面、系统的重新认知，浙江省对产业地产作出相应的规范与扶持，有利于在新冠疫情及中美贸易摩擦的形势与背景下，更好地面对新一轮改革开放使命，以及日益激烈的全球"产业战争"。

（2）主要障碍

在跨区域产业转移及合作的探索实践中，各种跨区域合作模式可能会遇到不同的问题与挑战。

第一，水土不服。在"飞地"经济合作模式中，两地管理机构架构设置、管理团队引进、利益分配等方面，容易出现制度、观念、本地化管理等方面的障碍，导致飞入方团队在主导合作项目时出现"水土不服"的情况，致使"飞地"合作推进低效，合作效果不甚理想。

第二，制约条件多。东西协调合作模式下，创新创业要素流动、产业技术转移、人才交流配置等需要克服东西部在区域发展、体制机制、市场化程度方面的差异，同时要避免合作成本过高、合作过程缓慢等痛点。

第三，运行机制问题。产业地产开发因短时间内寻求建设运营汇报，可能会出现运行机制的问题，导致诸如园区空间利用效率低下、项目分散、产业链割裂、产业聚集困难等一系列问题。

2. 国际情况及主要障碍

（1）基本情况

首先，世界经济与地缘政治冲突对合作形成较大威胁。全球经济的结构性调整仍在不断深化，新经济增长点的培育仍有待时日，危机后发达经济体开始重视实体经济，推动制造业回归，重塑其在高端制造业方面的优势，将给中国带来极大的竞争压力。同时,"一带一路"沿线国家发展阶段不同、地缘政治诉求不同,经济乃至政治体制机制正处于逐步完善过程中,管理不规范、法规不完善、政策不稳定,包括汇率等重大经济政策一旦有较大调整,将会对企业开展国际产能合作造成很大的困扰。特别是遇到部分地区政治格局动荡、冲突严峻,严重影响"走出去"企业生存和发展。此外,中美贸易摩擦可能引发更为广泛的贸易战。一旦爆发就不只是中美两国之间的事情,也不会只局限于经济贸易问题,它必定要把其他很多国家牵扯进来,对中国与其他国家的关系造成影响,譬如黄金时代的中英关系,以及中国许多战略合作伙伴,还有中国和欧盟的关系等。所以,中美贸易战必将引发全域与全方位的反应,其影响之大,难以估量。这对以出口为导向的经贸大省,以及在"一带一路"投资与贸易占比相对较高的大省冲击更大。

(2)主要障碍

第一,"走出去"金融服务供给支撑不足,企业产能合作融资难。浙江"走出去"企业以民营企业为主,融资方式单一,主要依靠自身积累的资金或者少量银行贷款。融资难已经成为制约企业境外投资的最大瓶颈。其关键在于以下几点。一是境外中资银行倾向于支持中央国有企业和大型地方国企,加上近年来中资银行不良贷款增加,对风险相对较大的民营企业境外投资项目贷款支持不多。二是"外保内贷"和"外保外贷"突破难。在境外设立的实体经营年限短,缺少信用记录,很难在国外得到信贷融资。三是境外中资银行网点少。越来越多的企业前往南美、非洲、中东、湄公河区域等欠发达国家寻找商机,但是所需要的贸易结算、跨境资金管理等金融支持服务还不能满足企业需求。

第二,"走出去"对人才和中介服务需求日益扩大,综合服务体系有待提升。一是专业人才不足。装备和人才是制造业升级的两个要素,通过国际产能合作实现制造业提质增效离不开装备和人才。但是在实践中,装备设施容易购买更换,而企业所需的熟悉当地法律、语言、文化、政策、习俗的人才和专业技术人才严重短缺。二是缺乏本土中介服务支撑体系。企业对投资东道国国家政策、法律法规、投资环境、市场信息、文化风俗等政策环境情况知之甚少,难以准确评估开展国际产能合作的潜力、政策壁垒和项目风险。目前国际上的中介服务机构收费较高,沟通联系效率不高,可替代的规范权威的国内服务机构较少,导致很多项目不能及时达成合作。

第三,"走出去"中存在双重征税问题,财税支持政策有待突破。目前我国已经与 100 多个国家(地区)签订了避免双重征税的双边税收协定,但浙江企业境外投资的很多项目都集中在非洲、东南亚、拉美等发展中国家,不少国家还未与中国签署协定,即使已签订协定也多不包含税收饶让等内容,仍面临双重征税等问题。同时,针对境外投资的税收政策虽有境外所得税抵免、出口货物设备退税以及税收饶让等直接鼓励措施,但缺乏产业、地区、投资方式等比较明确的政策导向。

第四,"引进来"要素流通机制不够活,营商环境亟待大幅改善。随着浙江产业结构变革的深化,国际贸易和投资所需要的智慧物流、跨境支付、电子贸易数据交换平台、国际贸易合作机制和规则都将发生深刻的变化,但是浙江在空港基础建设投入不足,各相关部门尚未形成协同高效的服务合作机制,在境外企业人员、资金进出、外汇管理、土地资源配置等方面的投资便利服务还未形成灵活变通又精准的政策。在产能合作空间布局和项目规划方面,由于浙江省传统产业发展布局分散,产业转型升级过程中重复建设,同业竞争明显,缺乏从长远的战略角度统筹规划布局全省的产能分布。

三、思路与战略

(一)以产业双向转移为抓手推动产业竞争优势升级

所谓"双向产业转移",是指经济全球化条件下,既包括浙江省向海外及国内其他地区的产业转出,也包括积极吸引发达国家相关产业向浙江本地转移。通过实施产业双向转移战略,可以有效推动浙江本土产业竞争优势升级。

1.依据与理由
(1)应对欧美"再工业化"需要
2008 年发生了全球性的金融危机,究其原因,是美国的实体经济弱化及虚拟经济极度膨胀,不仅令许多发达经济体的发展陷入困难,而且对我国的实体经济形成了冲击。为了平稳度过危机,进而走出经济低谷,以美国为首的西方发达国家,纷纷提出"再工业化"战略,企图通过制造业回流,重振实体经济,将经济重心由虚拟经济转回实体经济,由此促进产业结构调整,进而拉动经济复苏,其战略实质是企图以高新技术推动先进制造业的发展,进一步增强国家的工业竞争优势,以保持其在制造业上的领先地位。然而,无论是全球金融危机,还是欧美实施的"再工业化"战略,都对浙江省制造业发展造成了巨大冲击。首先,由于金融危机的影响,全球市场需求骤减、订单大量减少,全国东部沿海地区,尤其是以浙江为代表的长三角地区,其外向型制造企业的经营活动受到严重冲击,一大批企业停工,甚至出现大量倒闭现象(王晓萍,胡峰,2014)。其次,发达国家抓住新一轮产业科技革命机遇,积极实施"再工业化"战略以重塑制造业竞争优势(明崧磊,2013),东南亚等国也凭借其巨大的人口红利和丰富的自然资源积极加入制造业国际竞争,从"高低两端"对我国制造形成"双重挤压"(高青松,李婷,2018),我国产业优势升级面临断档风险(任志成,刘梦,戴翔,2017)。以产业双向转移为抓手,不仅可以缓解浙江本土要素成本上涨、土地资源紧缺、环境承载压力过大等由传统产业集聚导致的产业过度拥挤等问题,为浙江新一轮的产业转型升级腾出空间,而且可以通过产业跨区域转移向中西部地区引入产业发展的高级要素,促进中西部地区经济快速发展,实现东中西部跨区域协作,实现协同发展(王晓萍,胡峰,2014)。

(2)优化调整浙江产业结构需要

改革开放后,浙江省用了30多年时间形成了自身特有的产业体系。如前所述,浙江省的产业体系的结构特征,主要是以轻小工业体系为主体的劳动密集型制造业。早期浙江产业的竞争优势,主要源于廉价的劳动力及土地等资源要素。然而,浙江的地理空间狭小、要素资源匮乏,由于国内资源要素价格的持续上升,原有依靠廉价劳动力等要素资源及规模效应所形成的低成本竞争优势已经逐步被削弱。加之浙江产业结构存在劳动密集型制造规模较大、产业层次偏低、产业结构趋同、无序竞争严重等诸多问题,在国内经济下行压力及激烈的国际竞争形势下,其面临前所未有的严重挑战。

从国际经验看,跨区域产业转移可以在全球范围内,通过生产要素的重新整合和配置,来推动产业结构的优化升级。在当前新冠疫情全球产业结构性重构形势下,浙江省应在借鉴国际产业转移经验教训的基础上,充分利用我国率先复工的窗口期,加大产业结构调整力度,通过双向产业转移,将不具竞争优势的产业及环节转移至后发达国家与地区,同时积极引进发达国家具有竞争优势与发展前景的产业,推动浙江省产业实现新一轮的优化升级,最终达到提升浙江产业层次及竞争优势的目的(王晓萍,胡峰,2014)。

　　2. 实现路径

　　改革开放后,浙江省凭借优越的区域地理条件及廉价的低成本要素优势,以代工方式加入由发达国家主导的全球价值链分工体系,外向型经济获得了长足发展,但由此形成的以轻小工业体系为主体的劳动密集型制造业,却因发达国家及其跨国公司的封锁与围堵,长期处于全球价值链的低端,只能获得微薄的代工利润。随着国内要素成本的持续上升,源于廉价要素的低成本竞争优势也逐步消耗与削弱,浙江制造在全球价值链分工体系中处于"被俘获"的困境,并逐步陷入贫困化增长的陷阱之中。如何突破上述困境与陷阱,是浙江产业转型升级亟需解决的问题。对此,国内许多学者提出了构建国内价值链体系,实现在全球价值链体系攀升的思路,以下在王晓萍、胡峰(2014)等学者研究的基础上作一总结。

　　(1)推动产业价值链向高端攀升

　　随着全球产业逐步从单一企业竞争向产业价值链整体竞争的转变,一个国家或地区产业在全球价值链中所处的位置,很大程度上就决定了该国或地区产业在全球市场的竞争力。一般而言,全球产业价值链主要由三大部分构成,即研发、设计等环节所组成的技术模块,加工、组装等环节所组成的制造模块以及营销、服务等环节所组成的市场模块。改革开放后,浙江凭借政策、地理及低成本要素优势承接的由发达国家转入的制造业,主要是全球价值链制造模块中由生产、加工、组装、制造等所组成的低附加值"非核心环节"。对于当时以浙江为代表的沿海地区而言,运用廉价土地、劳动力等要素资源,通过代工的方式承接发达国家非核心制造模块并加入全球分工体系,是促进自身产业发展并获得国际市场竞争优势的一条捷径。然而,随着国内要素价格的持续上升,浙江省制造业就逐步陷入"增产不增收"的贫困式增长困境。究其原因,主要是以发达国家为主导的跨国企业凭借技术与市场的双重优势,紧紧控制了全球价值链中以技术模块与市场模块为主的"核心战略环节",进而主导全球价值链的利益分配格局。

在新冠疫情全球产业结构性重构的新形势下,充分利用我国率先复工的窗口期,在立足于国内市场的基础上,通过基于价值链模块重构的产业双向转移,逐步将土地资源消耗大、技术含量低的劳动密集、原材料密集型产业转移至国内中西部地区,以腾出产业发展空间,进而重点承接土地占用量少、附加值高、资金技术密集型的国际产业转移,逐步构建以国内企业为主导的区域价值链体系。在此基础上,通过整合国内各类要素资源,逐步实现本土制造业企业在全球价值链的地位攀升,进而实现我国企业在全球价值链"低端锁定"困境的有效突破。

(2)建立东中西产业链分工体系

从历史经验看,我国台湾最初也以组装、加工为主的代工模式,从价值链低端加入全球分工体系,但因此也受制于发达国家为主导的全球价值链控制。改革开放后,台湾通过向大陆产业转移的方式,利用台湾与大陆之间经济发展落差及大陆低劳动力成本的优势,与中国大陆、中国香港及日本之间形成了"台湾接单—大陆生产—香港转日(或至台湾再深度加工)—销往先进国家"的区域间产业分工协作网络,逐步推动自身产业向价值链高端迈进,进而控制价值链高附加值环节,实现自身产业的转型与升级。

与此相似,我国东中西地区在经济发展上的落差,客观上也为区域间产业转移与分工协作创造了条件,因此,可借鉴台湾产业转移与转型升级的经验,立足国内市场,充分利用东中西地区间的比较优势,构筑东中西部区际产业链协作体系:东部地区应充分发挥其在资金、技术、人力资源等方面的优势,致力发展研发、设计为主的技术模式及营销、服务为主的市场模块;中部地区发挥良好的区位、人力、技术及资源等方面的优势,侧重发展研发、零部件生产等中间价值模块;西部地区发挥劳动力、土地等要素的优势,发展原材料生产、加工、组装等外围价值模块,逐步形成"长三角地区接单—中西部地区生产—长三角地区再深度加工—出口或内销"的国内产业链循环及分工网络。

(3)构筑转出与转入区共享机制

跨区域产业转移可以构筑转出区与转入区共享发展的机制。对浙江而言,通过将富余、不具优势的产业链加工制造环节转移至中西部地区,保留研发、设计等技术模块及营销、服务等市场模块,不仅可以解决由低端制造规模过大所造成的产业结构失衡、层次偏低及发展效率低下等问题,而且可"腾笼换鸟"腾出空间引进产业链高端环节,提高产业竞争力,促进产业结构优化,实现产业转型升级。而对于产业转入的中西部地区而言,伴随着产业的转入,必然带来人才、技术、资本等生产要素的流入,不仅可以优化承接地的产业结构,而且增加地方税收与就业,促进中西部地区经济发展。

(4)积极培育巨型跨国龙头企业

浙江省代工企业由于长期被"锁定"于全球价值链低端,大部分企业在全球市场上竞争力受制于人,无法得以有效提升。不过,部分大型制造业企业在全球价值链中通过学习、消化与吸收先进企业溢出技术与管理经验,积累了先进的管理经验与研发创新能力,初步具备参与国际市场竞争的能力。在此基础上,充分利用国内大市场的优势,在保持供应链核心竞争优势的前提下,引导行业龙头企业逐步剥离供应链辅助环节或非关键环节,以价值链整合为手段,通过并购等途径实现供应链前向与后向集成,逐步获取全球价值链关键环节,不断强化自身在研发、技术、营销及服务等高附加值环节的竞争力,逐步培育出面向世界市场的巨型跨国企业。

(二)以产业链双循环为目标推动产业链结构性重构

1. 依据与理由

(1)产业链安全重要性凸显

随着制造业产业组织模式,逐渐由纵向一体化模式向供应链生产模式转变,在全球范围内逐步形成了产业链水平分工的组织结构。但产业链环节过长、运输时间距离拉长、物流成本提高等因素,在很大程度上增加了全球产业链断裂的风险。一旦遭遇自然灾害、社会动荡等全球性危机,产业链平衡就会因遭受外部冲击而被打破。中美贸易摩擦与新冠疫情就是现实中的典型案例,自新冠疫情在全球持续蔓延,全球制造业产业链遭受了灾难性的冲击。在这种冲击面前,全球产业链安全的重要性凸显。此外,随着中美贸易摩擦的加剧,我国制造业受到封锁与压制,在制造业价值链某些领域,由于核心技术和关键零部件长期缺失,严重依赖发达国家,因而存在断供的风险(尹训飞,2019)。

受新冠肺炎疫情影响,全球经济呈明显下行趋势,据国际货币基金组织预测,2020 年全球经济有可能萎缩 3%。面对这一复杂局面,2020 年 5 月 14 日,中共中央政治局常委会会议首次提出"深化供给侧结构性改革,充分发挥我国超大规模市场优势和内需潜力,构建国内国际双循环相互促进的新发展格局",产业链安全问题提到一个前所未有的高度(李燕,2020)。

如此,产业链重构最合理的方向,是让这种产业分工能够在我国地域内聚集,形成垂直整合的产业链集群,做到既有水平分工,又实现垂直整合的生产关系,从而提高产业链抗风险能力。商务部原副部长、中国国际经济交流中心副理事长魏建国(2020)认为,构建双循环制的发展格局,必须具有国内超大规模市场的优势及日益增长的消费潜力。我国去年消费市场规模达5.97 万亿美元,位居世界第二。虽受新冠疫情影响,但我国消费增长趋势仍然不会改变。构建双循环制的发展格局,不仅能巩固我国传统产业优势,而且能促进我国产业基础高级化和产业链现代化,是我国经济发展的新方向、新途径(吴昊斐,夏云伟,2019)。

就浙江省而言,为应对新冠疫情采取了一系列果断而有效的措施,不仅最早控制住疫情,而且最早实现了高水准、高比例的复工复产,向全国及国际社会展示出了综合素质及整体优势,利用好全球产业重构的关键期及复工复产的窗口期,为浙江构筑双循环发展格局、重塑经济发展的新优势奠定了良好的基础。

(2)产业链加速结构性重构

中美贸易战加剧引发产业链外迁的趋势。然而,摩根士丹利公司最近的报告显示,新冠疫情实际上减缓了贸易战引发的产业向外转移的趋势,主要原因是:

第一,全球衰退的背景下全球投资趋缓。产业向外转移,就意味着企业要开展新的投资。然而,随着新冠疫情在全球的持续蔓延,全球经济持续衰退,不仅欧美经济元气大伤,而且拉美、东欧、东南亚新兴市场也充满了风险,容易在疫情、汇率、债务等因素交互作用下引发连锁反应,增加投资的市场风险。在这种形势下,企业新的投资意愿明显下降。因此,在未来一段时间内,跨国企业的重中之重是保留现金,减少投资,而不是开展产业转移并引发新的资本开支。摩根士丹利的调研显示,疫情前一些公司原本打算在中国以外投资设新厂,或者在本国加大自动化投入,但疫情发生之后,这些投资计划或意向纷纷被延期了(黄奇帆,2020)。

第二,中国制造的产业链配套优势无可替代。我国完善的工业体系、完备的上下游产业配套能力,成为抗击疫情的重要支撑。目前,我国拥有41个工业大类、207个工业中类、666个工业小类,是全世界唯一拥有联合国产业分类中所列全部工业门类的国家,不仅产业门类齐全,基础设施完善,而且各个行业的上中下游产业形成聚合优势,加上我国拥有世界上最大规模的科技和专业技能人才队伍。因此,我国在全球产业链中的重要地位不会因为疫情影响而改变,不会出现产业链因疫情影响向国外大规模转移的现象(李予阳,2020)。

2.实现路径

2020年5月14号,中共中央政治局常委会召开会议,首次提出构建国内国际双循环相互促进的新发展格局,为我国产业链重构指明了方向。黄奇帆(2020)认为,在参与全球产业链重构的过程中,我国具有较好的营商环境国际化、法治化、市场化基础,同时在国内市场规模及产业链配套方面具有极大的优势,应审时度势,紧紧抓住全球产业链重构过程中难得的机遇,通过核心技术创新,补齐产业链的短板,充分发挥我国制度上的优势,进一步夯实产业链集群化发展的基础设施;同时,应重新思考全球产业链布局的方向,积极布局基于新技术的产业生态,推进传统产业的数字化转型,努力将我国制造的产业链集群打造成为全球最具竞争力的产业链集群。具体而言,应采取以下措施:

（1）补齐产业链短板，完善产业配套

逐步形成以国内大循环为主体、国内国际双循环相互促进的新发展格局。以国内大循环为主体的核心是解决卡脖子问题，即在战略上要用更多的资源来尽快提升进口替代能力，应主动考虑产业链上的短板，并集中精力补齐短板。虽然，产业链集群配套优势，是我国制造业发展的重要支撑，但我国产业链尚存诸多短板，而有些是关键致命的短板，存在被卡脖子的风险，一旦面临不可控政治或自然因素，产业链就有断裂风险。当前，在全球大国产业竞争加剧的态势下，全球产业链正经历重构，特别是在疫情冲击下，产业链安全重要性日益突显，在这种情况下，我们更应加大力度补齐短板，健全产业链，抓住机遇，抓住关键问题，集中精力，通过科技创新攻克关键技术和产业链环节，实现关键零部件生产的本土化。同时，应下大力气降低供应链成本、优化营商环境，不断完善产业链配套设施，加大开放力度，吸引更多全球跨国企业加入我国产业链集群（黄奇帆，2020）。

作为较早控制疫情的省份，浙江省最早实现了高水准、高比例的复工复产。下一步，应在全省范围内迅速形成抢抓新机遇的共识，上下同欲，加大力度补齐短板，健全浙江省的产业链；应积极采取有效措施，努力应对新冠疫情及中美贸易摩擦等问题所带来的诸多重大不确定性，不断优化营商环境，大力完善产业链配套设施。应加大开放力度，吸引更多全球跨国企业加入浙江产业链集群，推动浙江制造业高质量发展，努力成为构建双循环发展格局"浙江示范""浙江样板"。

（2）出台鼓励政策促进出口转内销

Worldometer 网站实时统计数据显示，截至北京时间 2020 年 10 月 14 日 6 时 30 分左右，全球累计确诊新冠肺炎病例 38315898 例，累计死亡病例 1089514 例。与前一日相比，全球单日新增确诊病例 305300 例，新增死亡病例 4818 例。中国以外新增确诊病例逾 30 万例，累计确诊病例逾 3823 万例，累计死亡病例逾 108 万例。截至北京时间 2020 年 10 月 14 日 6 时 30 分左右，美国累计确诊新冠肺炎病例 8083348 例，累计死亡 220740 例。与前一日 6 时 30 分数据相比，单日新增确诊病例 48549 例，新增死亡病例 742 例。美国前财长劳伦斯·萨默斯与哈佛大学经济学家大卫·卡特勒在《美国医学会杂志》发表联名文章称,新冠肺炎大流行将给美国造成 16 万亿美元的经济损失,是全球金融危机引发"大衰退"的 4 倍。此外,据巴西卫生部当地时间 2020 年 10 月 13 日晚公布数据,该国单日新增新冠肺炎确诊病例 10220 例,累计确诊 5113628 例;新增死亡病例 309 例,累计死亡病例 150998 例。据俄罗斯新冠病毒防疫官网 2020 年 10 月 13 日公布的最新数据,俄罗斯单日新增 13868 例新冠肺炎确诊病例,累计确诊 1326178 例,新增新冠肺炎死亡病例 244 例,累计死亡 22966 例。据法国政府网站 2020 年 10 月 13 日公布的数据,截至当天 14 时,法国新冠肺炎确诊病例升至 756472 例,单日增加 12993 例;累计死亡病例 32942 例,单日增加 117 例。

受全球疫情持续蔓延的影响,外贸出口订单会长期遭受影响。2019 年我国年出口总额达 2.6 万亿美元,随着世界疫情的扩张,2020 年一季度我国出口额降低了 11.4%,2020 上半年我国货物贸易出口下降 3%,进口下降 3.3%。如果疫情在全球持续较长时间,我国出口企业的订单就会长期不足,甚至面临资金链断裂的困难。在这种形势下,我国出口企业应根据形势调整改变销售策略,在启动国内经济循环的基础上,鼓励出口企业根据国内市场需求改造产品,努力扩大国内市场的份额。同时,国家应出台相应政策支持,对于出口转内销的企业,在一定时间内给予特殊政策,即出口转内销,视同出口,不收增值税,或同样享受出口退税的政策。因为我们的出口企业是享受退税政策的,因而很多企业的产品是在没有含税的成本的情况下开展出口业务的,如果转向内销,需要交纳 13% 增值税,这样就会导致成本上升,不适应在国内销售(黄奇帆,2020)。

(3)推动新技术转型开拓国内市场

构筑"国内大循环",关键要"扩大内需",但消费需求由收入决定,受社会保障、医疗、健康、养老和子女教育等诸多因素影响,因而消费升级是一个长期过程。但自然资源、GDP 水平决定了我国要素市场巨大,各行各业都存在基于新技术的大量市场空间。比如,能源行业每年总消耗 6 亿多吨,目前我国自己生产 2 亿多吨,进口约 4.5 亿吨石油。随着经济发展,能源需求的进口依赖会进一步增强,能源供应结构安全性不高。但事实上,中国煤炭储量丰富,煤炭产能每年 50 亿吨,去库存压缩至 38 亿—40 亿吨,闲置的产能富余为 10 亿—12 亿吨。如果采用清洁技术,用煤炭来代替石油,发展化工原料,发展煤制气,煤制油、煤化工,仍有较大的市场空间,同时原油需求量可减少 1 亿—2 亿吨。此外,消费市场也有一定的拓展空间。比如,截止到 2019 年 6 月,我国汽车消费量每 100 人保有 17.9 辆,与发达国家每 100 人 30 辆汽车相比仍有很大上升空间;同时,随着新能源汽车普及和汽车产品的数字化变革,汽车产业本身仍有巨大成长空间,并将极大地带动我国城市基础设施产业发展(黄奇帆,2020)。

(4)以跨境电商开拓网络市场空间

从国际上看,电商市场仍在不断扩大,且前景光明。有关研究预测,到 2021 年,全球电商销售额将达到新高。全球电商业务预计将增长 265%,从 2014 年的 1.3 万亿美元增长到 2021 年的 4.9 万亿美元。即使在疫情期间,电商市场也没有下降的迹象。比如,国内阿里巴巴、京东等电商企业的营业额不仅没有下降,反而逆势上扬。究其原因,是由网络空间所形成的市场与传统的市场有很大差异,能够克服疫情期间因物理隔离造成的交易障碍。从国内看,我国电商行业发展已进入到成熟阶段,无论在技术、产品,还是在运营和市场等方面都在持续改进,在提升用户体验的同时不断拉近与用户的距离,增强竞争的差异化程度。因此,应充分发挥我国在跨境电商企业的平台优势,不断增强跨境电商平台面向不同国家市场尤其是"一带一路"沿线国家的服务能力,不断拓展我国的贸易市场(黄奇帆,2020)。

(5)扩大进口贸易实现进出口平衡

如图 2-10 所示,2019 年《国民经济和社会发展统计公报》显示,2019 年我国货物进出口总额 315504 亿元,比上年增长 3.4%。其中,出口 172342 亿元,增长 5.0%;进口 143162 亿元,增长 1.6%。货物进出口顺差 29180 亿元,比上年增加 5932 亿元。对"一带一路"沿线国家进出口总额 92690 亿元,比上年增长 10.8%。其中,出口 52585 亿元,增长 13.2%;进口 40105 亿元,增长 7.9%。

图 2-10 2015—2019 年我国货物进出口总额

数据来源：2019 年《国民经济和社会发展统计公报》。

目前，我国进出口贸易总额全球第一，出口贸易总额全球排名也是第一，而且进出口顺差 29180 亿元，比上年增加 5932 亿元，这种对外贸易结构，容易引起与其他国家的贸易摩擦。通过降低关税、扩大进口，持续提升进口总量，对我国对外经济发展更为重要，不仅能够减少与他国的贸易摩擦，提升与他国的贸易伙伴关系，而且可以带动国内老百姓消费结构变化，带动制造业产业结构、工业结构的升级调整（黄奇帆，2020）。

四、对策建议

（一）以"一带一路"为重点加快产能合作枢纽建设

董雪兵等（2018）认为，自我国提出"一带一路"倡议以来，浙江省就凭借开放发展的先发优势，积极应对全球经济格局变化和贸易挑战，全面深入参与"一带一路"建设，不断开辟发展新空间。通过"走出去"，加强投资、销售和产能合作；通过并购、参股或控股，积极"引进"先进技术、品牌、专利和行业生产资质，推进浙江省传统产业"腾笼换鸟"、培育发展新兴产业，产业结构优化明显。

《浙江省参与"一带一路"建设和推动国际产能合作三年行动计划(2017—2019年)》指出,到2019年浙江省与"一带一路"沿线国家贸易进出口额将达到1240亿美元,对沿线国家的境外投资达到60亿美元,将与"一带一路"沿线国家建立更为完善的经贸合作机制,每年新增各类境外营销机构500家。相对浙江"引进来"的主体是外资或合资企业,而浙江"走出去"多以中小企业、民营企业为主,与"一带一路"沿线国家和地区开展产能合作中还存在较多问题,面临一定挑战。

立足浙江发展新方位,以"一带一路"行动统领全省新一轮对外开放,以供给侧结构性改革为主线,围绕产业转型升级,发挥浙江省民营资本、产业、技术等优势,全面深化与"一带一路"沿线国家在国际产能合作模式、空间布局、平台建设、制度创新上的对接和合作,统筹"走出去"和"引进来",打造"一带一路"国际产能合作枢纽,提升开放能级和汇聚全球高端要素,努力成为参与"一带一路"建设的排头兵,率先建成现代化经济体系,实现浙江经济高水平高质量发展。

"一带一路"国际产能合作是新一轮全球化条件下我国寻求与世界经济"再平衡"的绝佳机遇,也是实现我国产业转型升级和重构价值链的必经之路。要把"一带一路"国际产能合作枢纽建设真正落实到位,需要深刻领会浙江省以"一带一路"统领对外开放和供给侧结构性改革的战略意图,推进优势产能大规模"走出去"和创新科技、人才与企业高水平"引进来",使浙江产业经济发展"腾笼换鸟"和"凤凰涅槃"。因此,建议按照确定的总体思路,采取适当的措施,加快建设"一带一路"国际产能合作枢纽。

1. 推动优势产业全球合作布局

坚持以获取技术、品牌、销售网络等要素资源为导向,围绕高端装备制造、能源资源等产业,通过跨国并购,整合利用全球创新资源,实现技术跨越、产业升级,加快对海外市场的扩张。支持和鼓励开展油气资源和铁、铬、钾盐及铝矾土等矿产资源合作开发,支持推进一批重点能源资源开发项目和基地,健全经济发展所需的长期稳定资源供给体系。支持工程咨询、建筑工程类企业"走出去",带动装备、技术、服务贸易"走出去"。鼓励和引导优势企业对外建设境外产业合作园,带动有条件的中小企业"抱团出海"投资建厂、合作开发,加快产业升级和有序转移,实现从产品输出到产能输出,带动合作国家培育本土化产业群,打造"一带一路"产能共享浙江样板。

2.打造高水平高质量引进示范区

围绕浙江产业转型发展要求,加强信息技术、生物、装备制造、新能源、新材料等战略性新兴产业领域的深入合作,有步骤推进产业链合作。以开发区、高新园区、特色小镇等开发平台为依托,以"补链强链"为导向,着力引进"一带一路"沿线国家优势行业和企业,建设一批特色鲜明的国际产业合作园。重点支持以色列、新加坡等国与省内开发区合作。集中资源要素,瞄准高端领域和关键环节,选择比较优势突出的领域作为突破口,实施重点突破,抢占产业发展制高点。坚持高起点、高品质、高端化回归,打造浙商回归的"高地"。以创新创业大平台引导天下浙商回归集聚,通过设立总部回归、资本回归、重大科技人才回归等引领项目,助力浙江产业创新转型,培育竞争新优势。

3.建设产业数字化转型引领示范区

增效新发展推动互联网、大数据、人工智能和实体经济深度融合,大力发展数字经济、共享经济,超前谋划布局一批重量级未来产业,打造产业数字化转型引领区,实施"凤凰行动",加快传统制造产业与数字化融合,让数字技术服务生产和制造,推进实体经济高质量发展。超常规力度推进数字经济领域先进制造业同发达国家双向投资合作,以数字经济引领带动创新发展,促进科技创新研发合作,汇聚全球高端技术和人才,为高水平推进现代化建设注入强劲动力。大力推进与沿线国家的"数字丝绸之路"建设,加强信息基础设施、跨境电子商务平台的互联互通建设。支持企业在沿线国家建设销售展示、物流、仓储、配送中心,推动区域产业集群通过跨境电商提升浙江传统产业和产品在全球市场的话语权,促进经济转型升级。

4.深化国际产能合作服务平台建设

一是搭建跨国并购重组服务平台。支持高标准规划建设集信息、项目、资本、人才、服务和空间于一体的并购金融集聚区,有效服务企业境内外并购重组。

二是完善企业融资服务体系。探索抱团融资服务,完善融资担保服务,强化境外金融服务,推动政策性金融机构与境外产业合作区企业对接。探索创新产业供应链金融服务产品,引导金融机构搭建中小企业"走出去"融资平台,为浙江中小企业参与国际产能合作提供融资便利。

三是搭建"一带一路"综合服务平台。完善中介服务体系,坚持培育和引进相结合,建设一批国际产能合作中介服务机构,深入对接法律法规、会计、税务、知识产权、安保、风险评估和认证服务工作。加强侨商引资引智服务平台建设。既主动对接侨商来浙投资,又要"以侨为桥"引领侨商参与当地产业园区建设。加强以宁波舟山港口为龙头的海港、"义新欧"国际陆路港和"杭甬温"三大机场为重点的空港运输通道建设和物流平台建设,全方位提升面向"一带一路"沿线国家物流联通和合作水平。

四是搭建"走出去"风险保障平台,安排引导资金,鼓励企业充分利用政策性保险工具,提升企业跨国经营风险防范水平。

5.加大国际产能合作政策支持力度

整合现有地方财政资金渠道,积极争取开发性金融机构、国家政策性银行、商业银行等金融机构以及丝路基金、亚投行以更大力度加强对国际产能合作重点项目的支持。支持企业和机构在境内外市场募集资金,用于"走出去"项目。加大人才培养和高层次人才引进力度,建立人才国际化交流平台,培育和引进一批符合浙江产业转型需要的人才。做好与所在国当地媒体、智库、非政府组织和华人华商的沟通,积极推介浙江省装备产品、技术、标准和优势产业。完善产能合作相关的境外投资、海关通关、人员出入境、税收等政府服务和管理体系,深化与信用出口保险公司等战略合作,扩大保险覆盖面和优惠力度,以有效支持工程承包和大型成套设备出口,带动优势产能国际合作。

综上,加强与沿线国家和地区的国际产能合作,推动浙江优势富余产能"走出去",鼓励和支持"一带一路"沿线国家先进技术和优质企业"引进来",通过境外产业合作园和省内国际产业合作园等平台和载体建设,打造"一带一路"国际产能合作枢纽,对浙江产业转型升级,建立现代产业经济体系,形成高水平双向开放格局,提升浙江企业在"一带一路"沿线国家的主动权和话语权具有重大意义。同时,也为我国经济发展在合作共赢的战略中提质增效升级,构建全球产业价值链,推动中国制造向中国创造转变、中国速度向中国质量转变、中国产品向中国品牌转变提供强有力的支撑和样板示范作用。

(二)以国内跨区域合作为重点强化产业链内向化发展

党的十九大提出,要"促进我国产业迈向全球价值链中高端,培育若干世界级先进制造业集群";党的十九届四中全会进一步提出,要提高"产业基础能力和产业链现代化水平"。综合上述要求,刘志彪(2020)认为,要加快建设产业链集群,抓住欧美部分产业停摆、经济衰退的机会,在粤港澳大湾区、京津冀、长三角、成渝地区重点打造一批空间上高度集聚、上下游紧密协同、供应链集约高效、规模达几千亿到上万亿的战略性新兴产业链集群,从而加快先进制造业世界级集群建设步伐,增强国际竞争力,具体应采取以下对策。

1.引资紧链:优化服务环境、强化产业链招商

所谓"产业链招商",是指围绕一个产业的主导产品,以及与其相配套的相关产商,形成供需"上下游"的产业链条关系,并以此吸引投资,形成经济倍增效应的一种招商模式。"产业链招商"是沿海发达地区创造的一种很好的经验和做法,可以在产业链分析的基础上,根据构建产业链的需要,寻找和弥补产业链的薄弱环节,确定目标企业,打造产业集群,有目的、有针对性地招商,不仅可为外资产业向国内转移提供良好的产业上下游配套,形成"溢出"效应环境,而且可以为地方制造业产业集群融入经济全球化,创造良好的条件。例如,浙江嘉善县互联网通信小镇,首先引来光通信领域的领军企业——富通集团。经过系统评估,小镇的创建者一次性拿出1100亩土地交给富通,由企业按产业链布局统一规划,并将100多家企业负责人请来实地考察,与富通集团能形成产业链关系的上下游18家企业很快达成落户协议,由此,一条全球最大的光通信产业链就在嘉善形成。通过"产业链招商"可以打造一体化的产业链,能带来一系列立竿见影的效果。比如,流水线式的标准化建设,能节约生产成本,尤其是集约化发货压缩了物流成本。同时,浓厚的创新氛围可以激发团队活力。

对外资而言,通过"产业链招商"的方式进入产业链集群,不仅能立刻建立与中国经济的内在联系,而且能降低投资风险,很好地应对外部不可控事

件或因素对企业经营带来的不良冲击。比如,此次新冠疫情蔓延的形势下,通过产业链招商形成的产业集群优势,为我国产业链抗击疫情风浪提供了重要支撑;同样,这也是未来中国吸引全球高端制造产业链落户产业基础。各地政府应在"产业链招商"的基础上,不断优化营商环境;通过"放管服"改革不断降低企业的营商成本;通过提供强大的专业化服务,持续降低企业交易成本,增强产业竞争力(刘志彪,2020)。

2.技术补链:重视专利战略、密集研发投入

低成本竞争优势主要源于丰裕的初级生产要素,而差异型竞争优势则源于持续的投资与创新(林毅夫,李永军,2003)。通常情况下,一国劳动力等初级生产要素价格上升会倒逼企业技术创新(Hicks,1963)、促成产业升级进而提升国家竞争优势。然而,从实际情况看,近年国内各类要素成本的上升及传统低成本优势的弱化并未逻辑性地促成我国制造业优势升级。究其原因,主要是全球价值链分工体系下发达国家政府及其跨国企业通过"价格围堵"等方式持续压榨处于上游的中国代工企业,造成中国制造"初级生产要素—高级生产要素"升级的"内生路径"被阻断(梁运文,劳可夫,2010)。现阶段我国许多低附加值产业集群,都是靠拼价格参与全球产业竞争,随着人民币升值及国内要素成本持续上升,我国制造业原有竞争优势正逐步丧失。同时,发达国家抓住新一轮产业科技革命机遇,积极实施"再工业化"战略以重塑制造业竞争优势,东南亚等国也凭借其巨大的人口红利和丰富的自然资源积极加入制造业国际竞争,从"高低两端"对中国制造形成"双重挤压",我国产业优势升级面临断档风险(高青松,李婷,2018;任志成,刘梦,戴翔,2017)。改革开放以来,国家经济发展过程中积累了大量的科技成果与资源,在核、航空、航天、船舶、电子等传统领域形成了创新要素集聚优势,若能将这些领域的创新要素优势集中起来,对产业链核心环节进行研发突破,对我国提升国际竞争新优势、增强长期发展动力具有重要意义。

3.市场强链:开拓国内市场、依托国内循环

纵观世界历史,大国崛起主要有四种典型模式:一是18世纪后期英国以强力开拓边缘国市场而崛起的"边缘型"模式,最终因侵害边缘国产业利益而导致霸权地位摇摇欲坠;二是19世纪末期德国通过抢占霸权国市场而

崛起的"替代型"模式,最终推动英德从经济竞争升级到军事竞争并引发第一次世界大战;三是 20 世纪后期日本通过嵌入霸权国市场而崛起的"嵌入型"模式,其崛起进程因侵害到美国产业利益,最终被美国所阻断;四是 19 世纪末美国依靠庞大国内市场而崛起的"内源型"模式,通过国内市场塑造与他国间强大的经济联系,使得美国以最小的阻力稳步崛起,进而撬动边缘国市场并顺利开拓全球市场(黄琪轩,李晨阳,2016)。除崛起模式外,经济实力对大国顺利崛起也至关重要:19 世纪末英德争霸时,德国经济总量与霸主英国相当;20 世纪初美国经济总量几近霸主英国的 2 倍,仍在现有体系内韬光养晦;而具有独立国际安全、政治与经济体系并作为世界一极的苏联,在经济鼎盛时 GDP 约为美国 60%;受制于美国、在美国体系中崛起的日本,GDP 占美国比重最高时达 71%。与上述大国相比,中国的崛起模式及经济实力,与 20 世纪后期的日本更加相近,主要通过嵌入美国主导的国际体系崛起,2018 年 GDP 总量达美国的 65.3%,至今尚未形成独立的国际安全、政治和经济体系。因此,目前中国崛起尚处于起步阶段,中美竞争的重点仍在经济领域。同时,由于我国产业体系尚处全球价值链中低端,对价值链高端的美国产业具有不对称的脆弱依赖性。随着中美竞争态势的不断加剧,在一定程度上面临被"挤出"美国经济体系的风险(高程,2019)。

发达国家之所以能阻断我国生产要素升级的"内生路径"并阻碍我国竞争优势升级,根本原因在于其技术势力与市场势力的融合,其中市场势力是决定性因素。因为国家竞争优势升级所需要的高级生产要素是创造出来的生产要素,其创造过程需要大量投资,这需要足够的市场利润与经济剩余来支撑。然而,在发达国家主导的价值链体系下,我国企业面临"市场隔层陷阱"(王桤伦,2007)。因此,除了运用"价格围堵"方式对我国企业的经济剩余进行持续压榨外,发达国家还运用产品进口质量、环保等"贸易壁垒围堵"方式以及知识产权保护、国际技术标准体系等"知识转移围堵"方式对中国产品进入国外市场进行"结构性封锁"(梁运文,劳可夫,2010)。全球金融危机后,OECD(经济合作与发展组织)国家普遍出现"贸易塌陷",新兴经济体逐渐成为亚洲制造业产品主要出口目的地。同时,"十二五"后我国本土市场规模开始位居世界前列,成为现阶段最大的比较优势。通过构筑双循环的价值链,将现有全球价值链与国内价值链衔接起来,通过加强沿海地区、内地和东北地区的经济互动与循环,沿长江经济带开发与"一带一路"倡议的联系和互动,使国内经济循环成为促进全球产业链集群成长的强大因素(刘志彪,2020),有利于突破因发达国家"结构性封锁"而导致的低端锁定问题,推动我国产业竞争优势升级。

4.组织固链:鼓励并购重组、基于集体行动

通过价值链分离及整合,以产业转移等方式退出低附加值的非关键环节,进而控制高附加值关键环节,是发达国家打造企业与国家竞争优势的重要途径。20世纪80年代,我国抓住第四次国际产业转移的机会,凭借廉价的劳动力、土地等要素比较优势,以产业承接的方式加入发达国家主导的"中心—外围"价值链分工体系,实现了经济持续高速增长。然而,经过30多年的发展,我国企业在全球价值链中的整体境遇并无显著改善,特别在历次遭受危机冲击时,企业关停并转成"潮",其脆弱竞争力一览无遗(王海兵、杨蕙馨,吴炜峰,2014)。究其原因,在发达国家主导的价值体系下,我国企业大都处于"被俘获"的"悲惨增长"境地,试图以代工方式实现价值链攀升与竞争优势升级的概率小之又小(刘志彪,张少军,2008)。现有研究表明,国家竞争优势升级的核心是制造业价值链攀升,而军民融合型经济对制造业价值链攀升具有内源性推动作用。故此,应以国内工业市场开放为基础,以产业价值链整合为手段,积极探索构建以我为主的"内源型"产业价值链体系,推动国家竞争优势升级。

首先,鼓励国内跨国企业开展供应链集成。在保持供应链核心竞争优势的前提下,引导国内行业龙头企业逐步剥离供应链辅助环节或非关键环节。在此基础上,引导企业以价值链整合为手段推动龙头企业通过并购等途径实现供应链前向与后向集成,逐步获取全球供应链关键环节,提升行业龙头企业供应链全球竞争力,培育出面向世界市场的巨型跨国企业。

其次,建立国内国际一体的创新体系。鼓励龙头企业积极开拓国内市场空间、激发按需生产创新活力并构建创新活动的市场反馈补偿机制。在此基础上,通过整合国内创新资源,发展研发、金融及营销等现代生产性服务业,加快开放融合的创新体系建设,提升我国科技企业创新能力,推动我

国科技工业产业升级与价值链攀升。

参考文献

[1]Hicks J. The Theory of Wages. London:Springer,1963.

[2]包纯田.新冠疫情背景下的浙江发展新机遇.浙商,2020-04-01.

[3]陈芳芳.这波制造业"走出去"会引起浙江产业空心化吗? 浙江在线.
　　(2018-12-24). http://fin. zjol. com. cn/201812/t20181224＿9074624.
　　shtml.

[4]董雪兵,朱西湖,张旭亮,等.加快建设我省"一带一路"国际产能合作枢
　　纽的对策.浙江社科要报.2018(35):1-20.

[5]傅允生.东部沿海地区产业转移趋势——基于浙江的考察.经济学家,
　　2011(10):84-90.

[6]高程.中美竞争与"一带一路"阶段属性和目标.世界经济与政治,2019
　　(4):58-78.

[7]高青松,李婷."中国制造 2025"研究进展及评述.工业技术经济,2018,
　　37(10):59-66.

[8]黄奇帆.全球产业链重构与中国应对.浦山讲坛,2020-05-27.

[9]黄琪轩,李晨阳.大国市场开拓的国际政治经济学—模式比较及对"一带
　　一路"的启示.世界经济与政治,2016(5):103-160.

[10]李燕.推动形成国内国际双循环发展新格局.人民网理论频道.(2020-
　　06-22). http://theory. people. com. cn/n1/2020/0622/c40531-31755350.
　　html.

[11]李予阳.我国产业链优势无可替代.人民网.(2020-03-09). http://
　　ydyl. people. com. cn/n1/2020/0309/c411837-31622988. html.

[12]梁运文,劳可夫.网络分割、创新借势与中国国家创新驱动发展断裂突
　　破.经济理论与经济管理,2010(3):23-31.

[13]林毅夫,李永军.比较优势、竞争优势与发展中国家的经济发展.管理世
　　界,2003(2):21-28.

[14]刘乐平.民生"输血"产业"造血"浙江援建持续助推中西部发展.浙江日报,2017-02-07.

[15]刘志彪,张少军.中国地区差距及其纠偏:全球价值链和国内价值链的视角.学术月刊,2008(5):49-55.

[16]刘志彪.中国应对全球产业链内向化的政策建议.南京大学长江产业经济研究院.(2020-05-13).https://idei.nju.edu.cn/48/9d/c26402a477341/page.htm.

[17]陆燕青,翁云骞.共建产业园、补链又延链 慈溪全力打好东西部扶贫协作攻坚战.浙江在线.(2020-10-12).http://nb.zjol.com.cn/202010/t20201012_12350065.shtml.

[18]骆颖叶,张文燕.嘉善诞生全省首个跨区域"飞地"产业园.嘉兴日报,2018-11-11.

[19]明崧磊.基于发达国家"再工业化"背景下中国制造业发展研究.北京邮电大学,2013.

[20]任志成,刘梦,戴翔.要素成本上升、产业优势断档与我国新型比较优势培育.国际贸易,2017(10):17-21.

[21]史晋川.浙江在2002年左右错失了一次转型升级良机.21世纪经济报道,2014-05-19.

[22]王海兵,杨蕙馨,吴炜峰.价值链断裂、新产业生态系统形成与我国企业全球研发.经济管理,2014,36(6):13-25.

[23]王桤伦.民营企业国际代工的"市场隔层"问题研究.浙江社会科学,2007(1):40-48.

[24]王晓萍,胡峰.双重产业转移视角的代工制造业优化升级——自浙江观察.对外经贸,2014(12):59-63.

[25]魏建国.构建国内国际双循环制将开启中国经济发展新纪元.中国日报网.(2020-05-19).https://cn.chinadaily.com.cn/a/202005/19/WS5ec38262a310eec9c72b9f8f.html.

[26]吴昊斐,夏云伟.投资额达7亿元!衢州援建乌什县阿合雅镇产业园开园.衢州新闻网.(2019-05-13).http://news.qz828.com/system/2019/05/

13/011509482.shtml.

[27]徐子福.区域样本:浙江产业转移新动向.中国外汇,2019(15):38-40.

[28]尹训飞.制造业产业链安全现状与对策.中国工业和信息化,2019(7):54-59.

执笔人:陈志新,浙江大学中国西部发展研究院;郑茜,浙江经贸职业技术学院。

第三章　跨区域帮扶合作

中国是一个地域间差异较大的国家，资源要素统筹困难，经济发展水平分化。为了实现先富带后富、最终共同发展目标，我国通过推行对口帮扶政策来帮助贫困地区脱贫、协调区域间发展。但若要真正使贫困地区脱贫，使被帮扶地区具备再生产"造血"能力，则需构建起全方位多层次的帮扶体系。其中，浙江省积极响应国家号召，在我国跨区域对口帮扶工作中发挥出重要作用，已帮助多地实现脱贫致富，为我国扶贫事业蓬勃发展做出巨大贡献。在几十年的帮扶过程中，浙江省积极克服各种艰难险阻，在达到国家硬性指标的基础上，不断探索扶贫新模式，超额完成扶贫任务，这一经验值得向全国推广。

一、背景分析

(一)国家对口帮扶政策

中国是一个地域差距极大的国家,通过对口帮扶这一极具特色的扶贫开发政策来实现区域间协调发展、全面建成小康社会具有重要意义。经过20余年的摸索,已经形成了一条特色鲜明、成效显著的帮扶路径。

1.背景介绍

对口帮扶是先富帮后富、实现共同发展的一项重要的扶贫开发政策。一般由经济实力较发达的地区向经济实力欠发达的地区提供帮助、扶持。这既是对"两个大局"战略的回应,也是推进"共同富裕"的体现。其主要类型有产业帮扶、民生帮扶、教育帮扶、智力帮扶等。

实行对口帮扶的宏观背景是我国社会的主要矛盾的变化,东西部地区差异依然存在,西部地区发展潜力巨大。

社会矛盾的改变对我国帮扶工作提出了更高的要求。我国实行的是具有中国特色的社会主义制度,这也就使得我们党和政府必须将人民群众放在任何工作的首位。当前,中国特色社会主义已经进入新时代,社会矛盾也发生了根本性的变化,从人民日益增长的物质文化需要同落后的社会生产力之间的矛盾转化为人民群众日益增长的美好生活需要和不平衡不充分的发展之间的矛盾。在社会矛盾发生转变的同时,我们的政策导向以及政策发力点也都将发生改变。我国东西部发展不均衡、产业结构不合理的面貌仍未完全改变。多年来的实践证明,通过帮扶工作来提高欠发达地区的社会发展水平是一条符合我国国情的道路,必须坚定地走下去。同时还要根据当前的社会矛盾加以调整,使其充分发挥提高我国跨区域联动能力、推动社会经济发展的功效。

地区之间的差异为帮扶工作带来了强大的动力。改革开放以来,我国东部沿海地区在经济发展方式上取得了举世瞩目的成就,产业结构不断升级、经济结构不断优化。不可否认的是,东部一小块的区域承担着国内经济发展的大部分任务。东部地区虽然在资本、管理以及信息上有着无可比拟的优势,但也存在一些无法破解的难题,经济快速发展带来的弊端也日益显现:土地紧张,房价攀升;大量劳务人口输入,城市更加拥挤;本就有限的资源正面临着被肆意开发的局面……而反观中西部地区,它们在资源上拥有天然的优势,土地利用仍存在较大空间。实施产业转移能够使产业转出地和转入地进行不同方式的产业升级:转出地可以腾出空间,聚焦发展高端产业,促进产业升级;转入地可以通过承接东部发展成熟的产业来延长产业链条、提高工业化水平、实现产业升级。由此可见,在进行产业转移时,东西部地区之间可以各取所需、互利共赢,提升本地区发展能力。将劳动密集型产业和资源密集型产业向中西部地区转移,既是实现共同发展的客观要求,也是区域协调发展的现实需要。同时,这种国内产业转移模式相对于西方国家的跨国产业转移来说具有更强的风险抵御能力。但需要注意的是,在进行产业转移时一定要关注生态问题,中西部地区作为我国生态环境最脆弱的地区,需要得到适当的保护,切不可因为盲目追求经济发展而忽略生态环境的平衡。近年来,中西部地区发展的脚步越来越快,虽说仍与东部地区存在差距,但其凭借自身在土地、资源上的优势,加之东部地区的帮扶,已在劳动、资源密集型产业的发展中扮演着愈来愈重要的角色,逐渐成为我国产业链中不可或缺的一环。不管是东部较发达地区抑或是中西部欠发达地区,它们都无法脱离对方而独立存在,各地区的自身发展也都需要其他地区的支持,单靠经济指标就将中西部地区发展的落后看作是国家发展的短板的这种认识是偏颇的。

受到 2020 年新冠疫情的持续影响,我国经济出现下行压力,帮扶工作难度有所增加。数据显示,今年上半年国内生产总值 45.66 万亿元,同比下降 1.6%,其中第一季度更是出现了自 1992 年以来中国经济第一次季度性萎缩,降幅达 6.8%。全国居民消费价格同比上涨 3.8%,全国城镇调查失业率在 2 月份达到了 6.2%的高点。疫情冲击下,全国范围内出现了整体性的停工停产,再加上社交隔离,致使上半年人均可支配收入实际下降 1.3%[1]。

疫情的出现,使得前期的帮扶成果受到了一定程度上的侵蚀。作为公共卫生领域的突发性事件,疫情很难在短时间内在全球范围内控制下来,甚至在今后相当长的一段时间内都会影响到我国。在国内外形势如此严峻的情况下,全世界都想把抗疫产品转移回自己国家内部。西方国家片面强调第三产业和科技型企业,在土地资源受限的情况下将大量附加值低的劳动密集型和资源密集型产业都转移到发展中国家,本土保留的产业大多是科技型等附加值高的产业,虽然在和平年代下这样的经济结构可以使得产出最大化,但不得不说这样的经济结构是不合理的,一旦发生较为严重的外部冲击,很有可能就会像这次疫情一样陷入被动的窘境。相比之下,我国的经济纵深为我国的产业转移提供了良好的基础,西部地区的资源、土地优势可以使其很好地承接发展成熟的资源密集型和劳动密集型产业,东部地区也可以将重心转移至科技密集型和资本密集型产业。此次疫情反映出的经济问题值得我们深思,地区之间资源整合力度也亟待加强。东部较发达地区和中西部欠发达地区应建立合理的帮扶关系,使劳动和产业密集型产业向西迁移,在整体上进行资源整合。

除了疫情之外,中美贸易战对我国对口帮扶工作的进行也增添了难度。自 2018 年 3 月美国对华 600 亿美元商品大规模加征关税以来,美国当局一个很清晰的逻辑就是限制中国发展,巩固自身的"老大"地位,通过一系列有悖于全球合作发展的手段打压中国。中美关系紧张势必会对两国乃至全球发展都带来不同程度的影响,下面通过图 3-1 和图 3-2 来说明中美贸易战对中国的影响[2]。

---

[1] 数据来源:国家统计局,http://www.stats.gov.cn/tjsj/sjjd/202007/t20200716_1776345.html。

[2] 数据来源:国家统计局,https://data.stats.gov.cn/easyquery.htm?cn=C01&zb=A060401&sj=2019。

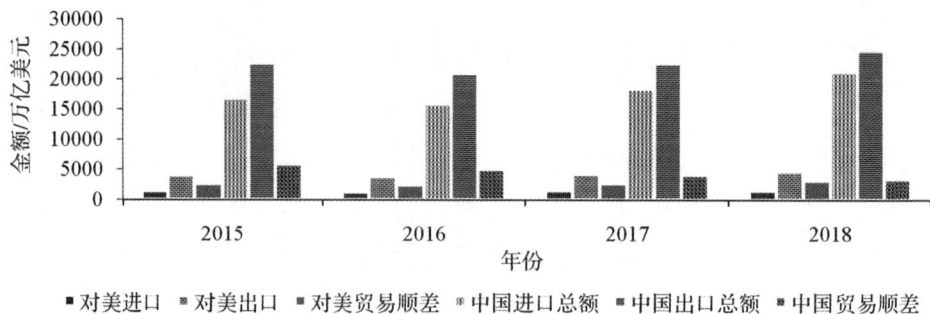

图 3-1 中美进出口关系

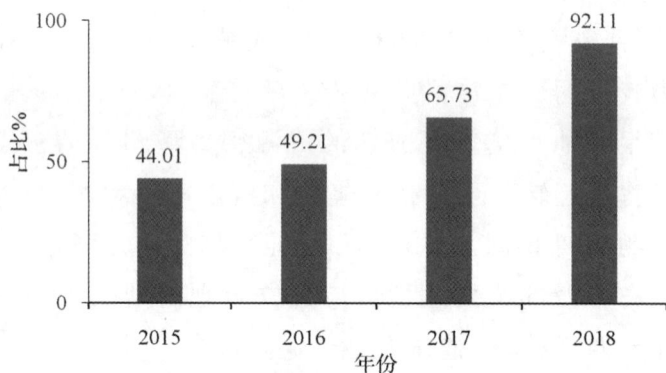

图 3-2 对美贸易顺差占中国贸易顺差比例

　　从图 3-1 可以看出，对美出口总额远多于对美进口总额，且呈现出逐年走高的态势，2018 年，中国对美贸易顺差已扩大到 3232.73 亿美元。其中关键的一个指标就是中国对美贸易顺差占中国对外贸易顺差的比例，如图 3-2 所示，从 2015 年的 44.01％到 2018 年的 92.11％，对美顺差已经成为我国贸易顺差净额的主要来源，若美方真对我国实施贸易制裁，对我国来说也将会是一次较大打击。首先，我国的出口产业大多是劳动密集型产业，而这些产业往往能吸纳较多的劳动力，在贸易摩擦的背景下，出口商势必会通过降低成本来提高海外市场竞争力，工人有工资下降和失业的风险。其次，中国自卫性的反击也提高了从美国进口商品的价格，其中不乏谷物、大豆等生活必需品，容易引发输入性通货膨胀，使老百姓钱袋子"缩水"。中国虽然有着 14 亿规模的超大市场，但其生产规模已经超出了市场存在的有效需求,如果出口这条途径受阻,那么就必须从出口转向内需,通过打通国内生产、分配、流通和消费等环节,最大化地发挥国内大市场优势。所以,我们应该看到,短期来说,国内经济受影响或已成定局。但是长期来看,美方这一举动能倒逼国内产业升级,从出口导向型转变为内需导向性,降低对出口的依赖。

2. 历史演进

对口帮扶是极具中国特色的区域开发模式。从 1979 年提出对口支援至今,我国的区域援助工作大致经历了五个不同阶段,即 1979—1983 年的经济救助阶段、1984—1993 年的开发式扶贫阶段、1994—2000 年的制度化攻坚阶段、2001—2011 年的东西联动扶贫阶段和 2012 年至今的长效化扶贫阶段。中国的扶贫成就举世瞩目,为世界脱贫提供了中国方案,贡献了中国力量,具有深远意义。就我国而言,扶贫事业越来越注重贫困地区自身的发展,通过对口帮扶提升欠发达地区内生动力。

随着 1979 年对口支援政策的提出,我国内陆省市对口支援边境地区、少数民族地区的格局形成。该时期的对口支援更多的是由较发达地区向贫困地区提供人道主义救助,而未能从根本上改变贫困地区发展落后的状况。

1984 年之后,对口支援进入了一个新的阶段。从单纯的"输血"向注重"造血"功能转变,东西部经济技术协作范围不断扩大、程度不断加深。在东西横向联系日益密切的同时,还形成了区域性经济联合。该时期对口支援政策的强有力落实为之后的扶贫协作奠定了基础。

1996 年,《中共中央、国务院关于尽快解决农村贫困人口温饱问题的决定》的通过,使对口帮扶成为了扶贫协作的主要方式。富裕县与贫困县结成对子,在互利平等、共同发展的基础上,将东西资源进行有效整合,开展多层次、多领域的经济技术合作。

2001 年开始,扶贫协作不再只局限于经济支援和技术协作,扶贫领域不断拓宽。西部大开发的实施不仅将资金和技术带到了贫困地区,还带来了更加现代化的理念。贫困地区也不再仅仅关注资源的开发和财富的积累,医疗、教育、基础设施建设等也都成为了新的发展热点。

自 2012 年党的十八大召开以来,扶贫开发被放到更加重要的位置,被纳入"五位一体"总体布局和"四个全面"战略布局。2013 年精准扶贫的概念提出后,扶贫工作更加注重改善实际扶贫对象的切实生活需求,真抓落实,建立长效化扶贫机制。党的十九大报告中,将打赢脱贫攻坚战作为全面建成小康社会的三大攻坚战之一,从人民群众的实际出发,确保"两不愁、三保障"目标的稳定实现。

从我国扶贫事业的发展来看,工作思路越来越清晰,发力也愈发精准。从改革开放初期的"大水漫灌"到现在的"精准滴灌"、从"输血"向"造血"转变、扶贫领域的持续拓宽以及扶贫与扶智、扶志的结合。随着收益的提高,东部地区参与扶贫事业的积极性也大大增加。市场机制在实际应用中的有效性、灵活性正在逐渐增强,贫困地区的自身发展能力也得到了极大的提升。

3. 文件梳理

自对口支援正式提出以来,中央和各地方政府根据贫困地区的现实发展状况以及扶贫战略的要求,在扶贫实践中出台了一系列相关的具体政策和措施,不断对帮扶工作进行调整、补充和完善。以下对各时期的政策演变以及政府出台文件进行简要梳理,了解不同时期的政策特点以及取得的成果。

(1)经济救助阶段(1979—1983 年)

为深入贯彻"先富带后富"这一政策思想,1979 年 7 月 31 日中共中央以中发 52 号文件批转的乌兰夫在全国边防工作会议的报告,要求国家组织内地经济较发达地区对口支援边境地区、少数民族地区。由内地较发达省市对口支援贫困地区,提供人道主义经济援助。单纯的经济援助不仅没有解决问题,反倒是养成了少数民族地区和贫困地区"等、靠、要"的惰性,完全依赖外部提供的帮助,没有从自身出发寻求脱贫之路。

(2)开发式扶贫阶段(1984—1993 年)

为了克服贫困地区在支援工作中单纯依赖帮助的惰性,中共中央、国务院于 1984 年 9 月下发《关于帮助贫困地区尽快改善面貌的通知》,旨在提高本地区经济发展的内部活力,增强"造血"能力。同年 12 月,中共十二届三中全会通过了《中共中央关于经济体制改革的决定》,强调大力发展多层次、多渠道、全方位的横向协作,对口帮扶由此从单纯的经济救援向以经济协作为主的开发式扶贫转变。1987 年 11 月国务院颁发《关于加强贫困地区经济开发工作的通知》，提出我国已经完成了从单纯经济救援向协作开发的根本转变这一论断，我国的东西协作进入了一个全新的发展阶段。此后，东西部地区之间经济协作不断加深，横向协作已成为两地经济计划中的活跃组成部分。经过十多年的努力，我国的对口支援工作取得了阶段性的成果，更加注重市场机制在援助过程中的作用，从注重"输血"转向注重"造血"。

（3）制度化攻坚阶段（1994—2000 年）

随着开发式扶贫的有序推进，我国的对口支援工作也取得了一定的成果，但贫困人口地缘化特征日益显著。我国贫困地区的类型由制度性贫困转变为区域性贫困，致贫原因也由制度性因素转变为区域性因素。其主要表现为贫困人口集中于自然条件恶劣的地区，并且这些地区的基础设施薄弱、社会发展较落后。为加快对西部贫困地区的扶贫开发，扶持少数民族地区的经济发展，1994 年 3 月国务院颁布实施《国家八七扶贫攻坚计划》，要求集中人力、物力、财力，动员社会各界力量，积极推动东西部地区的横向经济协作，力争用 7 年时间，基本解决全国农村 8000 万人口的温饱问题。1996 年 10 月，发布实施了《中共中央、国务院关于尽快解决农村贫困人口的决定》，要求深入开展东西经济合作，组织富裕县对口帮扶贫困县，在互利互惠的基础上合理开发当地资源。此后横向联系日益密切，资金、人才、信息交流更为频繁深入，到 20 世纪末基本实现了农村贫困人口的温饱问题。

（4）东西联动扶贫阶段（2001—2011 年）

进入新世纪之后，扶贫开发事业进入了统筹城乡区域发展、解决绝对贫困与解决相对贫困①并重的一个新阶段。2001 年，国务院制定了《中国农村扶贫开发纲要（2001—2010 年）》，提出要尽快解决少数贫困人口的温饱问

---

① 绝对贫困是指在一定的社会生产方式和生活方式下，个人和家庭依靠其劳动所得和其他合法收入不能维持其基本的生存需要，这样的个人或家庭就称为贫困人口或贫困户。相对贫困是在特定的社会生产方式下和生活方式下，依靠个人和家庭的劳动力所得或其他合法收入虽能维护其食物保障，但无法满足在当地条件下被认为是最基本的其他生活需求的状态，更多地表现为一个从低到高的连续分布。

题,进一步改善贫困地区人口的生活质量。西部大开发则进一步将东西部资源进行有效整合,不仅为西部地区带来了加速发展的机遇,也给东部地区带来了不错的投资机会。这一阶段,扶贫项目不再局限于经济发展和资源开发,扶贫覆盖面继续扩大,医疗、教育、综合治理等都成为了新阶段的扶贫内容。东西部之间合作程度不断加深,合作范围不断扩大,形成了一种多元化联动扶贫的态势。

(5)长效化扶贫阶段(2012年至今)

经过前期30多年的努力,我国贫困人口急剧减少,但反贫困任务依旧艰巨。2015年12月,《中共中央国务院关于打赢脱贫攻坚战的决定》指出,"中共扶贫开发已进入啃硬骨头、攻坚拔寨的冲刺期",要求到2020年稳定实现贫困人口的"两不愁、三保障",要让现行标准下的贫困县全部摘帽。党的十九大报告指出,中国进入全面建成小康社会的决胜期,强调"让贫困人口和贫困地区同全国一道进入全面小康社会是我们党的庄严承诺"。2018年6月,出台了《中共中央国务院关于打赢脱贫攻坚战三年行动的指导意见》,提出进一步完善顶层设计,强调政策落实,确保实现全面脱贫目标。2019年6月,国家扶贫开发领导小组发布《关于尽快解决"两不愁三保障"突出问题的指导意见》,要求做到"不漏一户、不落一人"。截至2019年底,农村贫困人口从2012年底的9899万人减少到551万人,贫困县从832个减少到52个①,"两不愁"质量明显提升,"三保障"突出问题总体得到解决。2020年,我国的绝对贫困彻底消除,但在相当长的一段时间内,相对贫困仍旧存在,这也是今后在扶贫工作中要解决的主要问题。

(二)浙江省对口帮扶政策

为全面贯彻落实党中央、国务院关于全面建成小康社会的战略部署,深入学习贯彻习近平总书记脱贫攻坚重要指示精神。浙江省勇于承担扶贫重任,积极担负起多个地区的对口工作,向贫困地区出资、出力,帮助中西部建立精准扶贫、产业扶贫的长效机制,为全面打赢脱贫攻坚战"提劲"

---

① 数据来源:《中国统计》2020年第4期。

"赋能"。

1.背景介绍

浙江省位于我国的东部沿海地区,资金充裕、技术成熟,是我国第一个完成脱贫攻坚的省份。作为我国的经济强省,自20世纪90年代起,浙江省委、省政府积极响应党中央、国务院关于"东西扶贫协作,对口帮扶"的号召,勇于担负起对口帮扶这一历史使命,成为我国承担对口扶贫任务最多的省份之一。在完成国家硬性扶贫指标的基础上,浙江先后承担起对口支援西藏、新疆、青海、贵州等西部地区发展的工作,对促进贫困地区教育、产业、医疗、文化旅游发展做出巨大贡献。近些年来,浙江省通过对口扶贫,在帮助贫困县脱贫摘帽的工作中取得优异成绩。

根据扶助力度的不同,浙江省的对口工作可分为三个部分:对口支援、对口帮扶、对口协作。其中,对口帮扶的对象为四川省11个市州、贵州黔东南州和黔西南州、湖北恩施州、吉林延边州。在扶贫工作中,浙江省除了提供资金支持外,更注重建立健全长效帮扶机制,增强贫困地区自身造血能力,既坚持授人以鱼,也提倡授人以渔,并且坚持"扶贫扶志更扶智"的理念。浙江通过向贫困地区提供技术支持、倾斜教育资源、加强产业协作、提供医疗救援等措施,扩大西部地区再生产能力,全力帮助对口地区打赢脱贫攻坚战。

对浙江来说,对口帮扶不光是响应国家号召而采取的行动,更是一种"双赢"策略。浙江和对口帮扶支援省份的发展互补性强,协作合作前景广阔。一方面是浙江省带领经济落后地区共同摆脱贫困,携手走向全面小康社会的战略需要;另一方面也是努力开拓东西部扶贫协作"优势互补、长期合作、聚焦扶贫、实现共赢"新局面的现实需要。从目前来看,浙江省虽然聚集了大量的资本,但由于社会资源价格的大幅上涨,社会矛盾愈发激化。而西部地区拥有大量的资源,投资需求旺盛,并且市场广阔,能够与浙江省实现资源优势互补、共同发展。从对口扶贫走向互利协作,浙江省对口扶贫工作既带动了西部地区脱贫,又拓宽了自身的发展空间,所以说这是一种深层次的帮扶。

2020年是脱贫攻坚决战的决胜年,全面建成小康社会的收官之年。浙江省坚持对照中央指示,完成贫困人口全部脱贫的目标,高质量做好扶贫协作和对口支援工作。截至 2020 年初,浙江省已超额完成与四川、贵州、湖北、吉林四省签订的扶贫指标,在浙江省结对帮扶的 80 个县中,仅剩下榕江、从江两个深度贫困县尚未脱贫摘帽。

2.历史沿革

据中央指示,浙江省开展对口帮扶工作已有 20 多个年头,在这几十年的历程当中,浙江积极推动东西部扶贫工作的开展,成为我国对口帮扶大省之一。

1994 年 7 月,中央召开第三次西藏工作座谈会,会议确定"全国支援西藏"的战略方针,明确"分片负责、对口支援、定期轮换"的援藏模式。会议决定,为西藏安排 62 个工程建设项目,由中央有关部委和有关省(区、市)分别承担,中央决定浙江对口支援那曲地区及下属的那曲、嘉黎、比如 3 个县,浙江对口援藏大幕正式拉开。

1996 年开始,浙江省对口帮扶四川广元和南充两市 12 个贫困县(市、区),其中宁波市独立对口帮扶贵州,对黔东南州的 16 个县和黔西南州的 8 个县进行支援。第一轮对口帮扶期间,浙江省发改委、农业厅、水利厅等 17 个省直部门和杭州、温州、金华、湖州 4 个市对口帮扶四川省南充市嘉陵区、南部县、仪陇县、阆中市、营山县、西充县 6 个贫困县(市、区)。

1997 年起,浙江省按照中央统一部署,先后对口支援新疆和田地区、阿克苏地区和兵团一师阿拉尔市。

2008 年,5·12 汶川大地震后,浙江对口支援四川青川县,承担灾后恢复重建工作。

2010 年,中共中央、国务院召开第五次西藏工作座谈会,明确浙江对口支援广元、南充调整为对口支援四川省藏区 32 个县。并于同年 6 月,正式对口支援青海省海西州。

2016 年,根据中共中央、国务院办公厅指导意见,明确浙江杭州对口扶贫湖北恩施市,确定杭州市 8 个区与恩施州 8 个县市开展对口扶贫协作。

2017 年,国务院提出深入实施新一轮东北振兴战略,对东北地区与东部地区部分省市开展对口合作做出了部署,浙江省积极响应这一号召,正式与吉林省确定对口合作关系。两省首先开展粮食产销合作,后续又深化产业协作、资源共享,实现互帮互助、共同发展。

同年,浙江宁波市全面启动对吉林省延边朝鲜族自治州的对口帮扶,在宁波市与延边州整体对口帮扶协作的基础上,宁波市 10 个区县(市)将与延边州 8 个市县建立对口结对关系。每年安排 1400 万元的帮扶资金用于对口地区基础设施、产业发展以及社会事业领域。

2020 年,自新冠病毒疫情爆发后,浙江也积极承担起对口支援湖北的重任,向当地提供所需物资、医疗团队。帮助湖北地区尽快攻克疫情难关、维护当地人民生命安全和身体健康。

3. 文件梳理

关于浙江对口帮扶的文件,最早可追溯到 2002 年。为进一步贯彻落实西部大开发战略,加快中西部地区发展,浙江省政府办公厅印发《浙江省人民政府关于我省参与西部大开发工作的意见》。通过总结西部大开发的实践经验,继续推动全省各地积极参与西部大开发工作。这一战略精神也在《浙江省人民政府 2003 年浙江省国民经济和社会发展计划》《浙江省人民政府 2004 年浙江省国民经济和社会发展计划》得以体现。文件明确积极参与西部大开发,搞好对口帮扶工作是大力发展开放型经济的重要工作,需要加强与中部地区的经济技术交流,实现优势互补、共同发展。

2010—2015 年,浙江省对口帮扶方向由原来的输血型扶贫,逐渐转向造血式扶贫。根据《浙江省中长期教育改革和发展规划纲要(2010—2020年)》和《中共浙江省委浙江省人民政府关于推进欠发达地区加快发展的若干意见》(浙委〔2011〕29 号)精神,省政府办公厅发布《浙江省人民政府办公厅关于开展第三轮教育对口支援工作的实施意见》,旨在促进欠发达地区全面加快教育改革发展,跟上全省教育发展步伐。坚持扶贫扶志更扶智,帮助欠发达地区优化教育布局和结构,提高教育质量和水平,加快推进教育现代化进程。

在对口援藏工作上浙江省也取得较大进展。围绕党中央、国务院对口支援的战略部署,坚持"输血与造血结合、支援与合作并举"的工作方针,浙江印发《浙江省对口帮扶四川藏区工作实施方案》《浙江省对口支援四川藏区工作实施方案》（浙政办〔2014〕159号），重点打造"教育提升、产业扶持、民生帮扶、人才培训、就业创业、生态保护"六大工程。

根据"十三五"规划（2016—2020年），浙江省对口帮扶工作进入一个攻坚阶段。同时2020年也是全面建成小康社会的收官之年，这期间浙江省承担起更加重大的扶贫任务。为进一步完善四川藏区对口帮扶，浙江省人民政府经济合作交流办公室印发《浙江省对口支援四川省阿坝藏族羌族自治州和凉山州木里藏族自治县"十三五"规划》，将其作为对口支援四川藏区工作的重要指导性文件和依据。明确民生、教育、产业、人才、就业、生态六大任务，从六个方面入手，实现精准扶贫。并根据国务院三峡办的要求，浙江省编制《浙江省对口支援三峡库区"十三五"合作规划纲要》，推动促进三峡库区经济社会加快发展，全面提升三峡库区群众生活水平。在对口援藏方面，浙江也通过印发《那曲地区"组团式"教育人才援藏实施方案》《第八批援藏干部人才管理工作方案》《关于创建浙江产业援藏精准脱贫示范区》，在加快援建项目建设、深化交往交流交融、推进就业援藏、突出智力援藏等各方面加大力度，进一步落实党的十九大精神。

（三）浙江省对口帮扶现状

自对口帮扶政策提出以来，浙江省积极响应党中央、国务院号召，积极参与脱贫攻坚，为中西部地区提供力所能及的帮助。作为帮扶方，浙江省充分发挥自身优势，在不断拓宽扶贫领域的同时也不忘深耕细挖，做到"质、量双管"。

1.浙江省对口帮扶布局

按照党中央的决策部署，浙江省坚决担负起对口帮扶贫困地区、助力脱贫攻坚的重大责任。自1993年对口帮扶三峡库区起，已经走过20多个年头，涉及8个省（区）31个地（州、师）的101个县。通过出资金、办项目、给技术、引人才等多种方式为贫困地区的脱贫工作做出了巨大的贡献。目前浙江省的对口工作主要由三部分组成，即对口支援、对口帮扶以及对口合作。

对口支援工作中,浙江省对口支援新疆阿克苏和兵团一师、西藏那曲市、青海海西州、四川阿坝州和凉山州木里县以及重庆涪陵万州区。对口支援的工作面较广,包括产业就业、民生保障、基层维稳、教育支援、智力支援、交流交往等。由省政府统筹协调,明确省内各市在对口支援中的任务。

1996 年对口帮扶政策提出后,浙江省帮扶布局不断拓宽。截至目前,浙江省对口帮扶地区为四川省 11 个市州、贵州黔东南州和黔西南州、吉林延边州和湖北恩施州,主要在民生、教育、产业、医疗等方面提供帮助。其中由杭州市定向帮扶贵州黔东南州和湖北恩施州,由宁波市定向帮扶贵州黔西南州和吉林延边州。

2018 年,为实施新一轮东北老工业基地振兴战略,浙吉对口合作正式启动。通过多种方式参与国有企业改革、改造和重组,充分发挥两省自身优势,激发内生活力动力,共赢发展。两省两市之间建立地区间联系机制,具体如下:长春市、长白山开发区管委会与杭州市;吉林市与温州市;四平市与金华市;辽源市与金华市;通化市与台州市;白山市与湖州市;松原市与舟山市;白城市与嘉兴市;延边州与宁波市;梅河口市与丽水市;公主岭市与衢州市。在此基础上,两省县域间也可开展交流合作,深化浙吉对口合作内容。浙吉对口合作的主要内容是体制机制创新、产业协同合作、基础设施建设、重点平台对接、创新创业共享以及干部人才交流。

2. 工作特征

经过 20 余年的探索创新,浙江省帮扶体系日益健全,工作思路越发清晰,形成了中央统筹省负总责市县抓落实的工作机制。而在帮扶工作中,浙江省在充分考虑自身特点以及帮扶地区的现实矛盾上,走出了一条具有浙江特色的帮扶路。

多领域协作,绘制扶贫蓝图。目前,浙江省对口帮扶领域涉及产业就业、民生保障、医疗教育、智力支持、综合治理等多个领域。在解决贫困地区人口温饱问题的基础上,将重心向贫困地区的社会发展转移,通过全方位、多层次的交流合作提升贫困地区发展动力。除此之外,浙江省也积极探索东西协作路径,与西部地区深入开展产学研互动,实现资源互通、发展共享。

在给贫困地区带去帮助的同时也为自身谋得了发展。

扶贫扶智共举，唤醒脱贫志气。治标还需治本，授鱼仍需授渔。要想改变贫困地区落后的面貌，光靠外部支援是远远不够的，还需激发内生动力。浙江省在帮扶工作中充分认识到这一点，除了资金支持外，更注重长效帮扶机制的建立健全，增强贫困地区自身造血能力。在帮扶工作中通过干部挂职、人才选派、人才培训等方式为西部地区提供智力支持，输送新鲜血液。为中西部地区带去创新理念和发展经验，促进西部地区发展理念的转变。

帮扶地区众多，展现强省担当。浙江省帮扶地区涉及 8 个省市 31 个地区的 101 个县，总面积为 132 万平方公里，相当于全国总面积的 1/8。其中不乏少数民族地区和深度贫困地区。各地区发展状况截然不同，加之文化习俗上的差异，这都要求浙江因地制宜地开展帮扶工作。根据贫困地区的实际情况，进行有针对性的帮扶工作。

动员社会力量，助力脱贫致富。帮扶是必须进行到底的，浙江省始终秉持这一信念，并且还要在完成硬性指标的基础上，实现增量任务，这就需要鼓励更多力量参与到扶贫工作中。在浙江省开展的对口帮扶工作中，除了政府出资领导的项目外，许多社会组织、民营企业也广泛参与其中。通过省政府的合理引导，制定相应的政策，带动了大量社会资源向贫困地区开展帮扶工作，推动贫困地区的社会发展。2020 年 4 月，浙江省对口办、省工商联联合印发了《关于组织社会力量结对帮扶挂牌督战村的通知》，全省 11 个市全面发动民营企业和社会组织做好助力挂牌督战工作。截至目前，全省共有 107 家民营企业和社会组织结对帮扶凉山州布拖县、喜德县 100 个挂牌督战村。累计投入帮扶款物 1256 万元，带动贫困人口 295 人。

3. 工作成果

对口帮扶于 1996 年正式提出，20 多年来，浙江省累计向对口地区拨付财政资金 300 多亿元，选派了 3000 多名干部人才。为对口地区的经济增长、社会发展贡献了"浙江智慧"，提供了"浙江方案"，开创了"浙江模式"，形成了"浙江特色"。2018 年至 2020 年，全省每年向对口帮扶（支援）拨付财政资金超过 50 亿元,实施 1400 多个项目,通过精准扶贫、民生改善、产业合作、智力帮扶等多种形式深化对口工作。

2019 年,杭州累计向对口帮扶的贵州黔东南州和湖北恩施州投入财政资金 11.41 亿元,其中黔东南州 7.53 亿元,恩施州 3.88 亿元。开展帮扶项目 530 个,惠及贫困人口 16 万人。还通过"直播带货"、旅游扶贫等方式为贫困地区人口带来了真金白银的收入。从 2019 年至 2020 年初,已有 21 个对口帮扶的贫困县摘帽。

2019 年,宁波市在对口帮扶黔西南的工作中取得重大战果。据宁波市政府数据披露,截至 2019 年末,黔西南 12.48 万农村贫困人口脱贫,127 个贫困村出列,普安县、贞丰县、册亨县脱贫摘帽,兴义市、兴仁市、安龙县和义龙新区剩余农村贫困人口全部脱贫,全州贫困发生率下降到 1.14% 左右。

2020 年,嘉兴市东西部扶贫协作工作实现对口地区全"摘帽"。自东西部扶贫协作工作开展以来,嘉兴市全力推进与对口地区的扶贫协作工作,始终坚持民生优先、发展优先,聚焦目标任务,高质高效开展各项扶贫对接。嘉兴市长三角发展办数据显示,2019 年嘉兴市拨付对口县财政帮扶资金 1.704 亿元,社会帮扶资金 1.2536 亿元。帮助对口地区在当地就近就业 8182 人,帮助对口地区到其他地区就业 1918 人,医院结对 181 个,万企帮万村 165 个。开展致富带头人培训 1116 人,镇镇结对 58 个,社会组织结对 25 个。

4. 工作矛盾

坚持以脱贫攻坚统揽经济社会发展全局,是以习近平总书记为核心的党中央立足全面小康社会作出的战略部署。浙江省作为先发地区,自 20 世纪 90 年代起,持续深入推进东西部扶贫协作。在 20 多年的扶贫工作中,浙江省积极贯彻中央精神,带领贫困县走向富裕,促进贫困地区产业升级,向着全面建成小康社会的战略目标奋力前行。历经风雨后,浙江省在人才支援、资金支持、产业合作、劳务协作、携手奔小康、组织领导等方面均取得较好成效。

然而在东西部扶贫协作的过程当中,浙江省将长期面临困难和挑战。受帮扶地区发展基础薄弱,浙江省又是一个资源小省,这就导致对口工作的艰巨性与长期性。当下正值健全全面小康社会的决胜时期，浙江省面临的是最后的、最难啃的"硬骨头"。因此要针对实际情况，进行理性分析，争取打赢脱贫攻坚最后一仗。

总体来看，浙江省的对口帮扶工作是不断继续向前的，但是仍会受到一些客观因素制约。例如，在扶贫干部下基层的过程中，会面临帮扶地交通设施落后、基础设施不完善、帮扶群众受教育水平不高、高素质人才缺乏、资源缺乏等情况。这就要求浙江省实施全方位的帮扶政策，通过教育扶贫、科技扶贫、人才引进等多个方面实施帮扶，使贫困地区具备足够的造血能力，从而真正做到授人以渔。并且，从扶贫工作本身出发，浙江省仍面临这些矛盾。

第一，在资源要素上，浙江省的统筹工作相对困难。一方面是西部地区资源相对稀缺，未能获得足够的发展要素；另一方面是在帮扶工作中，各种资源的投向上仍存在矛盾，资源在不同领域、不同地区之间的分配难以取舍，并且资源在投入过程中缺乏可持续性。这些现实情况制约了浙江省在对口帮扶过程中资源的使用效率。

第二，浙江省与对口地区之间的帮扶工作受到许多客观因素制约。在科技、金融帮扶上相对乏力，尚未建立起全方位、多层次的扶贫体系。

第三，从目前来看，浙江省的帮扶项目也面临着可持续性不足的窘境。巨额的成本投入未能创造出足够的投资收益，是当下扶贫工作中的一个致命难题。要使贫困地区真正脱贫就必须建立起长效造血机制，增强落后地区的再生产能力，提高产业帮扶的深度，而当下的扶贫工作却尚未达到这一层次。

第四，在扶贫工作当中，协调机制也存在矛盾。仍需完善政府和市场、不同区域之间的协调。而在目前的帮扶过程中，交流渠道不畅通制约了扶贫协调能力的提升，这也是当下亟须解决的一个矛盾。

针对当下存在的种种矛盾，浙江省须积极贯彻中央指示精神，加大改革扶贫力度，高质量推进浙江东西部扶贫协作。

二、帮扶中存在的问题和困难

(一)资源要素统筹困难

浙江省在对口帮扶工作中,资源要素统筹上面临许多困难。以下将从资源要素稀缺性、资源要素分配、资源要素投入持续性、资源要素整合四个角度来讨论。

1.资源要素稀缺性

资源要素市场分成六部分,分别是劳动力、资本、企业家才能、土地、资源、大数据。被帮扶地区土地要素、资源要素丰富,但是不能被充分运用;劳动力要素稀缺,劳动力向外迁移;资本要素稀缺,地处内陆、营商环境差,企业投资意愿低;企业家才能要素稀缺,缺失大众创业环境;信息要素稀缺,大数据发展没有得到重视。接下来从浙江省、四川省、贵州省三个省份出发,考察浙江省和被帮扶地区资源要素稀缺性。

由图 3-3 可知,贵州省的城市建设用地面积远少于浙江省,而贵州省的总面积达 17.6 万平方公里,远高于浙江省的 10.5 万平方公里。四川省的城市建设用地面积也稍少于浙江省,但四川省土地总面积为 48.6 万平方公里,从相对值考虑也是落后于浙江省的。被帮扶地区土地资源虽多,但大部分土地并没有被利用,而土地要素属于国有,浙江省方面也无能为力。

由图 3-4 可知,贵州省煤炭基础储量最高,四川省次之,而浙江省几乎没有煤炭资源。尽管四川省和贵州省有着丰富煤炭储量,但煤炭价格实际上十分低廉,光靠出售矿产很难获得应有利润,在 2020 年 6 月,煤炭价格为 600 元/吨,相对于 2008 年的 1000 元/吨,下跌了 40%。一方面,自然资源要素属于国有,浙江省无权调用;另一方面,西部地区煤炭开采乱象丛生,无证开采的小煤矿仍然遍地存在,浙江省很难在帮扶时充分运用要素资源。

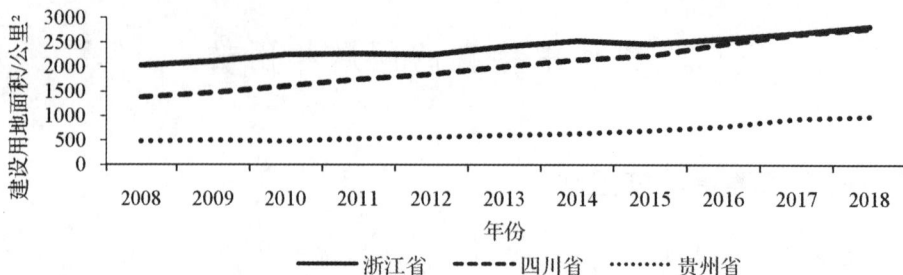

图 3-3　城市建设用地面积

数据来源:Choice 金融终端。

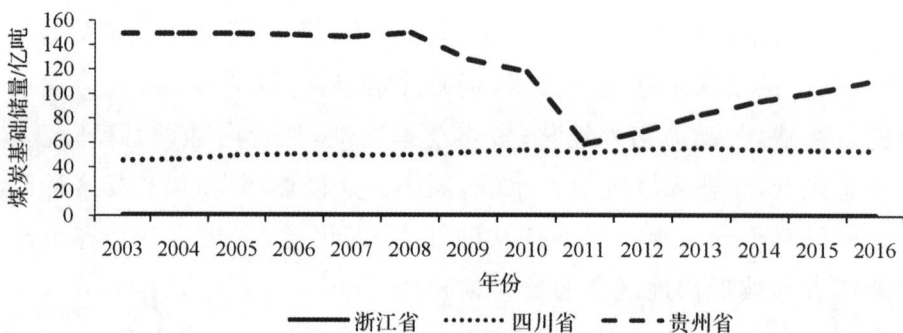

图 3-4　煤炭基础储量

数据来源:Choice 金融终端。

　　从图 3-5 可知,贵州省和四川省的就业人数远少于浙江省。随着国家经济的发展,我国人口流动呈现二八现象,人口流向变得越来越集中,70%以上的人口净迁入量都流向浙江省、广东省。中西部地区省份抢人抢不过东部地区省份,虽然贵州省和四川省在就业人数上有所上升,但与浙江省之间的差距还在不断扩大。且我国人口老龄化愈加严重,被帮扶地区在人口老龄化上,面临着更为严峻的挑战。劳动力的稀缺,使得被帮扶地区无法很好地承接浙江省的劳动密集型产业,经济发展乏力。

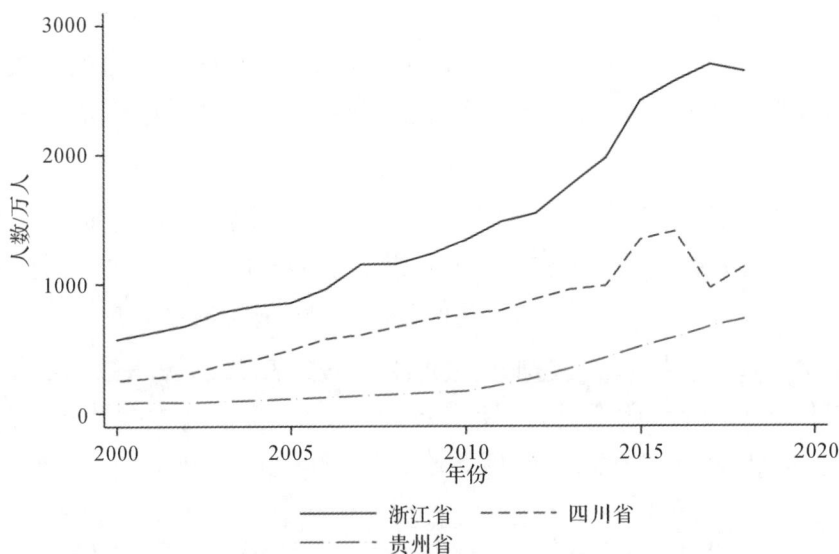

图 3-5 私营企业和个体就业人数

数据来源：Choice 金融终端。

由图 3-6 可知，贵州省相对于浙江省，资本要素较稀缺，贵州省的全社会固定资产投资完成额只有浙江省的一半。四川省全社会固定资产投资完成额，并没有落后于浙江省，但是四川省的土地是浙江省 5 倍，人口是浙江省的 1.5 倍。被帮扶地区地处内陆，交通系统较为落后，且营商环境远远落后于东部，这都造成了资本要素的稀缺。

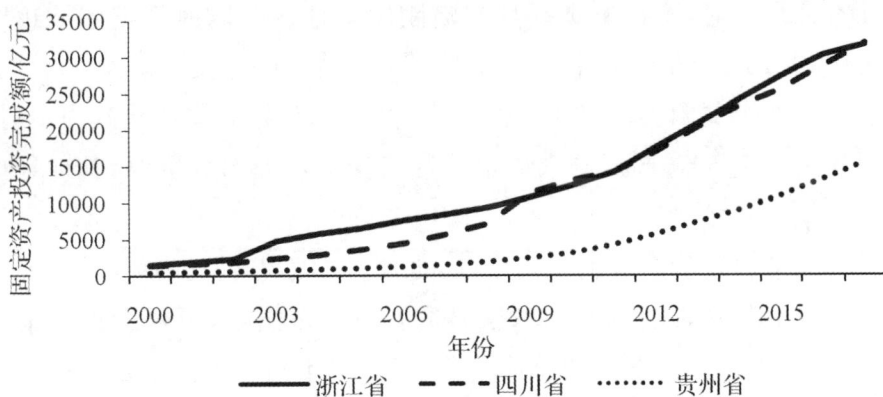

图 3-6 全社会固定资产投资完成额

数据来源：Choice 金融终端。

企业家才能用各省份的 A 股市值百亿上市公司数目来衡量。一个企业的成功,离不开企业家的管理才能,企业家的能力对于公司的发展、壮大有重要的影响。截至 2020 年 7 月,浙江省市值过百亿元上市公司有 124 家,占总数的 31.6%;四川省 49 家,占总数的 36.8%;贵州省有 6 家,占总数的 20%。可以看到,贵州省市值过百亿的上市公司数目和占比都是低于浙江省的。受援地优秀企业家的缺失,正是因为当地没能为创业提供良好环境。

信息要素根据 2018 年的《大数据蓝皮书:中国大数据发展报告》中披露的各省份大数据发展指数来衡量。浙江省的大数据发展指数为 53.64,全国排名第 3;四川省的大数据发展指数为 37.92,全国排名第 15;贵州省的大数据发展指数为 52.93,全国排名第 5。四川省的大数据发展指数远落后于浙江省,在全国排名也十分靠后,意味着四川省的信息要素较为缺乏。21世纪是信息技术的时代,信息生产力也渐渐成为更为先进的生产力。被帮扶地区对于信息技术、大数据的重视程度也较为落后,这也给帮扶提出困难。

2.要素分配难以协调

浙江省在做资源要素分配时缺乏协调,主要表现在两方面。分别是资源要素在贫困地区和脱贫地区之间的分配缺乏协调,以及资源要素的分配并没有因地制宜。

资源要素分配在贫困地区和脱贫地区之间难以协调。因为国家有硬性脱贫任务,要求 2020 年,所有贫困县摘帽,所有贫困人口全部脱贫。这就造成浙江省在帮扶时,不得不选择性忽略刚脱贫地区。以浙江省宁波市对口帮扶为例,2018 年,在宁波市对口帮扶黔西南州中,总投入资金 2.5 亿元,其中黔西南四个贫困县占了资金的 80%;2019 年,在对口帮扶延边州时,深度贫困县占资金 53.9%。国家认定的贫困县拿走大部分资源,其他地区获得的资源就相对较少。

脱贫地区由脱贫造成的扶贫中断,也使其面临着返贫的风险,而要想重新列为扶贫对象则难度较大。一旦返贫人口大量出现,不仅会抵消前期帮扶成效,也延缓了对口帮扶的总体进程,但如果不给贫困地区足够的资源要素投入,还会影响到 2020 年决战脱贫攻坚战的进程。

实际上,即使贫困地区脱贫,脱贫地区和东部地区之间发展不平衡的问题仍十分突出。绝对贫困消除的同时,相对贫困仍然存在。特别是全球新冠疫情和南方洪涝这些不可抗力对对口帮扶工作造成的影响,经济发展停滞、脱贫攻坚遭遇阻碍。一方面,这些因素加大了贫困地区脱贫难度,脱贫人口也将面临严峻的返贫风险;另一方面,浙江省在帮扶时,还面临着要素投向的矛盾。要素投向十分多样,且没有一个方向不是重要的:产业领域关系着经济建设发展,教育领域关系着人才和就业,医疗领域更是关系着人民生命和健康。如何把有限的资源在产业、教育、医疗等领域之间合理分配就成了难题。

同时,从整个脱贫工作大局来看,由于扶贫项目多样化,涉及产业、金融、异地搬迁、教育、健康等多种方式,单方面的脱贫并不能真正摘帽,需要多种扶贫方式共同推进才能达到最终脱贫验收标准,这同样也要求对各类资源进行整合管理。

从2018年8月起,浙江选派了475名教师参与"万人教师支教计划"开展教育援疆,在19个对口援疆省市中位列第一。第二批选派的援疆教师达580人,是援疆省市中两个最多的省份之一。一方面说明了浙江省在对口教育帮扶上力度之大,但另一方面也反映出浙江省在资源投向上的不合理,仅在单个教育援疆项目中就投入了如此大量的人力资源,势必会影响到对其他贫困地区人才要素的投入。

浙江省虽然不断投入资金开展帮扶协作,两地也互派干部进行挂职交流,但教育扶贫、医疗扶贫等帮扶形式还需不断丰富,特别是在当前新冠疫情背景下,应该加大医疗帮扶力度。以口罩生产为例,在整个口罩产业链里,不管是上游中游还是下游,大多都集中在长三角地区。口罩产业链下游企业中,贵州省有6家,四川省有9家,而浙江省有68家。被帮扶地区口罩供应的不足势必影响企业复工复产,进一步拉大东西部差距。

3.资源投入缺乏持续性

扶贫协作不是一次性的事,需要持续进行。浙江省在资源要素的投放上缺乏可持续性:一方面,各市县在对口帮扶时很少有长期工作规划;另一方面,对口帮扶的政策意义强于经济意义。

一方面,国家在制订对口帮扶计划时并没有明确未来走向。浙江省以及各县市目前的帮扶计划都较为长远,如浙江省计划,自2013年起,每年安排帮扶四川藏区资金 1.37 亿元。但对于 2020 年之后的对口帮扶工作计划,仍需要基于国家大方向,很难做出规划。尽管 2020 年是脱贫攻坚收官之年,大部分贫困地区在 2020 年脱贫摘帽,但是东西部间发展的不平衡仍要求对口帮扶继续进行,而不止步于 2020 年。国家在政策上的不明晰,使得浙江省很难安排长期的对口帮扶计划。

由图 3-7 可知,在 2018 年、2019 年,不管是资金数目、项目个数,还是政府对于对口帮扶的关注程度都在大幅上升。宁波市对口帮扶黔西南资金数目在往年都是 1 亿元以下,到了 2018 年、2019 年,资金数目相较之前上升了三到四倍。宁波市政府发布的有关对口帮扶文件往年都是 20 个左右,到了 2018 年、2019 年,有关对口帮扶文件上升至 60 个左右。而资金数目、项目个数、文件个数的上升很大程度上是因为国家政策导向。

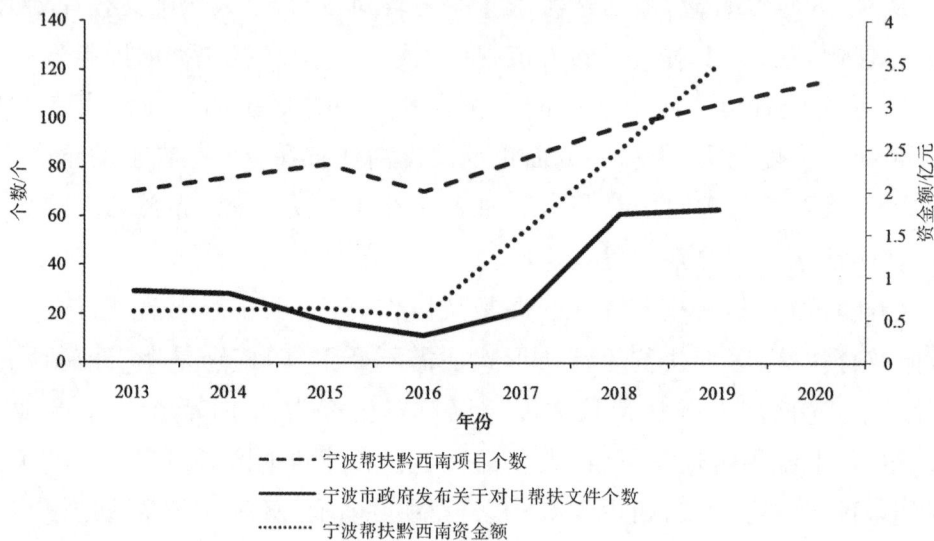

图 3-7 宁波市对口帮扶黔西南资金项目及宁波市政府有关对口帮扶文件数

数据来源:宁波市政府。

可以看到,对口帮扶的政策味道很浓。这也导致对口帮扶的可持续性较弱。浙江省在帮扶时,不得不提出疑问:一旦脱贫攻坚战结束,国家在对口帮扶政策上是否仍有这样的支持力度。

另一方面,国家政策的不确定性过强。一旦政策上出现调整,帮扶的资源投入就会发生变化。国家对对口帮扶双方的调整、国家对于扶贫的决心，在很大程度上决定了对口帮扶的力度。一旦国家政策层面上有所放松，浙江省也会相应降低扶贫力度。

表3-1为国家对宁波帮扶结对的安排，从1996年开始，宁波市的任务是帮扶黔西南州和黔东南州。到2013年，出于优化对口帮扶工作结构的目的，国家对对口帮扶双方做出调整，安排宁波市停止帮扶贵州省黔东南州。这就意味着宁波市不再投入资金人才帮扶黔东南州，这将对之前的各种帮扶项目的可持续性造成影响。比如说，帮扶方出资帮助贫困县建设扶贫车间，并给予大量优惠政策，解决企业入驻前和入驻后可能遇到的问题，为贫困县努力营造良好的经营环境，使扶贫车间尽可能增加收益。但是，一旦国家对浙江省对口帮扶任务调整，可能使得一些产业项目失去支撑条件，一些扶贫车间便面临着不可持续的现实问题。事实上，目前不少地方的扶贫车间已人去楼空，出现车间闲置的现象。

表 3-1　宁波地区帮扶结对安排

时间	帮扶地区	被帮扶地区
1996—2013 年	宁波	黔西南、黔东南
2013—2017 年	宁波	黔西南
2017—2020 年	宁波	黔西南、延边

4.各类资源难以有效整合管理

浙江省在对口帮扶工作中，并没有对资源要素进行有效的整合管理：一方面，没有建立起平台统筹管理资源要素流入流出；另一方面，没有建立起完备的监督体系（见图3-8）。

图 3-8　帮扶关系系统

首先,目前的帮扶工作十分粗糙,很难建立起一个平台或机构统筹管理资源要素的流入和流出。尽管强调对口帮扶的经济意义,对口帮扶仍更多是一项政治任务,更多追求公益性。参加对口帮扶的企业也大多不是为了获得收益,而可能是为了和政府打好关系,或者取得政府的减税政策优惠,也很难要求参加对口帮扶的社会公益性组织去公开自己的资金流向。如此一来,就造成不同帮扶方之间缺乏沟通,资源要素缺乏有效整合,极易出现不同来源资金重复地投入。资源在各地区之间分配缺乏协调,使得帮扶资金不能被高效利用,容易引发系统紊乱,增加帮扶成本,降低帮扶效率。

由图3-9可知,截至2020年5月,除宁波政府部门外,还有许多力量参与到黔西南州的对口帮扶工作中。其中企业占绝大部分,共257个;其次是经济强镇,共132个;最后是一些社会组织,共35个。从这一地区对口帮扶的实践看,帮扶部门众多、资源分布广泛,这些力量在扶贫协作中都发挥了重要作用。但同时也应看到,一些地方在精准脱贫总体规划和具体项目实施中,不同帮扶单位之间尚未真正建立深度融合、协同参与的扶贫协作机制。

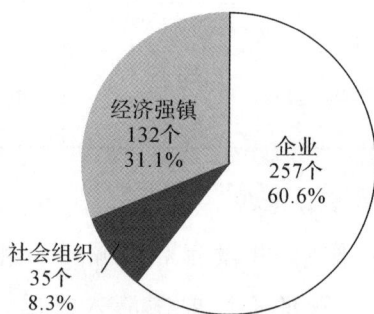

图3-9 宁波市对口帮扶黔西南中经济强镇、企业、社会组织个数分布
数据来源:宁波市政府。

其次,从监管来看,无法建立起有效的监管体系。由于帮扶地区和被帮扶地区往往相隔甚远,帮扶方不能够很好地监督资金使用,可能出现一些帮扶资金被挪用的现象。许多地方都存在村干部贪污对口帮扶资金的案例,部分村干部未能及时转变思维观念,认为帮扶资金都是靠自己争取过来的,特别是私营企业和个人捐赠的帮扶资金,所以怎么用都应该自己说了算。

民主监督和财务公开机制的不完善导致这些帮扶资金的使用难以完全体现老百姓意志,也无法客观地针对本地区现状进行统筹安排,资金使用效率低下,老百姓面临的生活困难也无法得到有效解决。

(二)扶贫模式受客观制约

浙江省对口帮扶模式的创新存在着客观限制,主要通过产业帮扶对贫困地区进行扶持,且在帮扶过程中受到许多客观条件的限制。

1.帮扶模式还需改进

浙江省对口帮扶工作模式相对完善,既有例如"飞地扶贫""一村一品"的旧模式,也有通过"互联网+生活性服务业"进行帮扶的新模式。但"互联网+生活性服务业"需要良好的基础设施以及人力、技术等资源作为支撑,相较于东部地区,中西部地区在这些资源上较为匮乏,因此该模式难以进行大范围推广。

传统服务业受区域限制,"互联网+生活性服务业"难以进行大范围推广,也难以较好地进行跨区域服务。服务的不可储存性的特点,导致了服务在一定时间内的供需失衡,高峰期面临供给不足,而空闲期又存在服务闲置的情况。"互联网+生活性服务业"可以借助互联网在一定程度上调动客户资源,实现精准匹配供需,减少闲置资源损失,提高效率。但是要实现"互联网+"需要在中西部地区实现全面通网,而基础设施的建设以及维护都是一笔不小的开销,故难以进行大范围推广。

"飞地经济"发展模式需要进一步明确责任与利益分配制度。不只在长三角地区,全国各地越来越多的"产业飞地"发展举步维艰,导致"飞地经济"模式受到了各方的质疑。例如江阴—靖江工业园区,其作为国内首个飞地经济,被视作是典型代表,然而自2003年以来,发展一波三折。一方面,园区管理机制不顺畅、矛盾重重。由于该园区的经济开发权和社会管理权分别给了江阴和靖江,并且同时建立了由江阴主导的管委会,而管委会与其他部门配合度不高、摩擦不断,进而影响到园区整体的建设情况。因此双方对管理机构进行了两次大调整,逐步将涉及两市的管理权力交由园区。虽然在靖江市进行充分授权之后解决了行政方面的冲突,园区却需要自筹资金进行开发建设,面临巨大的财务压力,发展困难。另一方面,双方缺乏明确的利益分配机制。到了 2013 年约定的分红日,双方遭遇了信任危机,靖江认为江阴侵占了本属于自己的发展机会,而江阴认为靖江单方面的地方保护才是失败的主要原因。双方干部队伍涣散,决策会议中断,发展陷入衰退,产业结构老化,资本外迁,该园区严重制约了靖江发展。

"一村一品"产业扶贫模式,是贫困地区发展产业扶贫、帮助贫困户脱贫致富的重要途径。就其初衷来看,主要是想通过实现专业化、标准化、市场化建设,使得一个村拥有一个主导产业、产品,但地方政府不遗余力地推进则使得这种小而散的产业固化。首先,"一村一品"难以在产业产品集中度与发展规模上适应现代化发展要求,即使是"一县一业"往往也难以满足现代化农业发展要求的规模。其次,在多数贫困地区,当地产业几乎没有抵御风险的能力。贫困地区中,传统产业与粗放型产业仍然占据较大的生产比重。产业小而散,产品基本都是原始产品或者初始产品,几乎完全没有抵抗自然风险和市场风险的能力。最后,部分贫困村发展的"一村一品"较为依赖消费帮扶。贫困地区产品附加值低,市场竞争力低下,导致这些扶贫产业几乎不能生存。例如新疆柯坪县启浪乡的红枣,2017 年 12 月新疆启浪乡红枣产量丰富,经过大面积推广,当地市场已接近饱和,但又没有其他渠道进行农产品销售,导致红枣滞销 1500 吨。杭州日报工作人员及时发现滞销现象,联合安吉、德清两城,在互联网、报刊等媒体进行报道,引导社会力量对其进行消费帮扶。若没有浙江省对其进行帮扶,枣农的农产品堆积在家中,将会对枣农收益造成严重的打击。

2.科技帮扶中存在的困难

在对口帮扶项目中,浙江省希望带去更高科技含量的产业,但中西部贫困地区中,劳动力素质不高,难以满足中高科技产业对于能力的要求,导致浙江省在总体对口帮扶过程中主要面向低层次产业,科技含量占比难以提升。例如,通过产业扶贫建立起来的扶贫车间,其设立目的是吸收贫困地区的闲置劳动力,就业门槛低,主要面向城乡低收入、专业技能欠缺的劳动者以及深度贫困地区人口。但是这就导致了其发展的局限性,难以进行产业升级,中西部地区人口向东部地区流动,没有足够的劳动力来维持中高科技产业的持续发展,为浙江省进行科技帮扶带来了一定的困难,难以为帮扶地区建立起多层次的经济结构。

多数扶贫车间需要持续帮扶才得以维持。缺少科技含量容易导致产品在竞争中处于劣势,在出现经营不善、市场需求饱和等情况时,扶贫车间的运行也将面临严峻的挑战。例如,河南省0703编号的扶贫车间,于2019年正月之后就没有进行生产。2017年4月竣工的车间,仅新建不到两年,便人去楼空,不仅造成了财政资金的浪费,而且扶贫干部和贫困户的信心也遭受了打击。

贫困地区互联网普及率与城镇地区差距依然明显,且农产品网络零售实现率低。截至2020年6月,城镇网民规模为6.54亿,互联网普及率为76.4%,与2020年3月基本持平。农村网民规模为2.85亿,互联网普及率为52.3%,较2020年3月提升6.1个百分点。[①] 在农村互联网普及率不断提升的同时,还应看到农村地区与城镇地区之间的差距,尤其是贫困地区。并且贫困地区通过互联网渠道达到的销量较低,加之农产品的低附加值,使得贫困地区通过互联网渠道获得的收益并不乐观。例如,2019年台州市实现网络零售额1224亿元,而阿坝州实现网络零售额仅60.81亿元,差距明显,且实物型网络零售额仅为2.14亿元,占比偏低。相较而言,贫困地区通过网络获得的收益与东部地区仍有较大的差距。

3.金融帮扶中存在的困难

资金是发展生产的基础要素,金融是融通资金的渠道,对口帮扶离不开资金支援。在对口帮扶过程中,金融帮扶作为一个重要的组成部分,主要是通过东部较发达地区对众多贫困农户进行资金支持,以激发其内在动力,促进贫困地区经济发展、贫困人口脱贫增收,这已成为实现脱贫的一个重要渠道。

当前,深度贫困地区金融精准扶贫工作还存在着一些困难,如扶贫机制不完善、扶贫信贷风险防控压力大、扶贫资金短缺等。

---

① 数据来源:中国互联网信息中心,第46次《中国互联网发展状况统计报告》,http://cnnic.cn/hlwfzyj/hlwxzbg/。

一是扶贫机制问题。金融帮扶中的资金支持过程，实际上属于"输血"功能，并未从内部打破贫困的循环机制，容易造成脱贫返贫现象的反复。尽管输血型对口帮扶有时非常重要、必不可少，但从长远来看，只有让当地拥有扩大再生产的能力才是治本之策，而从"输血"转向"造血"的过程仍在进行中。

二是扶贫信贷风险防控压力大。帮扶过程中，金融机构防控风险压力大，主要是贫困地区的产业特点以及劳动力素质造成的。首先，贫困户收入来源多以传统农业为主，且市场对于农产品需求弹性较小，因而贫困户议价能力弱、盈利水平低、抵御市场风险能力不足。其次，贫困户通常受教育水平较低，其收入渠道单一，缺乏稳定的收入来源。最后，受到农业行业的限制，其收入与支出具有明显的季节性特征，资金使用时间长于短期贷款的授信期限，扶贫信贷风险较大。

三是金融网点稀少。中西部贫困地区通常地广人稀，金融需求不足。网点运营成本高、贷款对象分散、信息不对称问题严重，管理难度大，导致金融网点稀少，同时受到存贷比限制以及其自身效益限制，可贷资金有限，帮扶力度较弱。

四是扶贫资金短缺。与东部发达地区相比，金融扶贫成本相对较高，金融帮扶收效甚微，资金短缺问题严重。由于资金趋利，资金提供方希望获得与风险相匹配甚至更高的收益率，而中西部地区本身存在的风险较大，同时又无法给出与其风险相匹配的收益，导致资金供给方提供资金的意愿不强，因此可以理解扶贫资金缺乏是一个常态化的问题。例如，2017年德昌县唯益农业科技有限责任公司进行农产品基地扩建时，尽管生态环境优异，但由于处于深度贫困地区，无法获得有效的资金支持，导致项目资金出现缺口。

4.教育帮扶中存在的困难

要想真正阻断贫困代际传递，必须要提高人口素质，加大在教育方面的投入。扶贫先扶志，治穷先治愚。教育扶贫在脱贫攻坚战中占据着非常重要的地位，实现教育精准帮扶对我国长远发展在人才储备上打牢了基础。自我国确定"脱贫攻坚"战略后，教育帮扶进入了快车道，贫困地区的教育帮扶局面已经发生了天翻地覆的变化，但仍有一些困难亟待克服。

首先,从帮扶主体来看,部分帮扶主体对受帮扶地区学校的研究不够深入、不够仔细,对教育扶贫的迫切性认识不够充分,导致了教育帮扶在全面铺开的过程中还存在些许瑕疵。表面上看,帮扶工作声势浩大,但实则是雷声大、雨点小。部分帮扶主体未能从实际出发,考虑贫困地区的真实所需,对教育帮扶的重点和关键把握不清。有的过分强调"硬件升级",而忽视了"软实力"的保障,将学生培养、学校发展、师资储备放在了相对次要的位置。当然也存在部分帮扶主体南辕北辙的现象,将对贫困地区的学校的帮扶重点放在文化建设、校本研修等收效甚微的方面。

其次,受帮扶地区也存在一些现实因素制约着教育帮扶的深入。好的教育需要好的人才作为支撑,在教育帮扶的过程中,人才是关键。支教老师作为奋战在教育第一线的人,势必是影响帮扶的关键性因素。但现实情况是:贫困地区条件差、生活难,教育人才留不住的现象日益凸显。与城市地区相比,支教老师的薪资待遇普遍较低,在评优评先、评职称等方面也都失去了优先权。更为重要的是,支教老师在工作、生活中还面临着许多难以解决的困难,如住房难、求医难等现实问题。这些因素都会影响到教师任教的热情和积极性,降低教学水平。长此以往,大多教师也都纷纷离开农村,去条件更好的地区和城市,导致了人才的大量流失,阻碍了全面脱贫攻坚的进度。

(三)项目可持续性不足

帮扶工作最后的落脚点是实现人民群众的共同富裕。在追求这一目标的过程中虽主要进行政治方面的考量,但也不应忽视成本与收益的关系。成本—收益分析是将项目方案的成本与收益进行比较,从而对项目做出评估的分析手段。决策过程中,只有当项目的收益大于成本的,这个项目才是能获利、可持续的。然而部分援建项目由于种种因素的影响,只能依靠资金支持才可为继,一旦支持政策取消,项目马上面临不可持续问题。

1. 项目投资难以创益

在社会资源配置方面,市场要优于政府。与常规投资不同,对口帮扶项目受到政府相关因素影响,投资决策带有浓厚行政色彩。帮扶过程中,浙江省方面虽能按时、按量提供帮扶资金,但帮扶资金的运用以及项目具体实施等效果不尽如人意。被帮扶方为使帮扶资金快速下达,选择盲目上马项目,部分项目方案编制不规范、不科学、不合理,申报的产业项目同质化现象严重,且缺乏推动贫困地区经济系统发展的思路,使得受帮扶地区"造血"能力不足,帮扶地区的"输血"效果差。

在产业帮扶过程中,受援地项目选择存在盲目跟风、照抄照搬现象。产业发展往往缺乏前期论证,与当地实际结合不紧,造成的结果是产业项目的低端化、同质化、收益性低。如四川省阿坝藏族羌族自治州松潘县谷斯村的产业扶持项目,因对当地地理地形条件了解不够充分,等到项目计划下达开始实施后才发现存在的问题,使得项目从发展大棚蔬菜种植变更为中药材的种植。又如贵州省兴义市南盘江镇将对口帮扶的1300万资金用于生态移民点基础设施建设,但由于前期论证不足,造成选址不当,项目建成后仅有14户农户入住,门面商房全部空置,农户实际受益极为有限,资金使用效率极低。

此外,受帮扶地区人民仍然沿袭传统生产生活方式,思想保守、观念落后、市场经济和商品意识淡薄,自主脱贫意识不强,综合素质不高。如四川省甘孜藏族自治州理塘县车马新村项目,从项目建设情况来说是比较规范和成功的,但是从旅游文化产业建设的角度来说还稍显不足。走遍全村,竟没有发现一家民族小手工艺品店,也没有一家旅游商品店,表明受帮扶地区人民还不具备市场经济下的自动补齐意识。尽管拥有优质平台,但由于生产经营趋于同质化,难以获得较高的收益水平。

在疫情特殊情况下,帮扶方持续提供专项资金的压力增大。帮扶不能再仅限于资金上的支持,更需要在观念的转变、意识的提升、市场氛围的营造上提供更多的帮助。

2. 成本收益难以考量

在对口帮扶过程中,政府投入的资金、人力、技术等资源是成本,随之带来的经济增长、基础设施发展、人民收入水平提高,是帮扶产生的收益,任何项目只有收益大于成本才可持续进行,单纯依靠"输血"的项目无法长久。对口帮扶过程中,主要以政府支援为主导,相关投资决策受政府政策影响因素大。从经济角度,只有相关扶持政策的加持才能使得部分项目在一定时期内收益大于成本。当前,主要从经济角度对项目收益进行考量,而忽视了生态保护所带来的潜在价值。"绿水青山就是金山银山",生态价值的收益难以估量。因此,难以充分进行全面的成本收益分析。

此外,由于受援地区自然条件相对较差,且基础设施也十分落后,致使工程建设要求使用的钢筋、水泥等建材成本增加,为工程的施工带来限制。以四川省甘孜藏族自治州丹巴县联户道路硬化购买运输水泥为例,沿河低谷地带购买运输水泥到施工现场价格约为 600 元/吨,而在高山地区购买运输水泥因交通设施落后所产生的 2 次(甚至 3 次)搬运费导致同种水泥运到施工场地价格高达 1200 元/吨。项目建设的成本有很大的差别,若按统一的资金安排标准实施,根本无法完成项目建设内容。自然条件的差异加大了前期对于成本估计的难度,降低了成本收益分析的准确性。

同时,进行生态保护也是不可推卸的社会责任,必须坚持"绿水青山就是金山银山"的重要思想,走生态富民、绿色发展、科学跨越的新路子。但要实施有效的生态保护,必然会在一定程度上限制人类经济活动的开展。因此亦不能单纯从项目角度进行经济层面的收益分析,还应从生态效益角度进行考量。

3.产业帮扶难以深化

大力发展特色优势产业,增强贫困地区的"造血"功能,是被实践证明的根本举措。但目前产业帮扶难以进行上下游延伸、对接和承接,尚未形成产业链式发展的机制,产业组织也比较零散和碎片化,大大制约了产业帮扶的渗透、扩展和辐射效应,也制约了产业对于当地劳动力和资源的吸纳能力,从而最终制约区域扶贫的效果和绩效。

对农牧业而言,由于受援地区基础设施不完善、缺乏龙头企业带头等因素影响,产业结构调整缓慢。即便浙江省方面积极引进现代农牧业企业及技术,短期内当地农牧产业的种养方式和经营模式仍相对滞后,加上相邻区域产品同质化竞争,很多优质的农牧产品都难以找到市场,农牧业产业链化困难。

对旅游业而言,在考察中发现,项目村农户发展效益农业、生态旅游的意识比以往有了明显的增强,农民的收入来源正逐渐从外出务工慢慢转移到在当地发展多种经营上来。但从目前来看,真正具有引领作用的乡村旅游示范户和农村致富带头人不多,尚未形成产业链。许多项目县具有丰富的旅游资源,但由于发展时间短,建设进度慢,文化资源宣传意识不足以及交通、地域等条件限制,产业发展基础设施建设和文化资源宣传工作相对滞后,形成产业效应难度大。此外,在项目具体实施过程中,受援地区对项目细节的关注不够,缺乏前瞻性。以四川省甘孜藏族自治州稻城县仲堆扶贫新村建设项目为例,项目规划以稻城亚丁景区为依托发展藏家乐。扶持的13 户民居接待示范户虽建起了客房,但只是简单把原来悬挂在外面的厕所改到了室内,且都是主客共用的卫生间和洗漱台。这样的卫生条件无法吸引游客,无疑加大了产业链化的难度。

(四)协调机制存在的矛盾

区域协调,旨在引导不同区域间的经济向着高质量、可持续、公平且有效率的方向发展。在对口帮扶工作中,既要协调政府与市场的地位,也要协调各参与主体的利益关系。

1.政府和市场协调

政府与市场恰恰对应着公平与效率。党的十八届三中全会决议指出,要让市场在资源配置中起决定性作用,使政府在资源配置中发挥更好的作用。我国的对口帮扶工作是在"共同富裕"这一目标指导下进行的,所以需要我们首先从政治角度出发去考虑帮扶工作的意义,也正是因为政治意义强烈、约束性较强,所以使得帮扶工作有条不紊地进行。但如果仅从政治角度出发做帮扶,容易引起政策和现实之间的矛盾。一方面,各发达省市为了响应国家政策、完成既定目标,在帮扶工作中投入大量资源要素;另一方面,从现实角度出发,这些投入的要素并未充分体现出资源互补的优势,现实意义不大,这就使得帮扶工作陷入了两难的境地,但帮扶工作不去做,或者说换一个软约束,帮扶工作的成效会不会更好,答案显然是否定的。所以,要实现公平与效率,政府与市场二者的作用不可偏废。在政府主导反贫困工作的大背景之下,政府通过公共政策调节资源配置,帮助贫困地区发展生产力、优化生产关系,从而脱贫致富。但在当下,一些客观因素的存在使得扶贫开发任务由政府一手包办的现象成为常态,更具活力和专业性的市场难以发挥作用,导致帮扶效果不佳。

以市场机制为基础的经济发展是扶贫成功的重要条件,但在扶贫产业形成的过程中,由于受帮扶地区的市场机制十分落后,政府不得已地包办大部分工作。例如,为了帮助贫困户取得岗位,政府要求企业必须使用建档立卡的贫困户劳动力,但这也使得项目效率低、进展慢。为向贫困居民提供更多的工作岗位,四川藏区帮扶项目工程支持当地劳动力优先就业。但因为自然条件差,劳动力所处地区人口病患率高,劳动者劳动能力弱,影响施工进程。同时,农户居住分散,建材运距远,工程建设要求使用的钢筋、水泥等建材成本增加等因素,为工程的施工带来了限制,给工程正常建设带来了较大影响,致使最终的帮扶效果不够理想。

不仅如此,长期由政府主导的扶贫给西部地区带来的依赖性难以根除。对口帮扶的主体是由中央、省、市、县、乡等各级单位相连接组成的有机整体,在对口帮扶中,各级单位的依赖性主要表现为结对双方的行动受制于政策安排,其主动性仍需加强。实际上,随着四川藏区与浙江省各对口帮扶市、省级部门深入交流交往和进一步对接,彼此都感受到除国家和省确定的对口帮扶事项和资金安排外,还有很大拓展空间,帮扶市扩大支持的意愿也很明显,双方在推动阿坝州的资源优势与浙江的市场优势结合上还大有文章可做。例如,阿坝州当地生物物种丰富、环境质量出色、土地资源充裕,因而当前的产业脱贫项目主要是开发其自然资源,通过发展中草药种植业和无害蔬菜种植业、建设牦牛经济加工园等方式实现脱贫。但值得注意的是,阿坝州的藏羌文化产业也有着巨大的发展潜力,诸如蜀绣、羌绣、唐卡等非遗资源优势值得浙川两地协同开发:一方面,阿坝州能够学习浙江传统手工艺的发展经验,尤其是利用电商平台打造完整产业链的模式,发挥后发优势;另一方面,引入浙江的纺织企业能够补上当地产业链的短板,增强贫困地区"造血"功能。但局限于国家和省在这方面的政策较少,目前推动落地的具体项目有限。

2. 不同主体间协调

区域协调发展是中国长期以来指导地区经济社会发展的基本方针，而东西部对口帮扶协作是推动区域协调发展的重要手段。帮扶协作不是单向的，更应该是双向的。受帮扶方为贫困地区，主要集中于中西部；而帮扶方为发达地区，主要集中于东部沿海。两个地区虽然在经济发展水平上存在差距，但仍能在产品和资源要素方面取长补短。从资源市场和产品市场来看，中西部地区拥有丰富的资源要素供给和中低档产品需求。对于东部地区来说，应当利用好中西部的资源，把握商机，实现双赢，既让企业获利，也让当地民众脱贫致富；对于西部地区来说，积极地与帮扶方展开协作是其应尽的义务，更是促进当地经济发展的重要手段。

第一，省际对口帮扶项目众多，资金巨大，且参与县、市和部门众多，受"条块"制约，相关职能部门协作机制尚未健全，跨部门、跨区域协作困难，在具体实施过程中也很难进行有效监管，项目的实施过程也很难实时监督掌控。由于缺乏项目监督与长效机制，即使是有意愿参与的东部企业也面临着进退两难的境地，大多只能观望。因此，东西部对口产业帮扶还未形成系统的、完善的产业转移模式。例如：经济合作尤其工业项目落户情况很不理想，宁波已经进入工业发展的后期阶段，当地的制造业向中西部地区转移是必然趋势，虽然宁波也积极推动当地企业"腾笼换鸟"到西部发展，但局限于资源、交通、市场等多方面原因，呈现出两地政府"一厢情愿"而工业项目却难以落地的窘况，真正依托宁波地区企业的资金、技术、管理等资源，充分利用贵州的原材料、能源、市场等优势的企业少之又少，能够实现产业联动、经贸互动、技术拉动、就业带动的产业对接或企业合作的成功案例和模式还比较欠缺。

第二，东西部地区间的信息交流不足。从以往的经验来看，经济落后地区信息资源严重不足，信息交流基础设施不完善，缺少信息交流渠道，不能及时分享到发达地区的先进技术，拉大贫富差距。长期的信息封闭更会带来思想、文明上的禁锢，具体表现为贫困地区的广大农民所接触的信息数量少、质量差，缺乏经济视野和脱贫观念等。

目前，一定程度上受制于中西部地区的信息基础设施建设，对口帮扶以单向资金投入的产业合作帮扶和提升公共服务能力类项目为主,信息共享与平台建设相对滞后。例如,浙江省安吉县结对四川省稻城县,可以说安吉县在农家乐建设上全国闻名,有很多理念和经验优势,但在稻城的项目建设中出现设施不配套等问题,或多或少表明结对双方在项目具体建设中相互沟通不够,相互学习交流不足。

在互联网、物联网、云计算、大数据等新一代信息技术飞速发展的当下,如何将这些技术运用到扶贫事业之中,打通东西部地区的信息交流渠道,有效解决东西部地区的信息不平等,是一个值得思考的问题。尤其是在"互联网+"模式下,各行各业都应当利用信息技术,创新丰富产业、挖掘发展空间。

第三,多部委对浙江省的指令存在冲突矛盾,国务院和省政府之间的衔接并不理想,使得浙江省的帮扶工作不能完全做到精准发力。例如,根据国务院的要求,浙江于2013—2020年对贵州展开帮扶工作,具体确定了由杭州市对口帮扶黔东南州,宁波市对口帮扶黔西南州。而教育部方面,在决定浙江大学对口支援贵州大学后,在2016年也推进了浙江大学对云南省景东县的教育帮扶工作。在这样的背景下,虽然帮扶取得了瞩目的成果,可工作的精度与力度仍有待提升。

三、解决措施

(一)整合资源

1. 宏观规划,有所侧重

浙江省在对口帮扶时应有所侧重,且针对不同地区、不同资源要素特征,应合理分配资源要素投入,做到对症下药、有的放矢。

首先,努力为被帮扶地区补充稀缺资源要素。一方面,为被帮扶地区补充劳动力要素。提高教育帮扶水平,在教育上,浙江省应增加与被帮扶地区之间的交流,支持大学开展支教计划;开展就业帮扶培训,帮助失业人员找到工作;适当提高被帮扶地区就业福利水平,提升被帮扶地区就业吸引力。

另一方面,为被帮扶地区补充人才要素。加强被帮扶地区企业家与浙江省优秀企业家沟通交流,补充被帮扶地区人才要素,并鼓励贫困群众通过自主创业和联合发展等方式,在各个领域创富增收。

其次,资源要素在不同方向分配时,应有所侧重。盲目制定过大的计划,想把各方面都发展上去,是不切实际的。扶贫攻坚应充分发挥和利用当地的自然资源优势,因地制宜地选择投资少、见效快、在短期内能解决温饱问题的项目。在此基础上,再去投资一些产业之外的帮扶项目,促进受帮扶地区科教文卫事业的改善。

最后,宏观规划,合理分配资源要素投入。一方面,在投入资源要素时应做到因地制宜,对于不缺资本要素的被帮扶地区,可以减少资金投入,对于信息技术发展较为落后的地区,需加大信息技术帮扶。另一方面,资源要素投入时应兼顾公平和效率,对于一些资源要素使用效率高的省份,应适当增加对其资源要素的投入。

2. 持续规划,利在长远

对口帮扶不是一个短期事业,而是一个长期持续的过程。

首先,脱贫攻坚短期目标长期化。应做好长期的对口帮扶协作工作规划,建立起长期的援助资金增长机制,确保帮扶资金的长期投入。规划好每年至少投入的资金、人才。对于那些不再帮扶的地区,也要妥善做好交接,防止出现帮扶项目停止运行的情况。

其次,关注对口帮扶的经济意义。一方面,被帮扶地区地处西部,其优势是劳动力充裕且有着丰富的土地、矿产等资源要素,故而浙江省应当帮助被帮扶地区发挥其优势,把本地劳动密集型、资源密集型产业向西迁移。另一方面,对口帮扶虽然是由国家牵头,更多追求公益性,但也要适当考虑其收益性,浙江省在制定产业帮扶计划时,应多考虑该产业能否取得收益。

最后,给脱贫地区留出缓冲期,继续投入资源要素。贫困县脱贫摘帽后,在一定时期内国家原有扶贫政策保持不变,支持力度不减,留出缓冲期,确保实现稳定脱贫不返贫。对于实施效果好且有助于脱贫地区长期发展的政策要进一步常态化、制度化,尤其是教育扶贫、健康扶贫等相关政策。受洪涝灾害影响,对于受灾贫困地区,应加强农业保险覆盖范围和强度,优化理赔流程,提升理赔效率,使农户受灾后得到及时赔付,加强对因灾返贫人员的保障力度。

3.整合资源

对口帮扶中资源要素来自多个方面,不仅仅只有政府部门参与对口帮扶,还有企业以及一些社会组织。

一方面,完善协作帮扶机制,搭建扶贫协作平台。针对多渠道进入的帮扶资金以及各种资源要素,应强制全部统一进行管理,特别是对企业以及个人提供的帮扶资金,要对资金渠道、时间、金额进行详细的备案,根据不同帮扶力量的单位性质、资源优势、区位特点等,搭建扶贫协作平台,切实发挥对口援建、挂职帮扶、政策支持的积极作用。

另一方面,加强监督,强化管理,透明化资金用途。通过建立健全制度、创新监督形式、密切沟通交流等多种手段,确保资金使用、项目建设等重点领域监督取得实实在在的效果,为推进扶贫攻坚提供纪律保障。对于各级政府部门以及企业的帮扶项目应建立帮扶台账,科学规划项目安排,制定切实可行的项目实施方案,不打折扣地完成项目,提高资金使用效益,增强资金使用透明度,切实发挥帮扶作用。

(二)扶贫模式多元化

对口帮扶过程中,我们需要注意帮扶模式的多元化。完善旧模式、推广新模式。从多个角度进行帮扶,通过"飞地"、互联网、科技、金融等手段,发挥帮扶单位的自主能动性,发挥浙江地区民营企业力量,实现对口帮扶项目的共赢。

1.完善旧模式,推广新模式

在资源配置方面,我国区域经济带有典型的行政区性质。尽管区域之间仍然存在着经济贸易合作关系,但区域经济关系的协调成本较高,而飞地经济恰好是基于这样的一种经济活动关系之上而发展出来的一种模式。例如,浙江省的飞地项目——嘉善、庆元、九寨沟"飞地"产业园,充分发挥九寨沟的资源和政策优势以及嘉善、庆元的区位优势,克服九寨沟县的经济发展产业基础弱以及集聚优势不足等短板。然而早期的飞地模式为人诟病,因而在通过飞地经济进行扶贫时，应当注意责任落到实处，并且应该认识到飞地参与者是为了从飞地经济中获取利益。当生产活动与环境发生冲突时，如何在这二者之间优先取舍？在面临这样的问题时，我们需要将环境作为约束，来判断是否存在最大产出，并且应当在双方协商自愿的情况下，进行共同开发。

在完善"飞地扶贫"的旧模式时，要注重扶贫先扶志，明白"既要授之以鱼，也要授之以渔"的道理，要将扶贫、扶志以及扶智相结合。在贫困地区开展文化提升工程，加强教育基础设施建设，普及幼儿教育和义务教育，鼓励高层次教育和继续教育，逐步阻断代际贫困。引导职业教育人才学成之后投身到脱贫攻坚的一线，将所学知识运用到具体实践当中，达到"培养一批职业技术人才，带动一批贫困群众"的脱贫效果。同时，贯彻"绿水青山就是金山银山"的科学理念。将"飞地经济"打造成东部与中西部共赢的模式，实现生态保护与经济发展的双赢，切实保障"飞地经济"不是以牺牲中西部生态为代价的模式，不走"先污染后治理"的老路。如淳安地区飞地项目通过质押公益林林权进行融资，进行抱团"消薄"增收，打通了"绿水青山向金山银山"的转化通道，为"绿水青山就是金山银山"提供了实践样本。

"互联网＋生活性服务业"解决了传统服务业的区域限制问题。互联网可以有效调动客户资源，通过精准匹配供需，减少闲置资源损失，提高服务效率。只要在一定程度上解决村落网络与交通的问题，就可以推广"互联网＋"模式，构建"互联网＋"体系，从推广"互联网＋旅游业""互联网＋健康服务业""互联网＋商贸服务业"等角度对贫困地区进行帮扶。

一是通过"互联网＋旅游业"进行帮扶。贫困地区大多处于群山深处，帮扶团队可以通过互联网将当地的山河大地展示出来，通过构建旅游地来吸引游客前来度假，并通过旅游业来发展带动贫困地区的经济；推动贫困地区村镇建设，合理规划旅游路线，在前期尽量进行多个邻近贫困地区的联动，大力推动森林、乡村、深山等专项旅游。

二是通过"互联网＋健康服务业"进行帮扶。贫困地区医院要引入先进的信息技术，树立新型的管理理念，通过互联网构建远程会诊、在线预约挂号、查看检验结果的一体化平台；同时，因当地医疗设施问题而难以解决的疾病,当地医院应当与东部地区先进医院取得联系,并且通过远程影像进行初步诊断,这能够缓解贫困地区医疗服务落后的现状,且在一定程度上改善医疗资源难以跨区域配置的问题。例如:浙江省援疆"三大两远程"工程,浙江省稳步推进"大卫生""大组团""大帮带";并且在远程医疗方面,建立四级上下联动信息化远程医疗平台,通过远程病理、远程超声、远程影像等,即时连线,快速就诊。既解决当前的就诊问题,又为阿克苏地区培养了一支优秀的本地医疗人才队伍,形成了一批优秀学科,进一步解决了当地未来的医疗问题。

三是通过"互联网+商贸服务业"进行帮扶。通过网络平台,贫困地区产出的农产品直接面向城市消费者,解决了农产品的销路问题。在贫困村构建电商服务站,将东部的家电、衣物以及其他生活用品带入村民的生活中,改善当地村民的生活质量。在贫困村开展与电商企业合作的新型经营模式,企业向贫困户提供幼苗、种植技术,派遣人员教导村民进行合理种植,并且与其建立产销合同,以略低于市场价的价格进行收购,帮助当地贫困户实现就业创收。以阿坝州为例,在2020年疫情期间,当地州内电商企业主动发挥行业优势,积极复工,通过线上活动推广、爱心助农等方式开展线上销售业务,解决销路问题。同时积极调配各类春耕物资,以满足贫困村的春耕需求,在一定程度上解决疫情期间农村劳动力闲置、物资难以获取的问题。

2.科技帮扶,更要授人以渔

科技帮扶是扶贫的根本之道,要充分发挥科技在精准扶贫中的支撑作用,推动贫困地区实现科技驱动发展,以科技创新培育产业新动能。在扶贫过程中,要将资金、技术、人才、管理办法等带入贫困地区,将理念、知识、技术传授给贫困人民,推广新技术、形成新模式、发展新业态;既要坚持授人以鱼,也要坚持授人以渔,不仅要在资金方面进行支援,同时也要逐步形成可持续脱贫机制,助力贫困群众脱贫致富。可以通过如下措施进行科技帮扶:

一要"信息化"。充分运用远程教育、互联网科技等现代工具,普及科学文化,做到扶贫先扶智,坚持"扶智"与"扶志"相结合,通过解决贫困村突出存在的科技和人才短板问题,培养一批当地的技术能手。运用网络教育平台,开展网络教育,进行试点移动学习,并引导浙江省高等院校与当地院校合作,在技能培训以及教学方面进行援助,力求达成"一村一大学生"的目标。

二要"现代化"。新形势下,农业主要矛盾已由总量不足转变为结构性矛盾,主要表现为阶段性的供需不平衡。帮扶过程中,利用贫困地区自然资源优势,将东部的技术、资金与西部的土地、劳动力结合起来,改善农产品供给,提高其产品产业综合效益以及盈利水平,实现帮扶过程中的共赢。同时通过农业现代化,延长农产品产业链、提升价值链、完善利益链,通过技术扶持,解决农产品培育过程中出现的问题,逐步实现脱贫增收致富以至共同富裕的目标。

三要"普遍化"。通过建立帮扶信息网络系统,将贫困对象的基本信息以及受援助情况录入电子信息系统,实行动态管理,防止贫困户无故退出管理系统。并且通过调查当地人口结构、经济状况以及收入现状等,制定科技项目实施计划。通过在集市中进行科普,为村民发送科技报纸杂志,设立科技专线等方式,为村民解决技术上的难题。

3.金融帮扶,由点及面

要解决扶贫机制问题,确保贫困地区真脱贫,不再返贫。还需构建"输血＋造血"的长效机制,将"等、靠、要"转变为"自食其力",将"被动"脱贫转变为"主动"脱贫。

一是要确立新型产业扶贫模式。在对口帮扶过程中,可以通过确立"银行＋龙头企业＋合作社＋贫困户"的扶贫模式,发挥金融机构优势,减少信息不对称问题,为贫困地区注入资金。同时,金融帮扶过程中,需做好贫困户辨别工作,及时获取建档立卡贫困户的基本资料,向其中具有贷款意愿且有劳动能力、有一定预期收入的贫困户提供信贷。

二是要建立金融帮扶考核机制。多部委之间需要进行协调,力求做到真正对口,将力往一处使,精准发力。同时帮扶单位需要对是否落实好人员、任务以及资金等进行定期监测考核评价,并将其与职称晋升、奖励等相结合,发挥好金融机构的"输血"作用,并且对贫困地区接收的资金使用情况进行核实,确保真正发挥金融帮扶的"造血"功能。

三是要建立基金补偿风险。由于金融帮扶贷款存在一定的风险,并且风险与一般同等利率贷款相比较高,因此除了传统的扶贫贷款贴息之外,还应当建立金融帮扶贷款风险补偿机制,由政府出资建立基金,用以偿付坏账带来的部分损失。

四是要落实工作机制,尽职适当免责。金融机构需要建立起与金融帮扶相适应的工作机制,与政府、扶贫以及其他部分密切对接,整合扶贫资源,形成扶贫合力,切实做到帮在实处、落在要点。金融帮扶中,需要对贫困地区的业务给予费用以及人员上的倾斜,并且对于不可抗力以及道德风险形成的不良贷款,对相关人员进行适当的免责。金融帮扶需要由点及面,对于龙头企业和合作社的贷款需求应当尽可能优先满足。寻找一条由龙头企业带动合作社,再由合作社与贫困户签订长期协定的路径,尽快完善贫困地区的信用体系,形成信用良好、额度提高、产业壮大的正反馈体系。

4.教育帮扶,托起未来

教育脱贫是阻断贫困代际传递的根本之策。在教育帮扶的过程中,要尽可能提供贫困地区所需的人力、物力和财力等支持,全面推行教育帮扶工作,切实发挥好教育扶贫在全面脱贫攻坚中的重要作用。

一是要达成教育共识,集结教育资源。教育帮扶并不是发达地区的一厢情愿,也不是受帮扶地区的甘之如饴。从教育对经济发展、社会实业的发展来看,重要性不言而喻。教育扶贫是一项需要多方力量共同助力的系统工程,结对双方只有首先达成一致性认识,才能方便帮扶工作的顺利开展。另外,资源的集结和分配也至关重要。杭州先后选派了大量校长和教师与贫困地区结成对子,在资源的分配上做到了从幼儿园到高校的全覆盖。湄潭县浙大小学就是一个承载了浙黔两地共同努力的结果。在浙大校友、浙江大学和湄潭县政府的三方共同努力下,湄潭浙大小学于2012年9月正式投入使用。建校七年来,在全校师生的努力下,学校各方面发展迅速,受到了社会的一致好评。浙大小学现已成为贵州省规模最大、设施较为完善的小学之一,正一步步向贵州省一流乃至世界一流小学稳步前进。

二是要加强师资队伍建设,提升教学水平。针对贫困地区教师少、师资结构不合理的现象,既要建立解决教师少的增量机制,也要做好人才管理的存量机制。教师少要及时补充,师资结构不合理要及时调整,从而精准补充学科紧张的教师,而对于没有开设的课程,也应该及时调整师资分配,保证科目齐全,让学生能够全面发展。针对部分贫困地区优秀人才少的现象,杭州学军中学原校长陈立群放弃百万年薪毅然决然奔赴千里,来到贵州省台江县民族中学支教,用"师者"的爱心与责任,为民族中学注入了时代精神,为贫困地区孩子点燃梦想与希望。短短的几年时间内就让民族中学实现了质的飞跃,引起了社会的高度赞誉,也有更多的人跟随陈校长的脚步来到贫困地区支教。

三是要激发内生动力,形成造血机制。没有精良的教师队伍,何以托起教育的未来?对口帮扶既要解决好请人才、用人才、留人才的问题,同时也要选拔优秀人才送出去学习先进的教学理念,培养出一支"留得住""用得上""带不走"的本地人才队伍。以余姚市帮扶兴义市为例,从2018年至今,宁波集各界人士之力,累计向兴义提供帮扶资金1447万余元。此外,兴义还通过"走出去"实地学习余姚的先进理念与经验来加强师资队伍建设。从建立协作关系以来,教育部门和帮扶学校每年开展2次或2次以上交流。迄今,开展线上线下交流80余次,兴义选派64名教师到余姚相关学校跟岗挂职学习,选派60名教师到浙江大学继续教育学院参加东西部人才培训,选派336名教师参加宁波20名专家组成的暑假支教团培训。

在教育帮扶中,硬件设施以及师资条件是基础。要想真正做到教育脱贫,还需将行动落在实处,积极学习先进的教育理念,主动作为,改变传统的教学模式。

(三)提升造血能力

在帮扶过程中,浙江省付出了大量的人力与物力,也取得了显著的成效。但单纯依靠"输血"无法从根本上解决问题,只有提升受帮扶地区的"造血"功能才是解决此问题的根本之策。在进行传统"输血"工作的同时,还需重点加强受援地区的内在活力,通过本地区的持续性发展实现脱贫致富。

1. 项目管理,注重效益

从长远来看,只有让受帮扶地拥有扩大再生产的能力,才是帮扶工作的治本之策。帮扶既是政府行为,也是社会行为,应广泛动员社会各界力量参与其中。应建立对口帮扶项目标准化制度和流程,按照论证、立项、施工、验收、付款的流程进行全面跟踪监督和管理。强化实施项目的可行性与效益研究,严肃项目申报程序,确保项目按计划实施,对于项目效益情况要做到心中有数。

对帮扶项目要实施严格把控,确保项目发挥最大效益。

一要严把项目"选定关"。在项目选定上应严格坚持社会效益优先、示范性开发、产业化建设、依靠科技进步、多元化投入、尊重农民意愿等六个原则,在规划前对相关因素进行考量。

二要严把项目"申报关"。扶贫移民局应会同相关部门深入项目点进行现场考察,组织有关专家进行技术、经济审核以及环境、社会影响审查,通过可行性审查论证后才可拿出项目方案,报扶贫领导小组审查批准,再行文向上报送。

三要严把项目"实施关"。在项目计划的落实上,坚决做到早计划、早安排、早启动、早实施,及时派出督查小组,下到各项目村督促指导项目实施,确保执行扶贫项目不走样、不偏向。在项目组织实施上,项目实施乡(镇)应成立相应的项目实施领导小组,具体负责项目的组织领导、协调、指导和监督等工作;项目村村委会为实施主体,应负责组织动员群众参与项目建设,落实具体任务,协调村内事务等工作。

四要严把项目"验收关"。应成立乡村干部和群众代表参加的项目质量监督小组,实时对项目的质量、进度进行严格监督管理。县扶贫移民局也应进行实时跟踪服务,确保项目建设进度和建设质量。在项目完成后,领导部门应组织相关业务主管部门、纪委监察、审计部门联合验收项目,做出验收结论,对验收不合格的项目应限期整改,并重新组织验收。

五要严把资金"管理关"。通过定期报告随时掌握项目的资金使用情况,发现问题及时纠正,促进扶贫资金及时安全到位和合理有效使用。开展经常性检查和重点检查、随机抽查,严保扶贫资金全部用于项目建设,杜绝截留、挪用现象。设立专用账户,并按照"专户管理、分项核算、封闭运行"的模式,对扶贫资金进行严格的管理。

六要严把资金"使用关"。以相关扶贫项目为平台,创新资金使用模式,积极整合其他涉农资金投向扶贫项目,切实放大扶贫资金的扶持效应。

七要严把项目"公示关"。为了能够更好地接受广大群众和社会舆论的监督,各项目根据下达的项目实施计划,采取专栏、会议等方式,在项目实施地将项目名称、项目资金投入情况、建设内容、补助标准、补助对象、物资采购等内容公示公告,并通过电视、广播等新闻媒体,及时向社会公开对口帮扶项目的资金安排、项目进度等相关情况。

2. 系统工程,协同高效

做帮扶工作,不能仅仅站在扶贫看扶贫,而应将扶贫看成一个大系统里面的子系统,目标是共同富裕。作为一个系统,帮扶是一项需要统筹兼顾的系统工程。从整体看,帮扶不仅是为解决受援地区当前的贫困问题,也是为了解决受援地区的可持续发展问题,还应提高帮扶方在帮扶工作中的收益。帮扶工作覆盖范围大,涉及贫困地区的基础设施、产业发展、医疗体系、乡村治理等,是一个综合性的系统工程。应明确对口帮扶工作的系统工程原则,把推进扶贫开发、加强经济协作、促进社会发展作为对口帮扶工作的重点。通过对口帮扶将东西部资源进行整合,使得帮扶工作的总效益最大化,使得省(市)间的帮扶关系延伸为长久的合作关系,形成互利共赢、优势互补、可持续发展对口帮扶大格局。

第一,应制定具有前瞻性的帮扶规划。浙江省应会同受援地组织编制本省(市)对口支援规划,就援建项目、人才交流、就业、培训、教育等方面进行系统规划,做好受援地区对口支援年度计划及经济社会发展中长期规划。积极引导各类企业和社会力量参与对口帮扶事业,进一步加强社会资金、资源的筹集力度,建立健全社会帮扶服务网络,实现对口帮扶资金、活动等高效、有效对接,形成政府社会一盘棋的良好局面,系统推进帮扶工作。

第二,应强化组织领导,加强协调监督。一是应在援助双方省级层面建立对口帮扶领导小组专门负责对口帮扶日常工作,牵头编制对口帮扶工作总体规划,统一年度工作重点;负责综合协调省级有关部门和地方对口帮扶工作,统一协调服务;负责与对口帮扶地区的衔接,落实具体工作;提出年度项目实施和资金安排计划建议,统一建设标准;检查考核帮扶项目计划实施进度及工作情况,统计、报送相关信息;开展情况综合、信息发布等工作。二是健全统分结合的工作推进机制,保持和深化双方省、市高层领导定期或不定期互访机制,就帮扶合作的重大事项进行沟通、协商。三是建立和完善由援受双方共同参与的对口帮扶领导工作机制,协调落实本地区对口帮扶各项工作,形成强有力的对口帮扶工作推进机制,切实推进对口帮扶方案的实施。

3.产业帮扶,挖掘深度

以产业项目带动发展为前提,重点扶持有影响力、有竞争力的产业,并不断融合优质资源和特色资源,将传统产业与新兴产业相结合,突出产业优势,聚合产业效能,使之成为贫困群众可脱贫、可致富的重要依托。对口帮扶工作中的产业帮扶应以"项目"为载体,变"输血式"帮扶为"造血式"帮扶,在帮扶过程中输送浙江地区的物质资金和先进理念,通过帮助受援地区发展特色产业,探索产业致富路径,实现精准扶贫。

由于受援地区生活、工作和待遇条件相对较差,人才"引不进、用不活、留不住"问题严重,特别是生态农业、现代畜牧业、旅游文化产业等支撑生态经济建设的支柱性专业技术人才稀缺,帮扶工作需进一步拓宽培养培训渠道,推进职业技能、岗位技能提升培训和创业培训,提升受援地区自我发展能力和可持续发展能力。

一方面,进一步深化"产业援助"。在扎实组织实施浙江对口帮扶规划项目的基础上,推动一批已有合作意向的产业项目加快落地。同时,积极争取浙江制定本地企业到受援地创业投资的相关就业、社会保障、贷款融资优惠政策,大力扶持特色农业、现代畜牧业、农牧产品深加工、高原生物产品、旅游文化、民族手工业等特色产业发展,同时加大对管理、使用产业基金的帮助指导力度,以便更好发挥产业基金的引导、放大作用,支持和服务产业和实体经济发展。加快推进产业园区合作共建,搭建受援地区与浙江省、市的交流合作平台。充分利用产业园区政策,实施产业对接,积极引进适合园区发展的产业项目,促进浙江企业到相关产业园区落户。

另一方面,应进一步加强人员交流。选派项目县的领导干部到浙江挂职锻炼和培训学习,开阔眼界,增长见识,提高水平。组织项目县种养大户到浙江知名企业考察学习,接受培训,学习先进的现代管理经验,提高农牧民整体素质。建立起两地劳务协调机构,优先开辟吸纳项目县农村剩余劳动力到浙江务工的劳务市场,积极开展两地职业技能培训,促进劳务者转变观念,学习技术,增强脱贫致富的能力。在培训项目的形式和内容上大胆创新,探索"长短结合,内外互补"的培养新路,建立针对教师、医生、科技等专业技术人才的定向委培机制,加强医疗卫生人才适宜技能培训。同时,选派一批支援地优秀干部及专业技术人才到受援地开展短期培训和技术服务,为受援地区打造一支永不出走的本土精英人才队伍。

(四)逐步完善跨区域利益协调机制

要实现协调发展,需完善跨区域利益协调机制。通过发挥市场在配置资源中的决定性作用,构建市场主导,政府调控的对口帮扶格局,打通对口帮扶双方的沟通渠道,解决东西部的信息不平衡问题。

1.市场主导,政府调控

通过建立健全多元参与的帮扶机制,推动扶贫帮困由传统主导型向合作共赢型转变。首先要在政策的硬约束下做帮扶,其次要提高市场参与程度,鼓励有余力的发达省市做增量,逐步打造党委领导、政府负责、市场支撑、社会协同的扶贫帮困新格局。政府对于这些扶贫产业帮扶,在短期的脱贫攻坚中确实起到了非常重要的作用,但企业的长期发展仍需其自我摸索。政府需要运用各种政策手段进行支持,使这种企业或产业能够快速成长,尽早适应市场。

首先,党委领导是根本。1996年以来,浙川两省党政一把手亲自挂帅,深入帮扶地区调查,研究部署对口帮扶工作。签订对口帮扶的计划或纲要,共同研究制定工作计划,浙江派出党政干部、企业、科技、医疗卫生等专家,到四川贫困地区挂职工作,落实帮扶措施。四川也分批选派干部到浙江有关市、县、乡挂职锻炼。浙江省每年召开全省对口帮扶工作会议,研究部署工作。四川省原省委书记谢世杰、原省长张中伟率四川省委、省政府代表团赴浙江考察、洽谈;浙江省原省长柴松岳曾两次率省直机关和对口帮扶市主要负责人及企业家代表团赴川检查对口帮扶情况,洽谈合作项目。毫无疑问,结对两省各级党委政府领导的高度重视,是搞好对口帮扶的根本保证。

其次,市场支撑是基础。对口帮扶应当运用市场化运作方式和机制,推动浙江沿海发达地区与欠发达地区的协调发展与共同繁荣。为利用市场机制,保证企业拥有足够自主选择权,政府不宜对市场进行过多的干预。相对于政府来说,市场在扶贫治理中的效率、准确度、灵活性等方面具有显著优势。过去的实践也证明,市场参与度高的扶贫项目往往更具效益性和可持续性。比如,原先的常山县和嵊州是合作伙伴关系,但由于两地的产业和要素资源不对接,合作起来比较勉强,而常山拥有的丰富的矿产和旅游资源,正是绍兴市和诸暨市一些企业的运作强项,于是双方一拍即合,实现双赢。

要实现贫困地区产业扶贫的市场化,一是要培养贫困地区市场主体的脱贫意识和市场意识,激发贫困户的脱贫动力,实现"思想脱贫";二是要提升帮扶产业的多样性,让贫困地区的产业发展能够满足当地人民群众多样化、多层次、多方面的需求。政府在引导当地产业发展实现规模化之后,应当考虑提高其产品的竞争力和附加值,为产业可持续性发展助力;三是要有针对性地做好产销对接工作。通过培育龙头企业、引进与当地相适应的企业等方式,建立东西部市场对接关系。在这一过程中,要充分重视地区之间的差异,因地制宜,合理引导社会各界参与。

再次,政府负责是保障。政府的政策工具对项目的引导作用十分有效。尤其是在对口协作初期,各地区按照省里规划与结对地区建立合作。这种机制有利于形成有序、合理的帮扶机制,为各地区摸索合作伙伴、推动市场化进程提供了基础。不仅如此,在扶持项目实施方面,政府也发挥着不可忽视的作用。如丹巴县的大部分项目由国家补助,乡村组织群众集资投工投劳来完成,通过健全激励约束机制,保证了项目的顺利实施。而在疫情期间,宁波市通过指导防疫培训、协助管理、提供订单等方式,帮助贵州晴隆县于 2020 年 2 月 24 日实现全面复工复产。

最后,社会协同是依托。对口帮扶既是政府行为,也是社会行为。在对口帮扶中,坚持以政府负责为保障,广泛动员社会各界力量参与,充分发挥浙江的人才、资金、技术、管理、信息和海外资源优势,拓宽合作领域,创新合作方式,完善合作机制,丰富合作内涵,通过产业开发、企业合作、人才培训、干部交流等方式,形成互利共赢的、可持续发展的对口帮扶大格局。

2. 畅通渠道,双向沟通

近年来,为充分动员社会力量参与对口帮扶,我国正在逐步完善、疏通地区间的沟通渠道,已初步形成跨行政区协商平台、多层次网络交流平台等双向信息交流渠道。

首先,国家层面的跨区域统筹协调机制和地方政府层面的跨行政区协商平台已逐步建立,并取得了一定成效。合理协商是地方政府跨行政区合作的一个重要组成部分,对口帮扶项目更是如此。协商是合作双方意愿的表达,贯穿合作项目的规划、执行、监督等各阶段。因此,合理的协商机制能够有效提升合作效率。完善跨区域协商机制,一方面,要增强协商主体的多元化。地方政府间合作时,应当引入不同的利益主体参与项目的协调工作,除政府外,企业、社会组织、当地居民等主体均可加入对口帮扶的管理体系之中。扶贫是一个复杂的系统工程,各方参与者要围绕脱贫致富的目标进行协商。在制定帮扶政策时,各主体平等参与协商,可以有效减少行动过程中的矛盾冲突,发挥各自优势,这有助于形成资源共享、互利互惠的合作格局,让对口帮扶从单方面的付出和接受转变为一项双赢的事业。另一方面,要完善信息交流渠道。信息不对称带来的是合作的低效率。信息的交流与共享是对口帮扶双方建立信任和相互支持的重要途径。因此,有必要通过成立区域信息共享中心、建立信息共享的激励机制、加强监管等方式建设地方政府合作的信息渠道。

其次,珠三角地区和长三角地区已建立了大量包括政府、学者、企业、行业组织等在内的多层次网络交流平台,东西部地区之间的网络交流平台亦在建立之中,这些多层次网络交流平台正在上述区域的经济发展、脱贫攻坚和利益协调工作中起到越来越大的作用。例如,浙江在 2016 年援藏时,通过创业创新合作平台,组织推动阿里巴巴集团、遂昌"赶街网"等"互联网十"平台,帮助受援藏区发展互联网经济、信息服务、人才培养和交流等工作,取得了不错的成效。实际上,自 2001 年以来,浙江大学已对口支援贵州大学、石河子大学、西藏大学、塔里木大学等多所西部高校,建立了相对科学且完善的工作机制,为西部经济社会发展培养、输送了大批人才。

最后,互联网的快速发展为脱贫攻坚工作提供了新方向、新思路、新载体,网络扶贫已成为互联网创新成果与精准扶贫方略的有效结合。浙江可借助市场已有的大型电子商务平台,搭建浙江对口帮扶供需交流窗口,发展现代物流,发挥资源优势。通过开展农产品众筹和项目众筹等方式的扶贫开发,能够强化对口帮扶地区与浙江之间的信息、物资和人员等要素的双向联系。在今后的发展中,一是要增加大数据分析技术的运用,提高数据的利用率。以杭州市对口帮扶贵州省黔东南州天柱县为例,杭州市对2018年杭州对口扶贫天柱县经济发展、市场活力、人口增长、生活水平等维度开展具体分析,评价帮扶工作的总体成效。利用各种量化模型和可视化技术,直观地展现了帮扶工作的成就和问题,为将来政策的制定提供了更可靠的参考。二是要加大对电子商务人才的培训力度。为帮扶对象提供相应的资金支持和技术指导等,使其具备充分的能力以从事电子商务相关的工作,利用电子商务平台进行产品销售。随着电商环境不断优化,提高培训课程的质量将成为推动电商扶贫工作的重点。三是要利用好外溢效应。从扶持当地龙头企业参与电子商务转型,带动整个产业的发展,再到建立电子商务产业园,实现信息协同、内外协同,构筑起"供、产、销"一条龙的高效价值链,这一过程关键在于发挥好电商的外溢性。例如,浙江在对口支援三峡库区时,打造"涪陵电子商务产业园",推动电子商务产业集聚发展,帮助电商企业切实享受政策帮扶,促进涪陵区电子商务快速发展,推动互联网与涪陵经济社会各领域的深度融合。带动村民创办电子商务实体店,打通农产品销售的终端销售环节,成为农村电子商务示范点。

四、总结展望

东西协作扶贫是我国特色的扶贫制度之一,这一制度通过调整东西部的资源要素配置,使结对地区发挥各自的比较优势,在推动东西部经济共同发展、拓展国内市场、促进产业合理转移等方面发挥着重要的作用,是实现共同富裕目标的重要手段。中国的脱贫攻坚战已经到了一个非常关键的时期,如何帮助贫困地区人口同步奔小康,真正全面建成小康社会,实现社会公平正义,不仅是当地政府的奋斗目标,更是对口帮扶地区政府的重要责任。

本章首先对国家和浙江省的对口帮扶政策的历史路径和现状进行了梳理。自1993年浙江对口支援涪陵取得成效以来,浙江省的对口帮扶工作已经持续20多年,许多对口帮扶工作已逐步落到实处,其在脱贫攻坚时期的作用不言而喻。近年来,浙江省对口帮扶的领域不断扩大,在经济、技术、科教、文化、社会等各个领域,通过项目扶贫、产业转移、人才交流等形式开展了全方面的协作。同时,对口帮扶的参与主体也更加多元化。随着发挥市场在资源配置汇总的基础性作用被提上议程,政府主导的扶贫局面正在改变,企业、社会组织等力量开始主动加入扶贫工程。

本章基于公平与效率理论、系统工程理论、成本效益理论以及产品市场和资源要素市场的分析视角,建立了对口帮扶分析框架,从而对浙江省的对口帮扶工作进行系统的研究。浙江省的对口帮扶工作面临着新的挑战与压力。尤其在新冠肺炎疫情出现后,我国采取封城、停工、隔离等措施,几乎停止了非必需品的生产活动,经济出现停滞。在此基础上,本章结合近几年浙江省参与对口帮扶任务的实际情况,重点分析了当前对口帮扶存在的问题。

总体而言,当前的对口帮扶仍然存在着资源要素统筹困难、扶贫模式受客观制约、可持续性不足和协调力度偏弱等四个方面问题和困难。而后针对以上问题,本章提出了相应的对策。

第一,在整合资源时注意从宏观角度进行规划,根据自身实力,把握投入的数量和质量。不仅如此,还要注意帮扶项目的可持续性,加强监管和信息透明度。

第二,发展诸如"互联网＋""飞地经济"的扶贫新模式,并在科技、金融等西部地区的薄弱环节加大帮扶力度。

第三,通过提高项目效益、发挥经济协同效应、深化产业帮扶布局等方式实现"授人以渔"。

第四,让市场在帮扶中发挥主导作用,辅以政府的调控,利用互联网平台加强双方信息交流,尤其是浙江现有的电商平台,是不断发展的高效扶贫工具。在今后要通过整合资源、扶贫模式多元化、提升造血能力、完善跨区域利益协调机制等方式克服困难,让帮扶更有成效,让人民更加受益。

对口帮扶工程的推进,显著地改善了贫困地区的经济状况,但在切实提高当地居民收入水平方面仍有待提高。各地区有着各自的相对优势,从以往的经验来看,想要做到因地制宜往往需要受帮扶方主动探索发展方向,而非由政府全面安排。伴随精准扶贫的推广,如何深化特色产业帮扶,提高产品附加值也是一个重要的研究方向。当前,关于对口帮扶的研究并不多,且主要局限于成效分析和案例研究等方面,需要针对性地深入研究对口帮扶,为帮扶政策的制定和以后帮扶工作的推进提供理论上的指导和支持。更值得一提的是,此次疫情充分显示出我国经济纵深的优势。得益于产业转移和产业分工,西部地区能在疫情中提供东部地区所稀缺的必需品。反观比利时等欧洲发达国家,却由于过度发展第三产业而忽视完整产业链的重要性,因而在疫情中出现口罩等产品供给弹性极小的现象。因此,分析我国东西部发展差异,找寻其中的经济发展动力,应成为今后研究的主要方向。

参考文献

[1]陈志钢,毕洁颖,吴国宝,等.中国扶贫现状与演进以及2020年后的扶贫愿景和战略重点.中国农村经济,2019(1):2-16.

[2]崔建刚,孙宁华.产业关联、结对扶贫与区域协调发展——对江浙沪及其帮扶地区的投入—产出分析.经济问题,2019(3):87-94,103.

[3]冯云廷.飞地经济模式及其互利共赢机制研究.财经问题研究,2013(7):94-102.

[4]国务院扶贫办召开协调推进会进一步推动东西部扶贫协作工作.老区建设,2016(21):6-7.

[5]杭州市信息中心课题组."精准扶贫"实施效果的大数据评价——以杭州市对口帮扶贵州省黔东南州天柱县为例.浙江经济,2019(13):43-45.

[6]蒋成钢,罗小龙,王绍博.陷入困境的跨界区域主义——对江阴靖江跨界合作的重新认识.现代城市研究,2018(10):60-66.

[7]赖刚.宁波对口帮扶贵州案例研究.贵州大学,2016.

[8]雷鹏.人力资本、资本存量与区域差异——基于东西部地区经济增长的实证研究.社会科学,2011(3):53-63,28-34.

[9]李勇.改革开放以来东西扶贫协作政策的历史演进及其特点.党史研究与教学,2012(2):36-43.

[10]梁斌.反贫困的理论依据、现实挑战与对策分析.中共太原市委党校学报,2019(3):22-24.

[11]林广毅.农村电商扶贫的作用机理及脱贫促进机制研究.中国社会科学院,2016.

[12]刘畅,段迪斯,康军.西湖清江一脉牵——浙江杭州东西部扶贫协作对口帮扶湖北恩施纪实.民族大家庭,2018(5):12-14.

[13]刘佳,王先甲.系统工程优化决策理论及其发展战略.系统工程理论与实践,2020,40(8):1945-1960.

[14]刘莹.我国跨区域地方治理中的利益协调问题研究.山东大学,2013.

[15]骆军.东西部扶贫协作的重要意义与现实要求.学习月刊,2020(4):21-24.

[16]牟秋菊,潘启龙."政府—市场"双导向扶贫开发机制初探——以贵州省为例.农业经济,2015(9):45-47.

[17]秦富,钟钰,张敏,等.我国"一村一品"发展的若干思考.农业经济问题,2009,30(8):4-8,110.

[18]孙巍,盖国凤.生产资源配置效率及其测度理论研究.当代经济研究,1998(3):3-5.

[19]田雪,田钊平.湖北省 1+1 对口帮扶民族乡镇:成效、问题与对策.三峡论坛,2019(3):83-86.

[20]汪伟全.地方政府合作.北京:中央编译出版社,2013.

[21]王军,吴海燕."互联网＋"背景下精准扶贫新方式研究.改革与战略,2016,32(12):111-114.

[22]吴可人.高质量推进东西扶贫协作.浙江经济,2019(7):32-33.

[23]肖洪江.科技帮扶的力量——介绍浙江青年姜伟对口帮扶苍溪农民养兔致富的事迹.四川农业科技,2003(7):10.

[24]谢小灵.相扶无远近——浙江四川扶贫协作纪实.中国贫困地区,1998
(11):3-5.

[25]杨轶.东西部人才发展的基础条件和要素比较.中国发展,2014,
14(6).

[26]叶慧.风雨同舟浙江情——浙江对口支援西部地区发展纪实.今日浙
江,2012(18):10-13.

[27]占晓林,宁学军,阴佶.当前我国东西合作历史、问题及发展对策.经济
地理,2006(S1):24-28.

[28]张振皓.青山绿水,就是金山银山.环境教育,2017(9):56.

[29]浙江省人民政府经济合作交流办公室,浙江大学中国西部发展研究院.
浙江省对口帮扶四川藏区模式研究及成效分析.2016年12月.

[30]浙江省人民政府经济合作交流办公室,浙江大学中国西部发展研究院.
浙江省对口支援四川省阿坝藏族羌族自治州和凉山州木里藏族自治县
"十三五"规划.2015年12月.

[31]朱君,刘朝霞.贫困山区发展一村一品问题的思考与分析.中国集体经
济,2020(15):11-12.

执笔人:景乃权,浙江省公共政策研究院研究员;郑斌武、丁瀚、刘学辉、严雨沁、贺嘉豪、张洵,浙江大学金融系研究生。

第四章　浙江生态文明实践
与跨区域合作

纵观生态文明思想和"绿水青山就是金山银山"理念的形成，经历了形象描述、概念定义、实践路径、理论总结等过程，从探索实践到理论总结、从理论指导到实践完善，已经逐步成为日益成熟相对完整的体系。这期间，浙江省在贯彻践行和创新升华"绿水青山就是金山银山"理念、完善生态文明建设、开展跨区域合作等方面做出了重要的贡献。本章梳理了"八八战略"与生态省建设过程，分析了"绿水青山就是金山银山"理念科学内涵和"重要窗口"意义，列举了湖州、丽水、仙居生态文明建设和海洋生态建设的实践探索和经验成效，介绍了高水平建设新时代美丽浙江规划纲要、长三角绿色一体化发展示范区、钱江源国家公园体制试点等的跨区域合作经验和做法，展望了浙江省生态文明建设和跨区域合作的重点方向和任务。

一、浙江生态省建设和"绿水青山就是金山银山"理念科学内涵

（一）"八八战略"与生态省建设

1."八八战略"的基本内涵和战略意义

（1）"八八战略"的基本内涵

进入新世纪,经济全球化深度发展,世界科技革命日新月异,各种生产要素在全球范围内配置和重组,发达国家在世界范围内特别是向广大发展中国家加速产业转移和布局,中国在经济全球化和世界科技革命中面临着经济结构调整、产业升级、开放开发、体制机制创新的重大机遇。2002年11月召开的党的十六大确立了全面建设小康社会的奋斗目标,提出要在21世纪头20年,集中力量全面建设惠及十几亿人口的更高水平的小康社会,使经济更加发展、民主更加健全、科教更加进步、文化更加繁荣、社会更加和谐、人民生活更加殷实。由于多方面的原因,浙江之前的发展偏重经济,经济又比较偏重民营经济、块状经济、专业市场、县域经济、小城镇经济,由此产生诸多"低、散、乱"的先天不足。

正是在这样一个中国现代化建设的重要历史节点上,2003年7月,习近平同志在浙江省委十一届四次全会上,代表省委在总结浙江发展经验的基础上,首次全面系统地概括了浙江发展的八个优势,提出了指向未来的八项举措:

一是进一步发挥浙江的体制机制优势,大力推动以公有制为主体的多种所有制经济共同发展,不断完善社会主义市场经济体制;

二是进一步发挥浙江的区位优势,主动接轨上海、积极参与长江三角洲地区交流与合作,不断提高对内对外开放水平;

三是进一步发挥浙江的块状特色产业优势,加快先进制造业基地建设,走新型工业化道路;

四是进一步发挥浙江的城乡协调发展优势,加快推进城乡一体化;

五是进一步发挥浙江的生态优势,创建生态省,打造"绿色浙江";

六是进一步发挥浙江的山海资源优势,大力发展海洋经济,推动欠发达地区跨越式发展,努力使海洋经济和欠发达地区的发展成为全省经济新的增长点;

七是进一步发挥浙江的环境优势,积极推进基础设施建设,切实加强法治建设、信用建设和机关效能建设;

八是进一步发挥浙江的人文优势,积极推进科教兴省、人才强省,加快建设文化大省。

浙江提出"八八战略",是对浙江发展历史进程的准确把握,也是中国特色社会主义在省域层面的生动实践,体现了习近平同志的历史眼光和历史担当。"八八战略"实施以来,浙江实现了从经济大省向经济强省、从总体小康向高水平全面小康、从开放大省向深度融入全球经济的跃变。

(2)"八八战略"的战略意义

"八八战略"虽是一个省域层面的战略,但主政者具有世界眼光和战略思维,具有总揽全局能力,放眼全局谋一域,把握形势谋大事。"八八战略"中的两个"八",含义各不相同。

第一个"八"所指的"八个优势",并非单纯指已经体现出来的优势,而是按照科学发展观的要求,结合实际作出的总体把握,体现了继承和创新的统一。具体而言,是将已经显现出来的优势进一步发挥好,将潜在的优势变为现实的优势,对于一些劣势,要通过努力转化为优势,或者避开劣势。第二个"八",是指八个方面的举措,是针对进一步发挥、培育和转化优势提出的。通过实施这些举措,推动经济社会发展增创新优势、再上新台阶。

"八八战略"体现了鲜明的问题导向、忧患意识和战略思维,凝结了聚焦优势和短板的辩证法和系统论。契合浙江发展实际,抓住了核心问题,击中了根本要害,着眼于时代机遇,体现了继承和创新的结合。体现战略格局、世界胸襟、系统方法、卓越追求,提供方法论、世界观的指引。对"八八战略"的认识再升华,让"八八战略"的指导更深入,理论之花才能再结硕果;对"八八战略"合力一以贯之,齐心一任接着一任干,一棒接着一棒跑,才能更进一步交出亮丽答卷。

——"八八战略"蕴含的价值观,就是坚持以人民为中心的发展思想。实施"八八战略"最根本的目的就是让人民过上更加美好的生活。

——"八八战略"蕴含的实践观,是一切发展必须从实际出发。在实施过程中,习近平同志特别强调,"只有干在实处,才能走在前列""抓而不紧,等于不抓;抓而不实,等于白抓"。

——"八八战略"蕴含的辩证观,是善于把握优势、努力补齐短板。善于历史地全面地辩证地思考问题,深入挖掘优势,尽快让劣势转化为优势,把先发优势变成可持续的优势。

——"八八战略"蕴含的整体观,是全面协调可持续发展。它不是单打独斗,而是涉及经济社会各个领域,进行系统的全方位的综合思考与全面部署,是全面协调可持续发展的典范。

——"八八战略"蕴含的政绩观,是"功成不必在我",立足长远谋发展。15年来,浙江经济社会取得的成就,就是历届省委带领群众一张蓝图绘到底,锲而不舍实施"八八战略"的结果。

——"八八战略"蕴含的使命观,是秉持浙江精神,干在实处、走在前列、勇立潮头。习近平总书记对浙江工作作出重要指示:干在实处永无止境,走在前列要谋新篇,勇立潮头方显担当。这是总书记对浙江的新嘱托、新期待,是贯彻落实"八八战略"再创辉煌的新使命与新要求。

"八八战略"开辟了中国特色社会主义在浙江生动实践的新境界,成为引领浙江发展的总纲领。"八八战略"把从严治党、巩固和发展风清气正的良好政治生态放在重要位置,引领浙江不断推进党的建设。"八八战略"高度重视加强软环境建设,提出建设平安浙江、法治浙江,总结提炼"红船精神"和与时俱进的"浙江精神",切实增强文化软实力,浙江被认为是全国最具安全感的省份之一。"八八战略"提出推进生态省和绿色浙江建设,部署"千村示范、万村整治"工程,开启环境污染整治行动,引领浙江走进生态文明新时代。"八八战略"是一个与时俱进的开放体系,现在的"八八战略"已经发展成为一个全面系统的理论体系。在内涵上,反映体现了习近平新时代中国特色社会主义思想在浙江萌发的清晰脉络;在外延上,融汇聚合了习近平总书记在浙江工作时作出的一系列重大决策部署和党的十八大以来习近平总书记对浙江工作的一系列重要指示精神。

2.浙江生态省建设

浙江是中国革命红船起航地、改革开放先行地、新时代中国特色社会主义思想重要萌发地。浙江是"绿水青山就是金山银山"理念的发源地和率先实践地,始终坚定不移沿着习近平总书记开创的生态建设道路砥砺前行,生态省建设成为习近平生态文明思想的省域先行先试。

2002年底,浙江率先提出生态省建设战略,2003年,创建生态省成为"八八战略"的重要组成部分。历经十几年的一以贯之,2019年正式通过了全国首个生态省试点验收。在生态环境部组织的国家生态省建设试点验收评估报告中指出:"浙江的绿色发展综合得分、城乡均衡发展水平都是全国第一。"浙江已在全国率先步入了生态文明建设的快车道,生态文明制度创新和改革深化引领全国,率先探索出一条经济转型升级、资源高效利用、环境持续改善、城乡均衡和谐的绿色高质量发展之路。

2005年,时任浙江省委书记的习近平在安吉首次提出"绿水青山就是金山银山"的理念。2013年,习近平在哈萨克斯坦演讲时首次在国际场合全面阐述"绿水青山就是金山银山",把中国追求"绿水青山"与践行一个大国应有的承诺与责任联系在一起。2016年,联合国环境规划署发布《绿水青山就是金山银山:中国生态文明战略与行动》报告。2017年,党的十九大报告明确提出"必须树立和践行绿水青山就是金山银山的理念"。"增强绿水青山就是金山银山的意识"被写进新修订的《中国共产党章程》之中,"绿水青山就是金山银山"已成为党的重要执政理念之一,作为一种新的发展观、绿色思潮、历史使命,体现了党的担当意志和价值取向。2020年,习近平总书记再次考察浙江,强调"余村现在取得的成绩证明,绿色发展的路子是正确的,路子选对了就要坚持走下去"[①],指示"把绿水青山建得更美,把金山银山做得更大,让绿色成为浙江发展最动人的色彩"[②]。目前,"绿水青

[①]　张晓松,杨维汉,朱基钗.时隔15年,习近平再到安吉县余村考察.新华社,2020-03-31.

[②]　习近平在浙江考察时强调统筹推进疫情防控和经济社会发展工作　奋力实现今年经济社会发展目标任务.新华社,2020-04-01.

山就是金山银山"理念成为浙江生态建设根本遵循和核心思想,不仅已经扎根中国,而且开始走向世界。

2010年浙江省委作出关于推进生态文明建设的决定,2018年浙江发布《浙江省生态文明示范创建行动计划》,根据行动计划,到2020年,浙江要高标准打赢污染防治攻坚战;到2022年,各项生态环境建设指标处于全国前列,生态文明建设政策制度体系基本完善,使浙江成为实践习近平生态文明思想和美丽中国的示范区。明确了大力推进绿色发展,坚决打赢蓝天、碧水、净土、清废攻坚战,加大生态系统保护力度,深化生态文明体制改革等7项重点任务,并配套蓝天、碧水、净土、清废四大行动方案;提出了组织领导、投入保障、考核评价、能力建设、科技支撑、社会监督等6个方面的保障措施;全省预计共投入3000多亿元,聚焦蓝天、碧水、净土、清废四大行动和生态保护与修复、能力建设等领域的21个项目。按照"高处定位、高点定标、高效推进、高质开局"的要求,以中央环保督察整改为重点,以完成100个化工等重点行业废气清洁排放技术改造项目、启动100座城镇污水处理厂清洁排放技术改造、完成100个入海排污口整治、启动100个重点污染地块和垃圾填埋场的生态修复"四个100"为突破口,以"最多跑一次"改革为牵引,狠抓各项工作落实,努力把浙江生态文明建设提高到一个新水平。

2014年,浙江省委十三届五次全会审议通过《中共浙江省委关于建设美丽浙江创造美好生活的决定》。建设美丽浙江、创造美好生活,是建设美丽中国在浙江的具体实践,也是对历届省委提出的建设绿色浙江、生态省、全国生态文明示范区等战略目标的继承和提升。建设美丽浙江、创造美好生活,基础是从工业文明走向生态文明,走人与自然和谐相处的绿色发展之路;实质是追求物质文明与精神文明相统一,切实增强人民群众的发展自豪感、生活幸福感、心灵归属感、社会认同感;核心是实现人的现代化、人的文明,促进人的全面发展。建设美丽浙江、创造美好生活,是走在前列的责任担当、百姓期盼的民生工程、科学发展的必由之路、历史赋予的重要使命,是建设"两富"现代化浙江的升华,集成了新的发展理念和发展思路,顺应了人民对美好生活的新期待,体现了中国梦和美丽中国在浙江的生动实践,是我们坚持不懈为之奋斗的远大目标。建设目标是:到2015年,美丽浙江建设各项基础性工作扎实开展；到 2017 年，美丽浙江建设取得明显进展；到 2020 年，初步形成比较完善的生态文明制度体系，争取建成全国生态文明示范区和美丽中国先行区。在此基础上，再经过较长时间努力，实现"天蓝、水清、山绿、地净"，建成"富饶秀美、和谐安康、人文昌盛、宜业宜居"的美丽浙江。随着浙江省生态文明建设的认识不断深化，思路逐渐清晰，实践深入推进，从"绿色浙江""生态浙江"到"美丽浙江"，生态文明建设理念十余年一脉相承，生态省建设方略十余年坚持不懈。

2017 年，浙江省委十四次党代会提出目标：在提升生态环境质量上更进一步，更快一步，努力建设美丽浙江。确保不把违法建筑、污泥浊水、脏乱差环境带入全面小康。巩固提升剿灭劣 V 类水成果，全省饮用水源地水质和跨行政区域河流交接断面水质力争实现双达标，城市空气质量优良天数比例继续提高，垃圾分类收集处理实现基本覆盖，城市生活垃圾总量实现"零增长"，全省天更蓝、地更净、水更清、空气更清新、城乡更美丽。

2018 年，浙江省正式启动"大花园建设"。建设大花园是浙江践行"绿水青山就是金山银山"理念，推进绿色发展，加快打造"诗画浙江"鲜活样板的重要举措，范围为浙江全省，核心区是衢州市、丽水市。实施生态环境质量提升、全域旅游推进、绿色产业发展、基础设施提升、绿色发展机制创新五大工程。其中全域旅游推进工程重点是打造国际知名旅游品牌、提升重点旅游区能级：建设"浙闽皖赣国家生态旅游协作区"；打造"唐诗之路黄金旅游带、浙西南生态旅游带、大运河（浙江）文化带、佛道名山旅游带、浙中影视文化旅游带、浙北精品旅游带、海湾海岛旅游带"，简称"七带一区"。计划到 2022 年，把浙江全省打造成为全国领先的绿色发展高地、全球知名的健康养生福地、具有国际影响力的旅游目的地，形成"一户一处景、一村一幅画、一镇一天地、一城一风光"的全域大美格局，建设现代版的富春山居图。到 2035 年，浙江全省生产空间集约高效、生活空间宜居适度、生态空间山清水秀、生态文明高度发达的绿色发展空间格局、产业结构、生产生活全面形成，建成绿色美丽和谐幸福的现代化大花园。

2020 年 7 月，浙江省发布了生态海岸带建设方案。浙江拥有的海岸线长度为全国第一，建设方案将擦亮海洋强省这张新名片，作为展示现代美丽湾区的新载体和全国生态海岸带保护建设的新标杆加速推进,把浙江的海岸建得更"绿"、扮得更美。2020年8月,发布《深化生态文明示范创建,高水平建设新时代美丽浙江规划纲要(2020—2035年)》,标志着在生态省建设基础上,浙江牢记习近平总书记新嘱托新期望,深化生态文明示范建设,深入贯彻践行"绿水青山就是金山银山"理念,"让绿色成为浙江发展最动人的色彩",为美丽中国建设提供更多更好的"浙江样本",成为展示习近平生态文明思想和美丽中国建设成果的"重要窗口"。

在"八八战略"和生态省建设实施以来,浙江实施了"千村示范万村整治"工程,全面推行万村景区化建设,深入实施大花园建设行动纲要等,以良好的生态质量,优美的人居环境,使万千乡村成为百姓的美好家园,也成为城里人向往的大花园。通过"三改一拆"、"五水共治"、"四边三化"、"811行动计划"、小城镇环境综合整治等一系列重大措施和重大工程的组合拳,浙江省环境质量稳中向好,治水、治气、治土取得显著成效,人与自然走向和谐。

2002—2018年,浙江GDP从8003.67亿元增长到56197.2亿元,增长了近6倍。与此同时,浙江省万元GDP能耗、水耗则分别下降了61.3%和88.1%。2019年,浙江省221个地表水省控断面Ⅰ类至Ⅲ类水质比例为91.4%,;县级以上城市日空气质量优良天数比例达94.0%。在国家生态省建设的16项指标中,浙江的城镇居民人均可支配收入、农民年人均纯收入、环保产业比重等指标远超标准。

截至2019年,浙江拥有的国家生态文明建设示范市1个,国家生态文明建设示范县(市、区)18个,国家级生态市2个,国家级生态县(市、区)39个,国家级生态乡镇691个,国家"绿水青山就是金山银山"实践创新基地7个,省级生态文明建设示范市5个,省级生态文明建设示范县(市、区)18个。温州被列为全国首批海洋生态红线试点城市;湖州成全国首个创建国家级生态文明标准化示范区的城市;丽水成为全国首个生态产品价值实现机制试点市;湖州获批全国首个唯一的绿色建筑和绿色金融协同发展试点城市;仙居县在生态公益、生态宣教和消费意识培育方面取得了成功经验和做法;国务院批复"关于长三角生态绿色一体化发展示范区总体方案"、长三角生态绿色一体化发展示范区挂牌等。在杭州 G20 峰会前,中美两国同时签署《巴黎协定》;举办世界环境日全球主场活动;举办首届联合国世界地理信息大会;等等。凸显了浙江在践行"绿水青山就是金山银山"理念和建设生态文明方面,"干在实处、走在前列、勇立潮头"。体现了浙江担当,贡献了浙江经验。

(二)"绿水青山就是金山银山"理念的科学内涵

2005 年,时任省委书记的习近平在浙江余村考察时,首次提出"绿水青山就是金山银山"的科学论断。2020 年是"绿水青山就是金山银山"理念提出 15 周年,15 年来,"绿水青山就是金山银山"理念从实践到认识再到新的实践,展现出强大的引领力和持久的生命力。在疫情防控常态化下刻不容缓地恢复生产生活秩序之际,2020 年 3 月,习近平再次考察余村,释放了一个强烈信号,经济复苏绝不是简单的 GDP 的反弹,一定是绿色高质量发展的升级,我们要有风雨无阻向前进的坚定决心,深化生态文明建设,凝练"绿水青山就是金山银山"理念内涵,这也是习近平始终念兹在兹重点关注的大事。

1."绿水青山就是金山银山"是科学论断

自首次提出"绿水青山就是金山银山"科学论断之后,2013 年,习近平在哈萨克斯坦演讲时首次在国际场合全面阐述"绿水青山就是金山银山"。他指出:"我们既要绿水青山,也要金山银山。宁要绿水青山,不要金山银山,而且绿水青山就是金山银山。"①这三个阶段论是基于唯物辩证法和自然辩证法的科学论断,深刻体现了经济发展与生态建设的统一价值理念,体现了生态文明发展道路否定之否定的哲学规律,形象表达了党和国家推进生态文明建设的鲜明态度和坚定决心,提供了解决新时代人民日益增长的美好生活需要和不平衡不充分发展之间的矛盾的实现路径。

习近平立足于马克思主义生产力发展的基本理论,应对新时代经济社会发展,强调"绿水青山就是金山银山",提出保护生态环境就是保护生

---

① 杜尚泽,丁伟,黄文帝.弘扬人民友谊 共同建设"丝绸之路经济带".人民日报,2013-09-08.

产力、改善生态环境就是发展生产力的全新价值理念,把自然生态环境视为推动生产力发展的活跃因素。生产力不仅是人类征服、改造自然的能力,而且是人类认识、保护和改善自然的能力。解放和发展生产力,不仅表现在变革生产关系,完善社会体制机制以适应社会生产力发展的要求,而且表现为保护和改善自然生态环境以满足社会生产力的可持续发展需要。"绿水青山就是金山银山"科学论断改变了人们对生产力的内涵及其构成要素的传统认识,是对马克思主义生产力理论的创新发展,为新时代生态文明建设奠定了坚实而科学的理论基础,提供了实践发展的根本遵循。

2."绿水青山就是金山银山"是担当意识

2017年,"增强绿水青山就是金山银山的意识"被写进新修订的《中国共产党章程》之中,"绿水青山就是金山银山"已成为党的重要执政理念之一,作为一种新的发展观、绿色思潮、历史使命,体现了党的担当意识和价值取向。

"绿水青山就是金山银山"意识是习近平强烈的生态忧患意识和使命担当意识。生态兴则文明兴,生态衰则文明衰,古今中外的历史规律和深刻教训,我们一定要认真吸取,要具有科学的发展观和价值观,不能重犯。良好的生态环境是最公平的公共产品,是最普惠的民生福祉,是人民日益增长的美好生活需要。要盯住生态环境问题不放,不能任凭破坏生态环境的问题不断产生,要从根本上扭转我国生态环境恶化的趋势,要对中华民族永续发展和子孙后代负责任。当今世界正经历百年未有之大变局,绿色可持续发展是世界面临的重大议题之一,这关系人民福祉,关乎人类未来。火灾、虫灾和气候变化等生态危机频发,凸显了全球生态认知和担当意识的严重缺失。

3."绿水青山就是金山银山"是路径实践

2003年,在习近平的倡导和主持下,浙江启动实施"千村示范、万村整治"工程:从全省4万个村庄中选择1万个左右的行政村进行全面整治,把其中1000个左右的中心村建成全面小康示范村。2013年,习近平指示,要认真总结浙江省开展"千村示范、万村整治"工程的经验并加以推广。2018

年,"千村示范、万村整治"工程荣获联合国"地球卫士奖",这是"绿水青山就是金山银山"实践的标志性成果和最高荣誉。从余村、横坎头村、下姜村到中国的无数乡村,从"千村示范、万村整治"工程到"绿水青山就是金山银山",可以清晰看到"绿水青山就是金山银山"的源头活水。

2018年,在全国生态环境保护大会上,习近平深刻全面阐述了生态文明思想,首次提出"生态文明体系",其中明确构建"以产业生态化和生态产业化为主体构建生态经济体系"。"绿水青山就是金山银山"的官方英文翻译"Lucid waters and lush mountains are invaluable assets",直译是"绿水青山是无价的资产"。这就明确指出了自然资源资产(生态资本)、生态价值及其实现转化路径的概念,在经济领域将生态环境这一自然资本纳入微观经济的成本效益核算以及宏观经济的统计核算体系中,真正让绿水青山转变成可计量、可考核的金山银山,以生态价值观念为准则带来发展方式的深刻转变。要建立健全"绿水青山就是金山银山"转化路径与生态产品价值实现机制,增强生态价值造血功能,将生态效益最大化地转化成为长远经济效益,需要我们提高意识解放思想,开拓创新勇于实践。因此,"绿水青山就是金山银山"转化路径的探索实践意义重大,开拓了生态文明建设新路径,为生态文明建设提供有效制度供给,为全球可持续发展提供借鉴。

4."绿水青山就是金山银山"是发展理念

2015年,党的十八届五中全会把"绿色发展"作为五大发展理念之一,推进生态文明建设,树立"绿水青山就是金山银山"的强烈意识,"绿水青山就是金山银山"正式写进中央文件。绿色发展理念要求坚持绿色富国、绿色惠民,为人民提供更多优质生态产品,推动形成绿色发展方式和生活方式,协同推进人民富裕、国家富强、中国美丽,就是要着重解决人与自然的和谐问题,为生态文明建设的发展战略作出明确定位,是对实现中华民族伟大复兴中国梦的深远谋划。2017年,党的十九大报告明确提出"必须树立和践行绿水青山就是金山银山的理念"。党的十八大以来,习近平在多个调研目的地曾就生态建设提出要求和指示。从重庆、武汉考察"长江经济带建设",到甘肃听取祁连山生态修复情况,到云南察看滇池保护,再到浙江安吉、陕西秦岭考察,深刻体现了习近平的大生态理念。

由此可见,"绿水青山就是金山银山"是绿色发展、生态文明建设的根本方向和任务的形象生动的展示和阐释,完善和丰富了生态文明思想理论和建设实践,"绿水青山就是金山银山"理念是生态文明建设的重要发展理念,已成为新时代习近平生态文明思想和治国理政思想的重要组成部分。

5."绿水青山就是金山银山"是国际共识

2013 年,习近平首次在国际场合全面地阐述"绿水青山就是金山银山"理念。2015 年巴黎气候大会上,《中国库布其生态财富创造模式和成果报告》被郑重推向世界。2016 年,联合国环境规划署发布《绿水青山就是金山银山:中国生态文明战略与行动》报告。2017 年起连续三年,把荒漠变林海的塞罕坝与库布其、浙江省"千村示范、万村整治"工程、中国互联网环保项目"蚂蚁森林"获得联合国最高环保荣誉"地球卫士奖"。2019 年,130 多个中外机构加入"一带一路"绿色发展国际联盟。2019 年 9 月,联合国《生物多样性公约》宣布 2020 年联合国生物多样性大会主题为"生态文明:共建地球生命共同体"。中国的实践和经验正在给各国带来启示,"绿水青山就是金山银山"理念获得了越来越多的国际社会认可,生态文明建设成为我国重大国家战略,"绿水青山就是金山银山"理念和生态文明建设已经成为国际共识,开始走向世界。

(三)生态文明建设的"重要窗口"

在革命时期,延安成为国内外各界人士观察毛泽东同志领导的中国革命的窗口。在改革开放时期,邓小平同志提出深圳建设的"四个窗口",习近平总书记提出广东的"两个重要窗口"。在统筹推进疫情防控和经济社会发展的特殊时刻,习近平总书记到浙江考察调研,赋予浙江"努力成为新时代全面展示中国特色社会主义制度优越性的重要窗口"的新目标新定位,是浙江改革发展史上具有里程碑意义的大事。几代国家领导人关于"窗口"的论述是一脉相承和不断演进的。"重要窗口"的发展遵循着马克思主义唯物论发展规律,体现出理论跟中国实践相结合所产生的无穷伟力。因此,"重要窗口"应具备两个主要作用,一是在国内具有典型代表和重要示范,二是在国际上体现中国成果和经验的重要展示并引领合作。"重要窗口"是浙江面向全国、面向世界、面向未来更高的角色定位和更大的使命担当。

浙江是中国革命红船起航地、改革开放先行地、新时代中国特色社会主义思想重要萌发地。习近平总书记考察浙江时指出,"把绿水青山建得更美,把金山银山做得更大,让绿色成为浙江发展最动人的色彩"①。浙江谨记嘱托"努力把浙江建设成为展示习近平生态文明思想和美丽中国建设成果的重要窗口"。车俊书记指出,要把"绿水青山就是金山银山"理念研究得更深入一些、宣传得更广泛一些,把"绿水青山就是金山银山"转化通道打开得更宽阔一些,全面深化对生态文明建设规律性的认识,进一步拓展公众参与生态文明建设的渠道,不断培养群众的环保意识、生态道德和绿色生活习惯,大力打造文旅健康幸福产业、高效循环生态农业和节能环保绿色产业等经济增长点,建立健全生态产品价值转化机制,让生态资源更好地成为生态资本、生态红利。

浙江践行"绿水青山就是金山银山"理念已经成为生态文明建设的"重要窗口"。浙江有能力、有基础、有责任把它建设成为展示习近平生态文明思想和美丽中国建设成果的"重要窗口"。走进新时代,浙江要不断开辟"绿水青山就是金山银山"理念新境界,把生态环境治理体系和治理能力现代化建设作为我国外交实力和话语权提升的突破口,把绿色浙江模式作为向世界展示中国特色社会主义制度优越性的"重要窗口"。从经济发展、社会治理、教育科普、文化融通、绿色科技、环境保护、乡村振兴、生态价值等方面进一步凝练升华"绿水青山就是金山银山"理念深刻内涵,展示中国制度与实践的优越性,引领全球共谋生态文明建设、构建生态环境国际合作体系、开拓新时代生态外交空间,提供浙江经验和浙江示范。

---

① 习近平在浙江考察时强调　统筹推进疫情防控和经济社会发展工作　奋力实现今年经济社会发展目标任务.新华社,2020-04-01.

二、浙江省生态文明建设的实践探索

(一)湖州生态文明建设

1.湖州以"绿水青山就是金山银山"理念为统领推进生态文明建设

湖州以"绿水青山就是金山银山"理念为统领,始终贯彻习近平总书记十五年来关于"绿水青山就是金山银山"理念谆谆嘱托和具体指示。牢固确立生态立市优先战略的制度标准、生态文明建设效应最大化的检验标准,统筹推进生态文明建设,努力成为践行"绿水青山就是金山银山"理念的样板地和模范生。

第一,坚持理念先行,牢固确立生态优先战略。早在 2003 年,湖州就提出建设生态市的目标。2007 年,市第六次党代会提出"坚持生态优市,建设现代化生态型滨湖大城市"。2017 年 3 月,市第八次党代会明确了"高质量建设现代化生态型滨湖大城市、高水平全面建成小康社会"的奋斗目标。从制定发展战略规划、城乡总体规划,到编制基础设施、产业发展、人口计划等专项规划,湖州都坚持把生态保护作为第一要素来考虑,并专门编制了生态文明建设专项规划,形成完善的生态文明规划体系,将加强生态环境保护变成刚性约束。2020 年 4 月,安吉县政府印发《"两山银行"试点实施方案》,探索"绿水青山就是金山银山"转化新通道,实现"存入"绿水青山,"取出"金山银山,拓宽生态资源变资产资本的转换途径,加快构建生态产品价值高水平实现机制。

第二,坚持绿色导向,大力推动经济转型升级。湖州坚持传统产业改造提升和新兴产业培育发展"两手抓",大力发展绿色低碳循环经济,努力把生态优势转化为经济优势。围绕创建"中国制造 2025"试点示范城市,深入实施"腾笼换鸟""机器换人",初步构建绿色、低碳、智能、高效的新型制造业体系。为淘汰落后产能,湖州先后对纺织、印染、蓄电池等 10 多个行业进行专项整治,关停小散乱企业 3000 余家,整治提升 1520 余家。

第三,坚持综合施策,统筹推进环境污染治理。近年来,湖州先后实施四轮环境整治行动,有效促进了生态环境改善,保护住绿水青山的底色。在重拳治水方面,湖州率先落实"四级河长制",部署开展整治黑臭垃圾河、全面剿灭劣Ⅴ类水、农村生活污水治理等攻坚战,连续3年夺得全省"五水共治"优秀市大禹鼎,被列为全国水生态文明城市。

第四,坚持全域覆盖,扎实推进美丽湖州建设。为建设美丽城市,大力推进城市园林绿化、水系整治、山体修复等生态建设工程,先后建成一批城市主题公园,展示山水滨湖之城的亮丽形象。为建设美丽城镇,对全市115个小城镇实施环境综合整治,成功打造一批具有地域文化和产业特色的小镇。为建设美丽乡村,在全国率先探索新型模式,先后建成高质量美丽乡村示范带19条,有效带动了乡村旅游业发展。

第五,坚持常态长效,探索生态文明建设制度创新。从立法、标准、体制"三位一体"入手,积极探索创新生态文明制度体系。一是通过地方立法确定每年的8月15日为湖州生态文明日,颁布实施《湖州市生态文明先行示范区建设条例》。二是在全国率先编制完成自然资源资产负债表,开展领导干部自然资源资产离任审计,编制《湖州市生态文明示范区建设指南》并制订首批23项标准,成为全国唯一的国家级生态文明标准化示范区。三是建立水源地保护生态补偿、矿产资源开发补偿、排污权有偿使用和交易等制度,设立企业用能交易、碳排放交易等平台;在全国率先建立"绿色GDP"核算应用体系,将生态文明纳入县区实绩考核,权重占37%以上。

2.湖州生态文明建设的主要成效

通过践行"绿水青山就是金山银山"理念,湖州既保护了生态环境,又促进了经济持续健康发展,更重要的是打通了"绿水青山"向"金山银山"转化的通道,促进经济、社会、生态良性互动、协调发展。

第一,经济增长动力强劲。由于重视招引优质项目、培育高端产业,湖州经济增长保持了持久强劲动力,地区生产总值增速始终位居浙江省中上水平,许多指标位居全省前列。2019年,实现地区生产总值3122.4亿元,比2005年增长3.49倍;人均地区生产总值首次超过10万元,比2005年增长3.2倍。财政总收入达到540.6亿元,其中地方财政收入316.1亿元。

城镇、农村居民人均可支配收入分别达到 59028 元和 34803 元。

第二,经济发展质量提升。三次产业占比由 2005 年的 9.8：55.0：35.2 调整为 2019 年的 4.3：51.5：44.6。2019 年,推进绿色智造城市建设,规模以上工业增加值增长 8.4%,其中战略性新兴产业、高新技术产业、装备制造业分别增长 10.7%、10.4%和 12.6%,数字经济核心产业增加值增长 13.6%。农业绿色高效发展加快,农业现代化发展水平连续六年居全省首位,获评国家农产品质量安全市,农业增加值增长 3%,居全省第一位。

第三,资源集约利用优化。耕地保有量、基本农田保护面积、标准农田保护面积、森林面积得到有效保护;单位能耗水平逐年下降,2016 年为 0.56 吨标准煤/万元,比 2005 年下降 52.5%。计划到 2021 年,在各县区平衡基础上,将累计腾出用能空间 90 万吨标准煤以上。全市单位 GDP 能耗在 2017 年基础上下降 28.8%,单位工业增加值能耗下降 39.3%,达到全省平均水平。

第四,群众居住环境改善。2019 年,湖州市市区环境空气质量稳中趋好,主要污染物为细颗粒物(PM2.5)和臭氧(O_3)。其中 PM2.5 浓度下降至 32 微克/米^3,较 2018 年下降 8.6%,下降幅度位居全省第一,在浙北地区和环太湖城市中浓度最低,全市域首次达到国家二级标准要求;空气优良率为 76.7%。全市地表水水质保持稳定,Ⅰ类至Ⅲ类水监测断面比例和满足功能要求监测断面比例为 100%。其中,县控以上地表水监测断面水质类别符合Ⅰ类、Ⅱ类、Ⅲ类标准的比例分别为 5.2%、51.9%、42.9%。全市地表水水质总体定性评价为优。

第五,知名度、美誉度提高。近年来,湖州先后获得国家环保模范城市、国家园林城市、国家森林城市、国家生态市等荣誉称号。被批准为"中国制造 2025"试点示范城市、国家绿色金融改革创新试验区、国家生态文明建设示范市、全国"绿水青山就是金山银山"实践创新基地、全国文明城市。全国生态文明建设推进会多次在湖州召开,良好的生态环境已经成为湖州的"金名片"。

2020 年 3 月 31 日,习近平总书记再次考察余村时指示:"余村现在取得的成绩证明,绿色发展的路子是正确的,路子选对了就要坚持走下去。"①
这不仅是对安吉余村践行"绿水青山就是金山银山"理念、创新绿色发展之
路的肯定和称赞,也是对湖州生态文明建设取得成果和发展方向及具体措
施的肯定。

3.安吉白茶跨区域生态扶贫

1980年8月,安吉县茶叶普查,在天荒坪镇大溪村桂家仓发现一株野
生白茶祖,由县拨款进行保护培育。1982年4月,从野生白茶王嫩枝条剪
取插穗,进行短穗扦插育苗。1983年3月,将白茶苗移栽于县林科所良种
选育对比试验小区。1987年1月,成立安吉白茶开发基地试验课题组,从
试验小区母本园剪取插穗进行无性繁殖育苗、种植。⋯⋯经过30多年发
展,截至2019年底,安吉白茶种植面积达到17万亩,产量、产值分别达到
1830吨、26.92亿元。短短一个月的白茶季,就为安吉县农民人均增收
7400元,占该县农民人均可支配收入的22.1%。"2020中国茶叶区域公用
品牌价值评估"课题结果公布,安吉白茶品牌价值为41.64亿元,成为连续
11年跻身品牌价值十强的茶叶区域公用品牌。

安吉白茶已经成为安吉的重点生态产业,正在创建全国安吉白茶绿色
原料基地和省精品绿色农产品生产基地,应加大对绿色食品的认证力度,从
而真正实现安吉白茶整体的绿色发展。"一片叶子成就了一个产业,富裕了
一方百姓",安吉贯彻践行"绿水青山就是金山银山"理念,保护绿水青山换
来了安吉白茶产业的金山银山,成为安吉生态产业发展、生态价值转化的生
动展示。

2018年4月份,安吉县黄杜村20名农民党员给习近平总书记写信,汇
报种植白茶致富情况,提出愿意捐赠1500万株茶苗帮助贫困地区群众脱
贫。习近平总书记作出重要指示,赞扬他们弘扬为党分忧、先富帮后富的精
神,对于打赢脱贫攻坚战很有意义。为贯彻落实习近平总书记重要指示精
神,国务院扶贫办会同有关方面确定湖南省古丈县、四川省青川县和贵州省
普安县、沿河县等3省4县34个建档立卡贫困村作为受捐对象,并督导推

---

① 张晓松,杨维汉,朱基钗.时隔15年,习近平再到安吉县余村考察.新华社,2020-03-31.

动各地建立工作台账机制,督促加强后续管理。

古丈县默戎镇牛角山村迅速赶赴浙江安吉对接,争取到了此项目,并成立了格戎白茶专业合作社经营管理。该项目覆盖了古丈县默戎镇翁草村、新窝村、夯娄村 3 个贫困村,建档立卡贫困人口 116 户共 430 人。并与安吉县签订了购销合同,由浙江安吉茶叶集团按保底价收购出产茶叶,合同一签10 年不变,给村民吃了"定心丸"。古丈县按照"一亩白茶带动一个未脱贫的贫困人口,每户不超 5 亩"的要求,采取土地流转、茶苗折股、生产务工等方式动员群众把昔日的荒山变成茶园,按照"标准化、机械化、有机化"的高要求完成了白茶种植,并走上了"以茶促旅、茶旅融合"的发展之路。

截至 2019 年 3 月 8 日,黄杜村共向青川县分两批捐赠白茶苗 540 万株。当地在关庄镇固井村、沙州镇青坪村和乔庄镇柳河村建立了 3 个"白叶一号"茶叶基地。为了帮助更多贫困户,青川还将部分捐赠茶苗分配给了其余 6 个镇 15 个村的贫困户。推行"业主+基地+村集体+贫困户"模式,固井村已建成规模化、标准化、产业化的"白叶一号"茶叶基地。通过创新"五金"收益分配机制,即土地流转收租金、务工就业挣薪金、入股分红得股金、委托经营拿酬金、村集体分红得现金,2019 年固井村共支出土地流转金 9.6万元,务工工资 47 万元,村集体为 157 名村民每人分红 200 元。白茶种植已经成为青川产业发展的一条新路子,当地计划今年新发展 3500 亩白茶。着眼未来,青川计划走出一条"茶旅结合"新路子,通过发展茶园,进一步挖掘茶产业观光、体验、旅游的价值。预计 2021 年盛产期到来时,全县 1717亩白茶将带动 9 个乡镇 18 个村 663 户老百姓户均增收 4300 元以上。

2018 年 10 月份,普安县接受黄杜村捐赠"白叶一号"茶苗 600 万株,在地瓜镇屯上村、白沙乡卡塘村规划建设茶园 2000 亩;沿河土家族自治县也受赠了 360 万株白茶苗,在中寨镇的志强、大宅、三会溪等 3 个一类贫困村建设了茶园 1200 亩。普安县的干部群众在黄杜村的帮扶下,边实践边学习边探索,总结摸索出了"两建三看四要"的茶园后续管理经验,茶苗成活率超过 95%。普安县按照"1 亩白茶苗带动 1 个贫困人口,1 户贫困户不超过 5亩"的原则构建白茶产业扶贫利益联结,通过"龙头企业+专业合作社+贫困户"的利益联结机制,按照"企业共享 30%、贫困户共享 60%、合作社共享

5%、土地流转共享 5%"的比例分享发展收益,2000 亩扶贫茶园共计带动贫困户 862 户 2577 人增收。为了打开销路,普安县引进浙茶集团投资 2.8 亿元,建设茶叶精深加工生产线,开发茶产品,改变了传统茶农"单打独斗闯市场"的局面。普安县的"白叶一号"已经发展到 1.1 万多亩;沿河自治县中寨镇的白茶种植面积也突破了 5000 亩。"白叶一号"安家贵州高原,带来了新的茶叶品种,更带来了新的产业发展思维。当地群众学会了东部地区先进的种植、管护、加工技术和发展理念,增强了自我发展能力,为普安茶产业发展壮大培养了人才。

两年过去了,2020 年"白叶一号"安吉白茶迎来了首次采摘,小小茶苗结出硕果,真正成为当地村民的"金叶子""致富茶"。东西部携手共奔小康,谱写生态扶贫、探寻生态价值实现的新篇章。

(二)丽水生态文明建设

2018 年 4 月 26 日,习近平总书记在深入推动长江经济带发展座谈会上提出 102 字的"丽水之赞",对丽水坚持走绿色发展道路给予了高度肯定。2018 年 11 月,国务院办公厅通报表扬丽水探索生态产品价值转化路径的经典经验做法。同年 12 月,丽水市生态产品价值实现机制案例成功入选改革开放 40 年地方改革创新 40 案例。2019 年 1 月 12 日,推动长江经济带发展领导小组办公室正式印发《关于支持浙江丽水开展生态产品价值实现机制试点的意见》,认为《丽水市生态产品价值实现机制试点方案(送审稿)》(2019 年 3 月 15 日,浙江省政府正式印发《浙江(丽水)生态产品价值实现机制试点方案》贯彻落实习近平总书记在深入推动长江经济带发展座谈会上的重要讲话精神,坚持生态优先、绿色发展,有利于形成可复制、可推广的经验,要求丽水在推进试点工作中注重在建立价值核算评估应用机制、建立生态产品市场交易体系、创新生态价值实现路径等方面深入开展探索,确保2020 年前形成一批具有示范效应的可复制、可推广的经验。全力打造生态产品价值实现机制改革"丽水样板"。

1. 丽水试点的经验做法及进展成效

生态产品价值实现是"绿水青山就是金山银山"转化的现实路径。生态产品是人类从自然界获取的最终物质产品和生态服务的总称。物质产品包括两类：一是自然形成的野生食品、淡水、燃料、中草药和各种原材料；二是人们利用生态环境资源要素人工生产的农产品、林产品、水产品和能源产品等。核心要义是在维持生态系统稳定和平衡的前提下，通过全面推进"产业生态化、生态产业化"，将"绿水青山"生态系统服务"盈余"和"增量"转化为经济财富和社会福利。在保护生态环境的同时满足人民群众对优美环境和美好生活的需要，从而实现 GEP（生态系统生产总值）与 GDP 的协调增长。生态产品价值实现的内在逻辑体现为双向循环的两次转化：第一次转化即 GEP 向 GDP 的转化。在维持生态系统的稳定和平衡的前提下，通过促进"产业生态化、生态产业化"，积极发展生态旅游、生态农业、生态制造业、生态服务业和生态高新技术产业，利用生态技术将生态系统服务流中的一部分转化为生态产品，从而实现"绿水青山"向"金山银山"的转化。第二次转化即 GDP 向 GEP 的转化。在第一次转化的基础上，为保障"绿水青山"源源不断地带来"金山银山"，必须加大对生态系统的投入，通过环境保护、生态修复和生态建设增强生态系统服务功能，在更大规模和更高层次上产出更多更好的生态产品，借助生态消费市场"让好产品卖出好价钱"，从而实现"金山银山"向"绿水青山"的转化。两次转化相互支撑、循环往复促进 GEP 与 GDP 之间双转化、双增长、可循环、可持续，进而构建起高质量绿色发展的现代化生态经济体系。因此，在生态产品价值实现机制探索过程中，丽水立足实际，不断创新，充分发挥生态优势，坚持写好"护绿、革绿、点绿"的绿色文章。

第一，坚守"护绿"。首先，初步将全市 75.66% 的区域划为限制工业进入的优先保护区，制定了涵盖一、二、三产的产业准入负面清单，近五年整治淘汰低散乱企业 4480 余家；并对标欧盟，制定了最严格的农药化肥安全使用规范。其次，丽水市委、市政府明确将 GEP 和 GDP 双向转化列入县（市、区）综合考核指标体系，并重点围绕"生态系统生产总值（GEP）"进行研究实践，推动构建生态产品、生态核算、生态指标三大体系。

第二，坚持"革绿"。继续深入推进"林权改革""河权到户"首创改革。以生态核心区、地质灾害点等为重点，连续实施两轮"十万农民异地搬迁规划"。此外，率先在全国试行农民住房使用权抵押贷款制度，实行村集体经营性资产股份化改造，全市农民人均可支配收入增幅已连续10年位居全省第一。

第三，坚决"点绿"。建立"生态＋""品牌＋""互联网＋"机制，探索生态产品价值转化的有效路径。做大山地特色生态农业，大力发展生态制造业，全力打造区域农家乐综合体和精品民宿示范品牌。做强"丽水赶街"，打造全国农村电商示范市。

经过持续不断地努力，丽水生态产品价值实现机制试点建设也取得了一定成效。建立形成了"1＋10"试点推进体制机制；制定并实施丽水市生态产品价值核算评估试行办法，开展了市、县、乡镇、村四级GEP核算评估工作；编制完成《丽水市企业和个人生态信用行为正负面清单》，其中，正面清单18条58项，负面清单31条148项，共49条206项；编制完成《丽水市生态信用守信联合激励和失信联合惩戒工作实施意见》《个人生态信用积分管理办法》。不断加强"绿水青山就是金山银山"理念研究和人才培训，开展生态产品价值实现机制各级培训。

制定并实施了丽水市生态产品价值核算评估试行办法，完成了遂昌县大柘镇大田村——全国首个村级GEP核算评估，并率先发布核算报告。核算办法具有重要性、科学性、全面性和系统性，为丽水生态产品价值核算评估工作提供了科学依据和技术指导。遂昌大田村GEP1.6亿元价值的发布，引起了广泛关注和强烈反响，大田村GEP核算试点将起到以点带面的重要作用，为丽水其他县、乡、村GEP核算评估工作提供重要借鉴，为赢取绿色信贷支持、生态绩效考核、生态补偿标准确定等工作提供了重要参考依据。

2.丽水试点的五大任务

（1）建立价值核算评估应用机制

一是科学核算生态产品价值。完善丽水生态产品目录清单，科学评估各类生态产品的潜在价值量。选取1—2个乡镇（街道）开展生态产品价值核算评估试点，完善指标体系、技术规范和核算流程。探索组建服务全国的生态产品价值核算评估机构。

二是健全绿色发展财政奖补机制。制定生态产品政府采购目录,在丽水市以及瓯江流域上下游之间率先探索政府采购生态产品试点,探索建立根据生态产品质量和价值确定财政转移支付额度、横向生态补偿额度的体制机制。

三是探索建立生态产品价值考核体系和干部离任审计制度。探索建立生态产品价值年度目标考核制度,将生态产品价值实现机制试点工作纳入干部自然资源资产离任审计内容,进一步引导各县(市、区)处理好经济发展和生态保护的关系。

(2)健全生态产品市场交易体系

一是健全自然资源资产产权制度。建立自然资源资产全面调查、动态监测、统一评价制度,重点界定水流、森林、湿地等自然资源资产的产权主体及权利。开展生态保护修复的产权激励机制试点。支持开展国家公园设立标准和程序标准的试验,开展集体林地地役权改革,健全集体林地"三权分置"、经营权流转、集体林租赁等机制。自主探索公益林分类补偿和分级管理机制,提高生态公益林补偿标准。推行公益林收益权质押贷款模式。深入推进河道资源管理改革和农村宅基地"三权分置"改革试点工作。推广遂昌金矿国家矿山公园生态修复和发展矿业文化旅游的典型经验,进一步理顺其管理体制。

二是健全生态产品市场交易机制。培育一批从事生态保护修复和治理的专业化企业和机构。设立政府主导,水电生产、生物医药(不含化学合成工艺)等生态产品利用型企业参与的生态保护基金。探索建设生态产品交易平台,通过用能权交易机制鼓励清洁能源消费,争取国家支持探索开展清洁能源抵扣能耗消费总量改革试点;探索建立用能权、碳排放权等权益的初始配额与生态产品价值核算挂钩机制。

三是建立生态信用制度体系。建立企业和自然人的生态信用档案、正负面清单和信用评价机制,将破坏生态环境、超过资源环境承载能力开发等行为纳入失信范围。探索建立生态信用行为与金融信贷、行政审批、医疗保险、社会救助等挂钩的联动奖惩机制。

四是完善促进生态产品价值实现的金融体系。鼓励各类金融机构按照风险可控、商业可持续原则,加大对丽水市绿色发展的支持力度,优先支持生态产品价值实现重点项目。推动银行、证券、基金等金融机构与丽水市合作设立生态产品价值实现专项基金,争取国家开发银行等对试点工作的支持。积极培育优质企业,支持提供生态产品的企业发行绿色债券融资工具。支持探索农产品收益保险和绿色企业贷款保证保险。

（3）创新生态价值产业实现路径

一是创新发展生态农业。实施最严格的农药化肥管控制度,高质量建设丽水农业绿色发展先行示范区和百万亩海拔 600 米以上绿色有机农林产品基地。积极创建省级和国家级农业高新技术产业示范区。加快建设"丽水山耕"生态产品研发平台和核心产品库。加快华东山区珍稀濒危植物类、药用植物类、生态修复植物类等种质资源库建设。积极打造华东特色花卉苗木基地。

二是大力发展生态工业。实施最严格的生态工业准入制度,大力支持国内外大型生态高科技公司落户丽水,加快发展高端装备、生命健康、数字经济、节能环保、精密制造等产业。实施循环低碳试点工程,加快省级静脉产业示范城市试点建设。加快华东药用植物园、食用菌精深加工孵化园等大健康产业园建设,引导中药材种植、加工、生物活性物质提取等集约高效利用。支持建设华东绿色能源基地,积极推动磁动能、氢能领域以及其他绿色能源领域的市场化开发。

三是培育生态旅游康养产业。打造瓯江山水诗之路黄金旅游带,争取开通沪丽等休闲观光专列。建设瓯江中上游休闲养生新区,推进缙云仙都、古堰画乡、遂昌金矿、云和梯田等创建 5A 级旅游景区,加快云和湖、千峡湖、遂昌湖山旅游度假区建设,打造青田石雕小镇、龙泉青瓷小镇、景宁畲乡小镇等旅游风情小镇和历史经典文化小镇。创新丽水高山气候价值化实现路径,重点打造一批海拔 600 米以上康养小镇。发挥青田侨乡优势,打造进口红酒集散中心、咖啡小镇等平台,培育国际时尚产业。依托中国摄影之乡优势,培育影像产业。组织国际马拉松赛、国际自行车赛、少数民族传统运动会等品牌赛事,加快瓯江绿道网建设,打造国际徒步健身康养胜地。

四是实施古村复兴示范工程。推广莲都下南山古村复兴模式和松阳

"拯救老屋"行动的经验,系统复活古村风貌,积极发展休闲农庄、乡间客栈、文化驿站等乡村旅游新业态,打造一批宜居宜业宜游的古村复兴示范村落。统筹使用各专项资金用于古村保护利用,积极引导各类社会资本参与乡村振兴。建立健全古村复兴与闲置农房激活、大搬快聚联动机制,探索村集体资产参与利润分配比例下限等分配机制。

五是实施"花园云"大数据工程。运用物联网、人工智能、区块链等前沿技术,融合山水林田湖草及大气、土壤、危险废物等各类生态环境数据,建立覆盖市县乡及涉污企业、饮用水水源、地质灾害隐患点等各类生态环境监管业务,集生态环境展示、生态状况预警、生态应急处置、生态标准认证、生态数据应用、生态信用建设于一体的大数据平台。

（4）健全生态产品质量认证体系

一是培育生态产品区域公用品牌。构建以"丽水山耕""丽水山居""丽水山景"等核心品牌为主的地域特色公用品牌体系。支持筹建"丽水山耕"品牌研究院,升级农产品溯源体系,壮大"丽水山耕"生态农产品全产业链创新服务综合体。成立区域生态产品品牌运营机构,培育一批品牌示范企业。到 2020 年,建设"丽水山耕"生态农产品产业园 10 个,"丽水山耕"生态农产品种类达到 1500 个以上。

二是建立生态产品标准体系。重点围绕"丽水山耕"等核心品牌,引导行业协会、示范企业积极参与标准制定。对标国际先进标准,组织一批质量标准提升示范项目。开展标准制定、人才培养等国际交流合作,推动"丽水标准"国际化。

三是巩固提升生态产品质量认证。制定生态产品质量认证管理办法,培育"丽水山耕"农产品公用品牌的第三方生态产品质量认证机构,推动认证结果国际互认,实现认证标准多领域、国标化。

四是多渠道提升生态产品附加值。整合构建网商、电商、微商融合的营销体系和品牌推介平台。引导"丽水山耕"等区域公用品牌企业进行股份制改造,培育"丽水山耕"产品加盟基地。至 2020 年,努力实现"丽水山耕"产品年销售额突破 100 亿元,"丽水山耕"成为全国可持续农业示范品牌和国际一线农业区域公用品牌,生态产品附加值比普通产品增值 1 倍以上。

（5）健全生态价值实现支撑体系

一是持续推进生态保护修复。加强生态保护红线管控,确保市域生态保护红线面积不减少、功能不降低。实施生物多样性保护重大工程,开展百山祖冷杉等濒危物种拯救保护行动。开展公益保护地试点,在自然保护地外,以黑麂等为对象,建立由公益组织提供资金、当地居民有偿保护的机制。支持开展山水林田湖草生态保护与修复试点工程。推进瓯江治理数据化工作,实现全域生态流量智能化监测。支持松材线虫病防治,实施林相改造工程,建设云和梯田国家湿地公园,建成望东垟等国家级自然保护区。

二是全面实施大搬快聚富民安居工程。突出解危、脱贫、集聚、生态保护,加快要素空间优化配置。促进城乡融合发展,推动城镇化发展、产业布局优化和古村复兴,推进全域土地综合整治与生态修复,加强农村垃圾治理。强化精准帮扶,提高生态搬迁差异补偿标准,对迁出区实施退耕还林还草还湿、开垦地造林等修复措施,确保生态保护与生态价值实现双赢。

三是构建综合交通支撑体系。支持加快浙西南综合交通建设,高质量融入长三角一体化发展国家战略。支持加快衢宁、衢丽铁路项目建设,加快杭丽(横店至缙云段)、温武吉铁路项目前期工作,尽早开工建设;加速浙西南景区化高速公路(文成至景宁段)等重大交通项目建设。支持"四好农村路"、通景公路建设,实现4A级以上景区等基本通达二级以上公路,历史文化名村、美丽乡村精品村、旅游风情小镇等基本通达等级公路。

四是强化人才科技支撑。聚焦生态产品价值实现、前沿生态技术研究等方向,支持建设中国(丽水)"绿水青山就是金山银山"学院,面向全国培养"绿水青山就是金山银山"创新型复合人才。支持建设生态产品价值实现科研创新中心和数字生态经济研究院,与发达国家和地区合作设立生态科创中心。

五是推进开放合作交流。与经济发达地区合作探索生态产品价值异地转化模式。与国际性绿色发展组织合作建立"绿水青山就是金山银山"高端智库。每年在丽水举办生态产品价值实现机制国际大会。加强与长江经济带相关省市及对口支援地区之间的生态产品价值实现机制合作交流。

3.丽水生态产品价值实现的创新总结

(1)机制创新是生态产品价值实现的核心

"绿水青山就是金山银山"公司以政府生态采购为抓手,通过机制创新激励公共生态产品供给,充分发挥政府、企业和村民积极性,政府生态采购资金一方面生动真切地宣示了"绿水青山"的"金山银山"价值,另一方面又"四两拨千斤",成功激活金融资本投向环境保护与建设领域。不仅找到了公共生态产品的市场化供给主体,而且催生出"生态环境依赖型、生态资源内生型"的新型产业,在有效保护生态环境的同时建立起了生态产业高质量绿色发展机制,探索出一条"政府引导、企业主体、村民参与、金融支持、信用保障"的生态产品价值实现新路子。

以"绿水青山就是金山银山"公司为例分析机制创新。浙江丽水市积极探索公共生态产品政府采购机制,在全面开展 GEP 核算的基础上,以乡为单位组建了集体所有制"'绿水青山就是金山银山'公司",负责全乡范围内山水林田湖草的整体保护和经营管理,各村以基准年 GEP 入股分红。县政府整合生态补偿、生态建设项目资金设立"公共生态产品政府采购基金",根据年度 GEP 核算结果,对每个乡(镇)GEP 中调节服务价值的年度增量,按 2% 的标准向"'绿水青山就是金山银山'公司"进行定向采购。"'绿水青山就是金山银山'公司"将该笔资金投入环境保护和基础设施建设,进一步增强生态产业发展后劲和招商引资吸引力。在此基础上,全面实施生态信用评价与考核制度,为全乡范围内的企业和个人全部建立生态信用档案,将破坏生态环境和违规开发自然资源的行为纳入失信范围,推行生态信用与统一社会信用体系挂钩的联动奖惩机制。与此同时,商业银行以生态产品未来收益为抵押,推出"'绿水青山就是金山银山'贷"和生态授信业务,为公共生态产品的生产者提供金融支持。

(2)模式创新是生态产品价值实现的关键

以"景宁 600"的模式创新案例为例。海拔 600 米是影响农产品品质的自然地理分界线。浙江丽水景宁畲族自治县将海拔 600 米以上村庄的农产品统一种植、统一管理、统一包装、统一销售,通过打造县域生态技术服务平台和绿色金融服务网络,全面推行标准化生产、基地化管理、品牌化经营、电商化销售,严格实施基地直供、检测准入、全程质量追溯管理,成功打造"景宁 600"区域农产品公共品牌,积极探索"景宁 600＋邮乐购＋飞柜＋营销联盟"一体化营销新模式,高山有机农产品热销上海、杭州等地。与此同时,全面实施乡村振兴"大搬快聚富民安居"工程,居住在高山远山的 1 万多名畲族群众全部实现了下山脱贫,600 米以上高山村庄华丽转身成为"有机家园""绿色菜园"。两年时间内建成绿色有机产品基地 9.5 万亩,"景宁 600"加盟主体达到 50 家,拥有旗下产品 105 款,年销售额达到 8.8 亿元,带动 3000 多农户年均增收近万元,点燃山区农民"下山脱贫""上山致富"的创业激情。

"景宁 600"模式依托"好山好水好空气",充分利用高山生态系统能量流,集聚集约大力发展有机农业,协同推进生态移民与农旅文融合,将山区农户、现代农业与生态市场有机衔接,通过"资本下乡""科技上山"助力乡村振兴,让日益凋敝的"山村经济"蝶变为欣欣向荣的"海拔经济",生动地体现了"好生态产出好产品、好品牌卖出好价钱",为广大山区生态产品价值实现提供了经验借鉴和模式参考。

(3)技术创新是生态产品价值实现的支撑

生态产品是一种生态溢价的高附加值产品,除具有一般产品的价值以外,还包含了生态环境与资源价值、生态技术与文化价值等特殊价值,在这些特殊价值形成过程中,生态技术具有十分重要的支撑作用。一方面,生态技术决定了人们对生态资源开发与利用的范围和程度;另一方面,先进生态技术可以大幅度提升生态产品的质量、营养和安全性,从而形成生态产品的高附加值,生态技术创新日益成为打开生态消费市场的核心竞争力。

"润生苔藓"技术创新案例分析:丽水市润生苔藓科技有限公司 10 年专注苔藓产品研发,苔藓产品摆上了 G20 杭州峰会的国宴台,做成了昆明植物园里的主题幕墙,成功登上世界园艺博览会的国际舞台,承担了中国馆的垂直绿化任务,成为各国领导人眼中的"中国生态象征",润生苔藓科技有限公司也成为全国唯一一家苔藓专业化繁育企业。从青年学生创业捣鼓苔藓小盆景,到景观装饰、燃料、生态修复、空气净化、药用开发等一系列应用开发,到吸引了国内一流基因库公司"深圳华大"600 万元风险投资。"润生苔薛"的创业过程就是一场生态技术的创新过程。"润生苔藓"的故事至少具有三点启发意义：第一，要实现生态产品的经济价值就必须要加强生态技术研发与推广，通过生态技术创新不断提高生态产品的内在品质和高附加值。第二，随着人们环保意识和健康理念的提升，生态产品市场需求巨大，生态市场前景广阔。第三，具有生态素养的创业青年是农村生态产品价值实现的生力军，应给予关注和支持。

（4）文化创新是生态产品价值实现的源泉

生态产品价值实现要求将"绿水青山"蕴含的生态价值转化为"金山银山"，生态文化在其中具有十分重要的引领作用，不仅可以提升人们的生态认知，树立尊重自然、敬畏自然、保护环境的生态伦理观，而且可以通过生态文化创意发展文化服务产业，将山水文化、自然景观、人类文化遗产有机融合，满足人们休闲旅游、文化体验、艺术欣赏的生态消费需求，在保护环境、节约资源的同时促进文化和旅游产业融合发展，有力地证明了"保护环境就是保护生产力、破坏环境就是破坏生产力、建设环境就是发展生产力"。

以下以遂昌金矿成为挖不完的金山银山案例为例。遂昌金矿从唐朝开始一直不间断开采，逐渐成为一座资源枯竭和环境污染双重制约的古老矿山。在"绿水青山就是金山银山"理念指引下，遂昌金矿坚定不移地走"绿色变革、转型升级"发展道路，经过 10 年的努力，华丽转身蝶变为 4A 级国家矿山公园，依托千年金矿文化成功打造了"中国黄金之旅"特色旅游，先后荣获"全国资源利用优秀单位""国家级绿色矿山"等称号，成为一座挖不完的金山银山。遂昌金矿通过文化创新复活资源型产业，坚持矿产资源节约利用与绿色产业同步发展，彻底摒弃"坐吃山空"的传统路径，充分利用保存完好的矿业遗迹和优良丰富的山水资源，深入挖掘悠久灿烂的矿业文化，大力发展特色旅游，走出了一条"资源枯竭—生态修复—文化复兴—旅游富民"的绿色发展道路，实现从"黄色经济"到"黑色经济"再到"绿色经济"的历史跨越，为资源枯竭型产业的转型升级与可持续发展提供了可资借鉴的经典样本。

3."绿水青山就是金山银山"学院跨区域合作

中国（丽水）"两山"学院是丽水市人民政府、中国科学院大学、中国科学院生态环境研究中心、浙江省发展规划研究院、丽水学院合作共建的特色新型学院。以"潜心'绿水青山就是金山银山'研究、服务'绿水青山就是金山银山'实践、培养'绿水青山就是金山银山'人才、建设'绿水青山就是金山银山'智库"为办学使命,定位为立足丽水、面向山区、服务全国,聚焦生态产品价值实现,助推山区高质量绿色发展。成为"'绿水青山就是金山银山'理论与实践研究中心、山区高质量绿色发展新型智库、全国"绿水青山就是金山银山"应用型人才培训培养基地、国家生态产品价值实现协同创新平台。

该学院主要开展"绿水青山就是金山银山"理论研究。围绕生态产品价值实现的基础理论与逻辑问题,全面开展理论研究,推出了一系列高水平理论研究成果,致力于完成从"绿水青山就是金山银山"理念到"绿水青山就是金山银山"理论,再到"绿水青山就是金山银山"理论体系的学术建构。"绿水青山就是金山银山"实践研究包括承担 GEP(生态系统总值)核算任务、编制《生态产品价值核算指南》(DB3311/T139—2020)地方标准、完成《绿色发展标准体系》总体架构、编写生态产品价值实现案例集。

扎实开展"'绿水青山就是金山银山'之路"实验区建设,提炼和总结全国有代表性的生态产品价值实现案例;对接地方政府,搭建平台,打通"绿水青山就是金山银山"转化通道,助力地方经济发展;成立长江分院、梅河口分院和黄河分院,推广丽水践行"绿水青山就是金山银山"理念和生态产品价值实现试点的经验和做法。面向市内、省内及长江经济带开展"绿水青山就是金山银山"干部培训,构建了"'绿水青山就是金山银山'理论与政策、生态产品价值实现、乡村振兴与城乡融合"三大领域培训体系,目前正面向全国拓展 GEP 核算和"绿水青山就是金山银山"干部培训。另外,该学院积极开展"绿水青山就是金山银山"平台建设,是浙江省科学技术协会之江科技智库研究基地、浙江省哲学社会科学新型重点专业智库培育单位。

中国(丽水)"两山"学院在跨区域合作方面积极探索、寻求合作、搭建平台,分别成立(筹划)长江分院、梅河口分院和黄河分院。2019 年 12 月 5 日,中国(丽水)"两山"学院与宜宾职业技术学院共建中国(丽水)"两山"学院长江分院项目签约。其与长江分院将依托各自优势资源,开展多层次、多领域的深度合作,共同探索"创新生态文明建设的产教融合"新模式,搭建集生态学、经济学及社会学等相关学科的协同创新平台,为宜宾市创建成为"绿水青山就是金山银山"的实践示范基地和全国生态文明示范市提供坚实的人才保障和智力支持。通过设置信息统计与分析(GEP核算)、生态经济评估等专业,为长江上游生态屏障、中国西部地区提供生态发展理论和科研的应用支撑和人才保障。2019年9月,吉林省梅河口市市委党校与"两山"学院就设立中国"两山"学院梅河口分院有关事宜进行磋商洽谈,双方对设立分院具体细节问题进行了详细的研究探讨和广泛交流。2020年9月,陕西省铜川市照金干部学院、市发改委分别与中国(丽水)"两山"学院就干部教育培训、黄河流域生态保护和高质量发展等事宜签订了合作共建框架协议。研究商讨了与中国(丽水)"两山"学院合作共建照金分院和黄河研究院等合作事宜。

中国(丽水)"两山"学院长江学院已经成立,黄河分院、梅河口分院的前期筹备工作也在有条不紊地进行着。并且还与四川广元、吉林梅河口市、上海市崇明区等外省市开展了GEP核算的前期对接工作,初步形成合作意向。中国(丽水)"两山"学院积极探索绿水青山向金山银山转化的有效途径和扩大通道,增强地方生态环境功能和可持续发展能力,逐步在全国形成了较大的影响。

(三)海洋生态文明建设

1.浙江省生态海岸带建设

浙江拥湾而兴、向海而荣,拥有全国最长的海岸线和最丰富多样的海洋资源。为深入践行海上"绿水青山就是金山银山"理论,按照科学管海、生态用海的思路,建设海洋生态建设示范区,为全面建设美丽健康海洋做好浙江示范和贡献浙江经验。2020年6月28日,省政府办公厅正式印发了《浙江省生态海岸带建设方案》,这是浙江推进生态海岸带建设的总体性、指导性、纲领性文件。

(1)总体思路

以新发展理念统筹推进绿色生态、人流交通、历史文化、休闲旅游和美丽经济这五廊道建设,高水平塑造大湾区生态、经济、人文空间新格局,彰显滨海城镇和乡村风情魅力,将生态海岸带建设成为浙江省展示现代美丽湾区的新载体和全国生态海岸带保护建设的新标杆。

(2)发展目标

到2025年,基本贯通公路绿道系统,完成海洋湿地、重要水源地、防护林(含红树林)等生态建设、海塘修复和环境治理。建成3—5条示范岸段,成为浙江省滨海品质生活共享新空间。到2035年,全面建成绿色生态廊道、客流交通廊道、历史文化廊道、休闲旅游廊道、美丽经济廊道"五廊合一"的生态海岸带。

(3)特色路径

联通:拓展"断头路",贯通连接线,完善绿道网,有机串接起自然与人文资源,实现"近海、通海、亲海"功能。增绿:系统推进生态保护与绿色发展,提高海岸带生态系统完整性、生物群落多样性,打造绿色生态美丽廊道。衍生:在生态海岸带沿线拓展创意空间、幸福产业、体验经济,不断塑造新空间、拓展新场景、培育新产业。

(4)建设工程

一是生态保护修复工程。统筹推进陆海污染联动治理,大力保护钱塘江、曹娥江、椒江、瓯江、飞云江等重要河口生态系统,保护沿海基干林带,养好大湾区"绿心绿肺",加强生态资源保护与景观改造,积极推动沿海本底资源绿化与美化升级,高水平建设杭州湾国家湿地公园、玉环漩门湾国家湿地公园。

二是绿色通道联网工程。按照快速通道网络、慢行绿道网络、接驳服务网络"三网"融合要求,构建内联外接的绿色通道网络。规划1条以上贯通全省沿海并可自驾的快速路。贯通由游步道、自行车道等组成的慢行道,分级分类规划建设驿站。让群众可以骑行或自驾畅游浙江沿海。

三是文化资源挖潜工程。深入挖掘与弘扬生态海岸带文化内涵,建立科学保护、传承创新、全民共享的人文遗产保护体系,打造全国一流滨海文化体验目的地。深入开展海洋文化遗产调查,挖掘、保护历史遗存。改造升级中国港口博物馆等主题场馆,高标准建设一批国家和省级考古遗址公园。

四是生态海塘提升工程。提升海塘防台御潮标准并进行生态化改造,推进海塘安澜千亿工程,拓展海塘综合功能,升级提标打造安全海塘、绿色为辅打造生态海塘、功能拓展打造共享海塘。

五是乐活海岸打造工程。引导游艇、运动、赛事、文创、网红打卡等新业态植入,有序建设一批滨海风情独特的高等级景区、旅游度假区、风情景观(街区)。发展帆船、赛艇、摩托艇等项目,改造象山亚帆中心等水上运动训练基地,加快引进国际性赛事。突出风情沙滩、滨海度假、海岛休闲等滨海特色主题,谋划形成百条海岸带休闲旅游精品线路。策划中国海洋文化节,办好浙江海洋运动会,举办环浙沿海系列马拉松、山地越野自行车赛等赛事。

六是美丽经济育强工程。深入推进生态田园、绿色园区、无废城镇、魅力乡村等美丽经济载体建设,培育新经济新业态新模式,放大生态海岸带综合效应。包括绿色为基优化农业生态圈、资源循环建设"无废城镇"、清洁生产建设绿色园区、多元绽放培育新经济新业态。

(5)示范建设

统筹考虑现状条件、资源禀赋、特色彰显、示范意义,在合适地点选择长度 40 公里左右,腹地深度 20 公里左右的区域作为生态海岸带示范段予以建设,明确提出率先推动四种典型类型的四个示范段:海宁海盐示范段代表了河口田园型,杭州钱塘新区示范段代表了滨海都市型,宁波前湾新区示范段代表了滨海湿地型,温州 168 示范段则代表了山海兼具型。率先在示范段建成"七个一"(一处省级以上自然保护地、一条开放联通的快速路、一条可承办自行车或马拉松比赛的绿道、一处全国知名旅游目的地、一线特色风情景观街区、一座省级创新创业平台特色小镇、一处高层次公共文化地标)。将采取特色小镇创建制的办法,分批滚动推进生态海岸带示范段建设,通过示范段创建引领浙江省生态海岸带建设整体推进。

(6)标志项目及项目库

以国际化、标志性为引领,强化资源整合、特色彰显、文化挖掘与业态植入,完善绿道网络、接驳通道、标识系统和国际化服务设施,嵌入全省生态海岸带大网络,初步提出打造南北湖高端旅游休闲区、千年古塘观潮胜迹、梦钱塘都市创业创新回廊、前湾万顷滨海湿地公园、石浦美丽风情渔港、抗倭文化遗址保护开发、中国海洋运动活力中心、渔寮黄金海岸休闲沙滩、浙江佛学文化体验圣地、钱塘江围垦历史文化长廊等十大标志性项目,成为串联浙江生态海岸带最靓丽的珍珠。并以绿道网络、水利设施、接驳通道、标识系统和国际化服务设施为重点,具体谋划和选取了六大类 103 个实施类项目,总投资 3495 亿元。

2.温州海洋生态文明建设

温州市拥有海域 8649 平方千米,海岸线长 1248 千米,海岛 700 余个。丰富的海洋资源既是温州经济社会发展的重要依托,也是生态文明建设的主战场。

为了保护好珍贵的海洋资源,温州市相继发布实施了《温州市海洋环境保护规划》《温州海岸带主体功能区规划》。2014 年,温州被列为全国首批海洋生态红线试点城市,制定出台《温州市海洋生态红线划定方案》,划定50 个海洋生态红线区和 42 个大陆自然岸段,强化红线空间约束,严格分类分区的功能管制。2017 年 12 月,温州市出台《海洋生态建设三年行动计划(2018—2020 年)》,大力开展海岸线整治与修复、沙滩优化整治、滩涂湿地功能修复、海洋公园和保护区建设、海洋生物资源恢复、生态岛礁和海洋牧场建设。选择洞头西山头沙滩整治与修复、苍南县炎亭金沙滩修复、平阳县海西镇生态廊道、龙湾海洋特别保护区生态修复、瑞安市铜盘岛大沙岙沙滩修复、乐清南塘镇海岸线整治与修复等六大工程作为海洋生态建设示范项目,努力打造海洋生态建设典范。其中,洞头海洋生态整治修复项目争取中央补助资金 3 亿元,共吸引社会投资 4.86 亿元,通过项目实施直接带动海岛环境提升、旅游发展、渔民增收;苍南县通过"退围还海",率先在全国建立养殖用海二级承包制度,积极打造海洋生态保护、海域自然资源资产化管理和渔村振兴的全国典范,走出一条人海共荣的可持续发展新路子。

经过多年的海洋生态整治修复,温州近岸海域水质趋好。2017 年夏季监测结果显示,全市第一类、第二类水质面积占监测海域总面积的46.4%,为全省最高。大陆自然岸线保有率为 38.4%,海岛自然岸线保有率为 83.8%,均高于省控制指标。已建成海洋保护区 7 个,总面积 619.79平方千米,占全市海域总面积的 7%。

为了强化海洋环境监测,温州市制订年度海洋环境监测实施方案,积极加强排污口、重点港湾、海洋保护区以及江河入海物总量、赤潮等重点区域和要素的监测,及时发布海洋环境公报和海洋生态环境质量通报,全面加强海洋环境监测力度。通过自建、共建和协作等多种方式,先后建成8个海洋环境监测站(中心),形成了及时高效、门类齐全的海洋监测体系。市、县两级政府每年安排专项监测资金800多万元,在近岸海域布设监测站点370多个,温州已成为全国布控监测站位最密集的海域之一。

温州持续深入开展"浙南鱼仓"修复振兴暨"一打三整治"专项行动。全面推进湾(滩)长制,把"河长"制延伸至海洋,建立完善海滩监管长效机制,全市所有湾(滩)已建立"一滩一档",市、县、乡镇、村四级滩长和协管员已上岗履职。有序推动减船转产工作,通过发展绿色健康养殖、拓展渔业产业链、发展休闲渔业和海洋旅游,加大减船转产力度,实现渔民劳动力有效转移。据了解,浙南鱼仓修复效果显现,渔业总资源密度有所增加,幼鱼发生量大幅上升,多年不见的大黄鱼和乌贼也逐步回归。

(四)仙居生态文明建设

仙居县是浙江省唯一的绿色化发展改革开展试点,这是浙江省实践探索县域生态文明的重要举措。要求建设县域绿色经济发展示范区、绿色生活方式践行区、生态文明建设先行区、绿色化发展体制机制创新区,探索山区县县域绿色发展之路。

1. 仙居绿色化发展改革试点经验与做法

2015年8月,浙江省政府批复仙居县开展县域绿色化发展改革试点,仙居成为全省唯一的"县域绿色化发展改革试点县"。根据《仙居县域绿色化发展改革试点总体方案》,仙居改革试点的目标是:到2017年,形成循环化的生产方式,形成低碳化的生活方式,形成生态化的空间格局,建立现代化的治理机制;到2020年,将仙居建设成为全省县域绿色经济发展示范区、绿色生活方式践行区、生态文明建设先行区、绿色化发展体制机制创新区。

在改革试点的推动下,仙居县呈现出经济发展转道、传统产业转型、城乡靓丽转身、生活方式转变的良好势头,全县经济社会向绿色转型迈出了坚实的步子,探索出了一条加快发展地区以改革促发展、促富民、促跨越的新路子。2018年8月,浙江省经济体制改革工作领导小组办公室印发了《立足生态优势推动转型发展的成功实践——仙居县开展县域绿色化发展改革试点的主要做法》,认为仙居县依托生态资源优势和块状产业优势,走出了一条绿色化发展的道路,是生态优势转化为发展优势的成功探索,为本地区和全国类似山区的绿色发展提供了经验和启示,值得浙江各地学习参考。

2. 仙居绿色试点成效及模式转化

试点以来,仙居县重视做好改革的顶层设计和系统谋划工作,建立推进绿色化发展的框架组织、考评体系、规划体系、标准体系、政策体系,明确了生产、生活、生态、机制四大层面的改革任务和具体项目,主动探索实践县域生态文明建设。在生态经济、责任考核、标准体系、乡村治理、教育宣传等方面发生了深刻转变,形成了鲜明的特色经验,发展模式已具雏形。

(1)生态经济:从产业生态化向探索生态产业化深化

探索构建以产业生态化和生态产业化为主体的生态经济体系,形成产业绿色转型的仙居模式。

推动传统块状行业生态化转型升级。按照循环经济理念,通过医药化工企业搬迁入园,工艺礼品行业综合整治,医疗高技术企业引进落地等行动,构建了"纵向延伸、横向耦合、区域共生"的循环型产业体系,实现了搬迁、改造、创新"三位一体",全面推行了清洁生产,从源头上减少传统产业污染排放。建立了生态工业发展指标和评价体系,制定了绿色企业公约,树立绿色示范企业,制定了生态工业标准和绿色企业创建地方标准规范,实现生态型工业转型升级。

以标准化整治提升生态农业。以标准化打造国内一流的高端农业,创建了全国绿色食品原料标准化生产基地,制定了绿色农业地方标准。构建全程质量安全保障链,率先实现食品和食用农产品电子化溯源。创造性地实施"人畜分离"工程,打造"仙猪公寓",在设计、建设、防疫管理、排泄物资源化利用方面实行统一标准,实现县域全覆盖,破解养殖环境问题。

积极探索生态产业化转化路径。推动全县生态旅游升级。通过标准化提升旅游产品服务质量、规范旅游市场秩序和整合品牌形象,制定了"仙居绿色旅游业标准体系",被国家标准化管理委员会列入美丽乡村标准化试点。组建了全国首个生态文明旅游管理委员会,构建"1+4"综合执法体系。实行分区管理,等级保护,创新国家公园建设和管理体制。提升农家乐民宿的转型。提升服务品质和产品质量,推动"农家饭"升级为"农家味","农家房"升级为"农家客栈","农家乐"升级为"农家游",让村民从古老的传统农业直接跨入到现代的服务行业。推动农旅深度融合。建设"四季花海",打造"秀美田园",油菜花观光带、杨梅观光带、葵花景观带已入选中国美丽田园,杨梅节、油菜花节已成为浙江省知名农事节庆。

(2)评价考核:从追求传统经济增长向引导生态协调发展深化

探索建立以绿色为导向的综合评价体系和责任考核机制,形成绿色考核的仙居经验。

营造绿色发展观和政绩观。制定"仙居绿色化发展指标和评价体系""辛苦指数、服务指数、创新指数"系列考评办法,取消对乡镇 GDP 考核,构建一套"绿色政绩"考核评价体系,对县级部门、乡镇、平台实施绿色化发展考核,把对干部考核奖惩的重点向绿色生态领域延伸。制定《县域绿色化发展改革实施方案》、分年度计划和重点任务清单。完善财政投入、金融保障、产业激励等政策体系,建立绿色化发展基金和环境综合整治奖励资金。各部门制定《绿色项目高速审批办法》《加快生态工业发展促进工业转型升级的若干意见》等 10 多项"政策清单",全面激活绿色发展后劲。

主动完成自然资源资产核算。主动完成了《仙居县自然资源资产负债表研究报告》、生态红线划定、《永久绿色资产管理清单和永世维护享用办法》等,为生态产业化发展提供基础依据和保障机制,为推进领导干部离任审计,完善领导干部绩效考核评价,开展流域生态补偿机制建设等一系列生态文明建设任务提供重要的基础和科学依据。

(3)标准体系:从绿色指标体系向绿色标准体系深化

在全国率先研究制定《县域绿色发展指标体系》,创新推进《绿色创建标准体系》建设,组织开展制定农业、工业、服务业、新兴业态等各大产业的绿色标准,用标准体系指导和检验绿色发展。以指标体系和标准体系构成绿色发展的双保障,构建县域绿色发展仙居标准。

（4）乡村治理：从管理民主向治理有效深化

仙居县"三绿"模式是探索乡村治理的自觉践行和原始创新，虽然在推进乡村治理时切口很小，但是突破很大、成效显著，形成乡村治理的仙居模式。

推行"绿色公约"，破解群众主动参与难。绿色公约经民商、民议、民定、民决后纳入《村规民约》，推广低碳生活方式，发展绿色产业，涵盖生态、生产、生活等具体化可量化的公约。通过村民参与、党员带头多主体践行、考评奖励等机制保障公约有效施行。建立"绿色货币"，破解公众长效践行难。形成按照"绿币"兑换清单，激励村民和游客践行绿色理念、倡导绿色生活方式的积分奖励制度。在全国率先成立县级绿色基金和村级绿色基金，累计发放"绿币"258万余元。开展"绿色调解"，破解乡村矛盾化解难。通过"五步五法"（五步即"积极受理找苗头、义务劳动做两工、调查取证四询问、过错罚种三棵树、协商和解握握手"；五法即"褒扬激励法、真情打动法、排忧解难法、公正评议法、乡贤领办法"）工作机制，组建"乡贤巡调组""巾帼先锋组"等，让乡村矛盾调解过程创新转化为村民自我教育过程和矛盾双方参与绿色发展的过程，实现矛盾纠纷调解成功率99.52%。

（5）宣传教育：从本地传统宣传教育向全域全民国际宣教深化

将宣传教育接地气地转化到生活和生产中，通过看得见摸得着，深切感受到的宣传教育，潜移默化地提升了全域全民全过程的生态文明意识和教育，让生态文明成为主流价值观，形成生态文明宣教的仙居模式。

加强当地宣传教育。仙居县积极构建多元化全方位的绿色宣传体系，组织成立三支讲师团全方位多层次宣讲。动员全县200个义工组织和1.5万名志愿者，全程参与绿色活动和绿色宣传。成立"绿色智库"，开展绿色化发展头脑风暴沙龙活动。创建"中国县域绿色发展论坛"，发布《县域绿色发展仙居共识》，让"知绿、懂绿、践绿、护绿"形成共识，让生态文明成为主流价值观。

提升全域全民教育。仙居县构建绿色交通系统，每年补贴2000万元实施全民免费公交，投入1800万元建设公共自行车系统。建设全国县域最长的永安溪绿道和乡镇绿道网，把城市和乡村串联在一起，让城乡共享生态效益。成立绿币基金,开展新能源微公交出行补贴,倡导"1357 绿色出行",开展"绿色出行争做绿色达人""绿色出行我先行"、绿币达人等活动。推进"厕所革命",提升景区环境质量。将"黄皮屋"整治与美丽乡村建设相结合,改善了乡村景观容貌,提升了城乡居民生活环境。试点垃圾分类处理垟庄村模式。探索推行"绿色银行",打通"绿色公约"和"绿色货币"的通道,构建绿色信用。在全社会树立绿色生活的行为标准,引导和规范人民群众以绿色、低碳、循环的方式开展工作、学习和生活。

推进绿色发展国际交流合作。仙居县以国家公园建设为主要抓手,开展绿色化发展国际交流与合作。在全国率先出台了《生物多样性保护行动计划》,并颁布全国首个国家公园全域禁猎令。获得法国开发署贷款 7500万欧元,引进发达国家先进理念和技术,提升仙居国家公园建设管理水平。利用全球环境基金赠款,实施了国内首个生物多样性新型碳汇项目——"仙居县生物多样性碳汇项目"。承办了"中德生物多样性保护国际研讨会",发布仙居国家公园生态系统服务价值。举办"中法经验交流和思路碰撞专题研讨会",向世界推介仙居经验。

(五)仙居试点"三绿"乡村治理破解痛点

乡村是国家治理体系的"神经末梢",实现乡村有效治理,是国家有效治理的基石,是乡村振兴的重要目标和重要保障。党的十九大指出"加强农村基层基础工作,健全自治、法治、德治相结合的乡村治理体系"。近年来,仙居县以"三绿"(绿色公约、绿色货币、绿色调解)为突破口,充分调动干部、群众、游客、乡贤和社会组织等多元主体深度参与乡村治理,有效破解了乡村治理中群众主动参与难、公众长效践行难、乡村矛盾化解难的痛点,探索了一条乡村振兴的绿色乡村治理之路。

1.仙居"三绿"乡村治理试点的主要经验

(1)破解群众主动参与难,推行"绿色公约"

"绿色公约"是通过公开征集意见等方式吸收公众参与讨论,推广低碳生活方式,发展绿色产业,制定内容涵盖生态、生产、生活等具体化、可量化的公约。公约经民商、民议、民定、民决后纳入《村规民约》,以"三大机制"保障公约有效执行。一是建立村民参与机制。要求各村在制定绿色公约中充分听取民意,因村而宜制定务实管用的"绿色公约"。在"绿色公约"制定前、执行过程中和量化考核中都充分调动村民参与的积极性。二是建立党员带头多主体践行机制。实行党员责任网格制度,通过网络化、垂直化管理,实行党员联户、包干到户,带头推进"绿色公约"落地生根。动员农村妇女、社会志愿者参与到"绿色公约"践行和宣传中,扩大公约的影响力。三是建立考评奖励机制。与推进乡风文明、美丽乡村、垃圾分类等工作结合,在内容上细化、考核上量化、激励上积分化,建立互学互比机制,从源头上激发各级主体主动参与和践行"绿色公约"的自治意识。

(2)破解公众长效践行难,建立"绿色货币"

"绿色货币"是一项激励村民和游客践行绿色理念、倡导绿色生活方式的积分奖励制度。目前推行有两个层面:一是在村级层面设立"绿币"。主要对村民参与垃圾分类、废物回收、绿色资产维护等绿色行为进行积分兑换。二是在外来游客层面设立"绿币"。凡游客自觉践行参与《"绿币"兑换清单》上的如绿色消费、节能环保、垃圾分类、光盘行动等行为,给予相应绿币奖励。这些奖励的绿币可以直接用于生活消费、日常支付、公益捐赠等。为保障绿币常态化、规范化运转,仙居在全国率先成立县级绿色基金和村级绿色基金,以保障绿币的资金运行,县级绿色基金资金由县政府组织筹措,村级绿色基金由村级自筹。截至目前,全县共136个村设立了绿色基金,累计发放绿币258万余元。

(3)破解乡村矛盾化解难,创新"绿色调解"

"绿色调解"是仙居县坚持发展新时代"枫桥经验",创新乡村矛盾调解方式,将"绿色+"理念融入到乡村矛盾纠纷调解过程中,通过"五步五法"工作法,推动片警组团入格、司法调解团组入格、巡回法庭法官组团入格,构建全科网格"1+3"服务体系,将村民解决矛盾的固有传统、习惯做法与生态保护、绿色发展结合起来,潜移默化地化解纠纷,使乡村矛盾调解过程转化为村民自我教育过程和矛盾双方参与绿色发展的过程。"绿色调解"从创新的视角来化解乡村矛盾纠纷,注重乡贤、社会组织、社会力量在推进乡村多元共治中的作用,充分发挥在化解乡村矛盾中的"人缘"和"熟人"作用,搭起政府和群众之间的"连心桥"。

2."三绿"乡村治理实施效果

(1)绿色资源向绿色经济的转变

通过"绿色公约",将生态文明建设和绿色发展的理念与乡村特色资源保护、特色产业发展相结合,既有效保护了乡村的绿色资源和绿色资产,也盘活激活了乡村的绿色资源和绿色资产。如淡竹乡通过制定绿色公约和出台《永久绿色资产管理清单和永世维护享用办法》等措施,整治了一批老村老屋,再利用了一批古石古井等古文物,打造了一批承载乡愁记忆的美丽乡村,催生了一批有文化、有灵魂、有记忆的特色民宿,形成了"仙居人家"的民宿品牌。目前,该乡已累计开办农家乐(民宿)118家,吸引外来投资超亿元的民宿有6家,年营业收入近亿元。

(2)分散治理向"三治融合"的转变

通过"绿色公约",将村民遵守绿色生活和绿色理念的意识,以公约的形式把新风尚树立起来,以村规民约的形式把新理念固化起来,形成制度、敦化风俗,以公约涵养德治,让乡村人心聚起来。通过"绿色货币",有效引导村民、游客等本地和外来主体共建绿色乡村,打破了空心化背景下,仙居治理主体单一的困局。通过"绿色调解",有效发动了乡贤、社会组织等多元主体参与乡村矛盾调解,实施"乡贤领办法",组建"乡贤巡调组""巾帼先锋组"等,搭建了社会组织和社会力量发挥作用的平台,解决了农村基层社会治理的最后一公里难题,把自治、法治、德治相结合的要求真正落到了实处。目前,"乡贤巡调组"已在全县20个乡镇街道、300多个村(社区)实现全覆盖,实现矛盾纠纷调解成功率99.52%。

(3)从"政府热村民冷"向"政府推全民动"的转变

"绿色公约"掀起了一场绿色生活的革命。从村民到党员,从党委组织到两委干部,从家庭主妇到外来游客,树立了绿色生活理念,形成了绿色消费习惯。"绿色货币"使村民、游客在维护绿色生活和保护生态环境方面建立了绿色发展利益转化机制。维护绿色发展、保护生态环境,让大多数民众参与治理、分享收益,形成了共抓大保护的局面。不仅有效实现了农村垃圾源头减量,而且打破了农村环境治理"政府热群众冷"的被动局面。

在"三绿"治理推动下,仙居县实现了乡村生态环境的绿色转型,连续三年荣获省"五水共治"大禹鼎,农村垃圾分类投放率100%,建成了省A级景区村庄72个。

3.进一步深化绿色乡村治理的建议

(1)增强"绿色公约"执行力,提升公约权威性。一是突出群众参与,增强"绿色公约"的公信力。各级民政部门和乡镇街道在指导各地村规民约的制定执行过程中,要坚持"约由民议、约由民定、约由民决、约由民执",充分协商,确保制定的"绿色公约"群众内心真接受、真认可。二是突出务实管用,增强"绿色公约"的影响力。要因地制宜、因村而宜,制定务实管用、符合各村实际、群众认同的"绿色公约",将绿色公约转化为绿色共识,将共识转化为共为,重树村民规则意识,重构乡村规则体系,使基层治理转向为多元共治。三是突出量化考核,增强"绿色公约"的约束力。打通"绿色公约"与"绿色货币"的转换通道,以可量化的积分制来管理"绿色公约",增强"绿色公约"的执行力。

(2)完善"绿色货币"机制,实现点绿成金。一是全面推广使用"绿币"。在推进农村垃圾分类、绿色生活、绿色出行、绿色消费、绿色公益和扶贫攻坚等领域,鼓励使用"绿币",评选"绿色达人",倡导绿色生活新风尚。借鉴上海在推行垃圾分类中设立"绿色账户"的做法,探索设立"绿色银行"。二是使"绿币"用途多元化。除了引入商家、电商,用"绿币"积分兑换商品或抵扣商品价格外,还可以把"绿币"积分与生活缴费、志愿服务、生活便民等相结合,使"绿币"用途多元化,提高公众参与积极性。

(3)创新"绿色调解"机制,重塑乡村精神家园。一是进一步丰富"绿色调解"的内涵。完善绿色化调解模式,可以增加约定种草、种花以及捡垃圾、清理河道、清洁卫生死角等美化环境行为。可以在发展项目建设、涉污事件处置等方面发挥更大作用。二是进一步创新"绿色调解"的机制。完善乡镇基层治理四平台建设机制,构建"1+3"警务法律服务体系建设,推动"警调、法调、讼调"关口前移,将"片区民警、司法调解、巡回法庭"与全科网格员结合起来,做好基层社会治理的前端,打通民主法治在基层的最后一公里。搭建乡贤、社会组织和社会力量深度参与乡村治理的平台,延伸"民调"触角,整合司法、民政、公安、妇女维权等"官调"资源,将各管各的转变为互联互动,使"官调"和"民调"齐发力。三是感教并举重塑乡村精神家园。在"绿色调解"中引入乡风民俗的要素,倡导传统道德教化的作用,通过最美乡贤、慈孝之星等身边例子来感化村民,革除村庄陋习。通过弘扬优秀家风,塑造文明家庭、绿色家庭,建立起"个人—家庭—村庄"三位一体的乡风文明体系,重塑乡村精神家园。

三、浙江跨区域生态文明建设合作

(一)高水平建设新时代美丽浙江

浙江省作为习近平生态文明思想的重要萌发地和"绿水青山就是金山银山"理念的发源地与率先实践地,自 2002 年提出生态省建设战略以来,历届省委、省政府始终秉持"绿水青山就是金山银山理念,以"八八战略"为统领,在浙江全省掀起了一场全方位、系统性的绿色革命,初步形成了经济强、生态好、百姓富的现代化发展格局,2019 年通过生态省试点验收,国家生态文明建设示范市县和"绿水青山就是金山银山"实践创新基地创建走在了全国前列,成为建设美丽中国的先行者和排头兵。

党的十八大以来,习近平总书记亲自部署、亲自推动生态文明建设和生态环境保护,系统形成习近平生态文明思想,开辟了生态文明建设理论和实践的新境界。当前,污染防治攻坚战取得重要进展,生态环境质量明显改善,但与人民群众的期盼、与美丽中国的目标还有不小差距。必须牢牢把握生态环境保护的战略定力,坚持新发展理念,走绿色发展、高质量发展之路不动摇,坚持依法治理环境污染和保护生态环境不动摇,坚持守住生态环境保护的底线不动摇,持续改善生态环境质量,为建设美丽中国打牢生态基础。

浙江省制定《深化生态文明示范创建,高水平建设新时代美丽浙江规划纲要(2020—2035 年)》(以下简称《规划纲要》),是浙江生态省建设工作的延续和深化,也是浙江建设成为展示习近平生态文明思想和美丽中国建设成果重要窗口、推进浙江生态文明示范建设的重要举措,更是浙江省深入贯彻习近平生态文明思想以及总书记在浙江考察时的新嘱托新期望的体现。应切实担负起生态文明建设先行示范的历史使命,积极谋划推动新时代美丽浙江建设的各项工作,加快推动形成绿色生产方式和生活方式,高标准打赢打好污染防治攻坚战,持续增加优质生态产品供给,加快构建系统完备、运行有效的生态文明制度体系,为美丽中国建设提供更多更好的"浙江样本"和"浙江经验"。

《规划纲要》明确了全面建成美丽中国先行示范区的总目标,制定了向世界展示习近平生态文明思想的重要窗口、绿色低碳循环可持续发展的国际典范、"绿水青山就是金山银山"转化的实践样板、生态环境治理能力现代化的先行标杆、全民生态自觉的行动榜样等 5 个战略定位,确定了与"十四五"规划、2030 联合国可持续发展目标、2035 年美丽中国基本实现相对应的美丽浙江建设目标以及六维建设 35 项指标,谋划了构建集约高效绿色的全省域美丽国土空间、发展绿色低碳循环的全产业美丽现代经济、建设天蓝地绿水清的全要素美丽生态环境、打造宜居宜业宜游的全系列美丽幸福城乡、弘扬浙山浙水浙味的全社会美丽生态文化、完善科学高效完备的全领域美丽治理体系等 6 项重点任务,为高水平建设新时代美丽浙江谋划了蓝图。到 2025 年,浙江将基本建成美丽中国先行示范区。中期目标是到 2030 年,美丽中国先行示范区建设取得显著成效,为落实联合国 2030 年可持续发展议程提供浙江样板;远期目标是到 2035 年,高质量建成美丽中国先行示范区,天蓝水澈、海清岛秀、土净田洁、绿色循环、环境友好、诗意逸居的现代化美丽浙江全面呈现。

《规划纲要》充分体现了浙江省委省政府一以贯之抓好生态文明建设的责任担当。纲要内容既充分阐释了习近平生态文明思想的省域实践要求,又充分展现了浙江特色;既有效衔接了"十四五"时期浙江经济社会发展目标,又对标联合国 2030 年可持续发展目标和党的十九大提出的 2035 年基本实现美丽中国目标;既跳出浙江看浙江,又客观准确把握浙江所处发展阶段及特征;既深入总结和推广浙江生态省建设的经验做法,又找差距补短板;不仅具有突出的战略性、指导性、前瞻性、实践性,而且思路清晰、研究基础扎实、目标指标科学、措施具体可行,可为全省各级美丽建设规划提供引领,是科学指导浙江当前和今后 15 年生态文明建设的纲领性文件。

2020 年 7 月 11 日,浙江省人民政府举办了《深化生态文明示范创建,高水平建设新时代美丽浙江规划纲要(2020—2035 年)》高层次专家论证会。8 月 15 日,全省高水平建设新时代美丽浙江推进大会在安吉县余村召开,会上正式发布《规划纲要》。浙江狠抓《规划纲要》贯彻落实,以最严格的保护措施夯实大花园基础,以最优美的生态环境集聚高端创新资源,以最硬核的改革举措拓展转化通道,以最强劲的数字优势推进高效能环境治理,以最强有力的组织领导保障先行示范建设,让绿色成为浙江发展最动人的色彩。要全力打造深化"五水共治"碧水行动、清新空气示范区、全域"无废城市"、推进塑料污染综合治理、千岛湖特别生态功能区、生态环境治理数字化转型等生态文明建设的标志性成果,目前各项工作和任务正在有序推进。

(二)长三角绿色一体化发展示范区

2019 年 10 月 25 日,国务院正式批复《关于长三角生态绿色一体化发展示范区总体方案》。2019 年 11 月 1 日,长三角生态绿色一体化发展示范区建设推进大会举行。中共中央政治局委员、上海市委书记李强,江苏省委书记娄勤俭,浙江省委书记车俊出席会议,共同为长三角生态绿色一体化发展示范区、长三角生态绿色一体化发展示范区理事会和长三角生态绿色一体化发展示范区执行委员会揭牌。

1.基本概况

建设长三角生态绿色一体化发展示范区是实施长三角一体化发展战略的先手棋和突破口。一体化示范区范围包括上海市青浦区、江苏省苏州市吴江区、浙江省嘉兴市嘉善县(以下简称"两区一县"),面积约 2300 平方公里(含水域面积约 350 平方公里)。将长三角生态绿色一体化发展示范区建设成为更高质量一体化发展的标杆,有利于集中彰显长三角地区践行新发展理念、推动高质量发展的政策制度与方式创新,率先实现质量变革、效率变革、动力变革,更好引领长江经济带发展;有利于率先将生态优势转化为经济社会发展优势,探索生态友好型发展模式;有利于率先探索从区域项目协同走向区域一体化制度创新,不破行政隶属、打破行政边界,实现共商、共建、共管、共享、共赢。

2.战略定位

一是生态优势转化新标杆。充分发挥环淀山湖区域生态环境优势,构建蓝绿交织、林田共生的生态网络,把好山好水好风光融入大都市圈,形成绿色田园、古朴乡村、现代城镇和谐共生的空间格局,积极探索和率先实践生态优先、绿色发展、乡村振兴有机结合的新路子。

二是绿色创新发展新高地。依托优美风光、人文底蕴、特色产业,集聚创新要素资源,打造国际一流的产业创新生态系统,构建更大范围区域一体的产业创新链。

三是一体化制度创新试验田。聚焦规划管理、生态保护、土地管理、要素流动、财税分享、公共服务政策等方面,探索行之有效的一体化制度安排,推进全面深化改革系统集成,高起点扩大开放,为长三角一体化发展提供示范。

四是人与自然和谐宜居新典范。构建便捷、绿色、智能、安全的现代化基础设施体系,建立多层次、跨区域、高水平的公共服务网络,打造凸显江南水乡特点的文化标识地,促进城乡有机融合、均衡发展,为居民创造高品质生活环境。

3.发展布局

统筹生态、生产、生活三大空间,把生态保护放在优先位置,不搞集中连片式开发,打造"多中心、组团式、网络化、集约型"的空间格局,形成"两核、两轴、三组团"的功能布局。

"两核"即环淀山湖区域和虹桥区域。环淀山湖区域作为创新绿核,打造生态、创新、人文融合发展的中心区域。虹桥区域作为动力核,大力提升商务服务能力,聚焦发展现代服务业,进一步增强服务长三角、联通国际的重要功能。"两轴"即沿沪渝高速和通苏嘉高速的两条创新功能轴,重点围绕科技创新,集聚国内外创新要素资源,推动产学研深度融合,发展生态友好型创新产业集群。"三组团"即以青浦新城、吴江城区、嘉善新城等节点为支撑的城市功能组团,推动形成层次丰富、功能互补的多中心发展格局。

4. 空间布局

选择青浦区金泽镇、朱家角镇,吴江区黎里镇,嘉善县西塘镇、姚庄镇作为一体化示范区的先行启动区,面积约 660 平方公里,着力构建"十字走廊引领、空间复合渗透、人文创新融合、立体网络支撑"的功能布局,严格控制开发强度,蓝绿空间占比不低于 75%,规划建设用地不超过现有总规模。

十字走廊引领,重点是以水为脉,保护水生态、提升水品质、做好水文章,打造绿色人文和创新功能两条走廊。南北向人文走廊,以湖荡水系资源为依托,串联金泽、西塘古镇,形成绿色人文纽带。东西向创新走廊,以西岑科创中心、汾湖高新区和高铁科创新城等为发展组团,形成蓝色创新珠链。

空间复合渗透,围绕朱家角、金泽、黎里、西塘、姚庄等小镇,塑造若干高品质宜居宜业宜游的人居空间,体现城镇空间、乡村空间、生态空间、创新空间的复合发展和融合渗透。

人文创新融合,依托古镇群落和风貌区组团,融入创新创意基因,构建更富魅力、彰显特色的江南水乡文化景观风貌。

立体网络支撑,构建以蓝网、绿网、交通网、信息网为支撑的空间网络。以蓝色网络彰显江南水乡河网湖荡密布特色,以绿色网络锚固开发边界,以多模式交通网络带动城镇和功能区发展,以高速泛在的信息网络促进智慧高效发展。

5. 发展目标

到 2025 年,一批生态环保、基础设施、科技创新、公共服务等重大项目建成运行,先行启动区在生态环境保护和建设、生态友好型产业创新发展、人与自然和谐宜居等方面的显示度明显提升,一体化示范区主要功能框架基本形成,生态质量明显提升,一体化制度创新形成一批可复制可推广经验,重大改革系统集成释放红利,示范引领长三角更高质量一体化发展的作用初步发挥。到 2035 年,形成更加成熟、更加有效的绿色一体化发展制度体系,全面建设成为示范引领长三角更高质量一体化发展的标杆。

6. 制度创新

重点聚焦规划管理、生态保护、土地管理、项目管理、要素流动、财税分享、公共服务政策、公共信用等八个领域。明确了一体化示范区的八个方面制度创新:一是探索建立统一编制、联合报批、共同实施的规划管理体制;二是探索统一的生态环境保护制度;三是探索跨区域统筹土地指标、盘活空间资源的土地管理机制;四是探索项目跨区域一体化管理服务机制;五是探索促进各类要素跨区域自由流动的制度安排;六是探索跨区域投入共担、利益共享的财税分享管理制度;七是探索共建共享的公共服务政策;八是建立统一的公共信用管理制度等。

7.管理模式

明确了一体化示范区的体制机制,构建了理事会—执委会—发展公司的三层架构、业界共治的模式。一体化示范区将建立"理事会+执委会+发展公司"三层次架构,形成"业界共治+机构法定+市场运作"治理格局。具有三个特点:一是三地联合,业界共治。两省一市联合成立一体化示范区理事会,理事会由两省一市相关政府部门和示范区属地政府组成,突出政府作用和属地责任;同时,为充分吸纳社会建议,理事会邀请了知名企业家和智库代表作为理事会特邀成员,发挥类似公司独立董事的作用,为一体化示范区建设贡献智慧力量。二是三地轮值,统一决策。一体化示范区理事会的理事长由两省一市常务副省(市)长轮值,理事会作为一体化示范区建设重要事项的决策平台,研究确定一体化示范区发展规划、改革事项、支持政策,协调推进重大项目。理事会定期召开工作会议,保障一体化示范区建设有序推进。三是授权充分、精简高效。理事会下设一体化示范区建设执行委员会,作为一体化示范区开发建设管理机构。执委会负责一体化示范区发展规划、制度创新、改革事项、重大项目、支持政策的具体实施,重点推动先行启动区相关功能建设。

两省一市共同组建示范区理事会,2019年11月1日揭牌后,示范区理事会第一次工作会议召开,审议通过了理事会工作规则、示范区总体方案分工和近期重点工作安排三个重要文件。2019年11月5日,执委会正式挂牌运作。

执委会下一步要重点做好五方面工作。一是强化规划引领。完成示范区和先行启动区国土空间规划编制工作。聚焦水系统、综合交通、生态环保、市政基础设施、文化和旅游发展、产业发展等六个领域,以先行启动区为核心,编制好专项规划。二是强化制度创新。按照总体方案明确的八个重点领域,积极探索一体化制度创新,成熟一项推出一项,有序推进,形成可复制可推广的经验成果。三是强化项目落地。围绕生态环保、基础设施、产业创新和公共服务四个重点领域,聚焦先行启动区功能提升,尽快推动重大项目落地见效。四是强化资源配置。协调两省一市三级八方,加强优势资源要素集聚,做好政策保障,特别是加大对示范区重大生态类项目、产业结构调整项目、存量低效用地盘活项目、重大功能性项目导入等支持力度。五是强化法治保障。做好示范区制度创新的法治保障,对需要突破现有法律法规的,积极协调及时调整,通过协同立法做好对执委会的明责授权。

(三)钱江源国家公园体制试点

1.基本概况

钱江源国家公园是我国目前 10 个国家公园体制试点区之一,也是长三角经济发达地区唯一的试点区,总面积约 252 平方公里。公园内保存着全球稀有的大面积呈原始状态的中亚热带低海拔典型的常绿阔叶林,是世界濒危野生动物黑麂和白颈长尾雉的全球集中分布区,有南方红豆杉等珍稀濒危国家保护植物 32 种,有云豹等国家重点保护动物 43 种,常年负氧离子保持在 9 万个/厘米³ 以上。钱江源国家公园体制试点工作得到各级领导的高度重视。国家发改委、环保部等部委领导多次莅临视察,车俊书记、袁家军省长先后深入实地调研,省委、省政府把钱江源国家公园列为浙江省计划打造的十大名山公园之首。2016 年 6 月,国家发改委正式批复《钱江源国家公园体制试点区试点实施方案》,2019 年 7 月,钱江源国家公园管理局正式挂牌,这是浙江在绿色生态文明建设道路上的又一探索性实践。

2.试点内容

(1)围绕"多龙治水",聚焦管理体制创新

钱江源国家公园体制试点区自然资源丰富,拥有 2 个"国字头"保护区和 1 个省级保护地,"多龙治水"现状亟待理顺。应将推进钱江源国家公园体制试点作为深化改革创新的关键焦点,始终把牢"体制创新"主线。统筹整合"钱江源国家森林公园、古田山国家级自然保护区、钱江源省级风景名

胜区""一园两区"管理体制,2017年3月成立钱江源国家公园党工委、管委会,与县委、县政府一套班子抓统筹,解决了碎片化管理问题,形成"规划一个口、审批一支笔、资源一本账、保护一张网"的良好格局;党工委、管委会内设国家公园办公室、下设生态资源保护中心,实行实体化运作,其中生态资源保护中心下设五部五站(五部即规划建设部、资源管理部、社区发展部、科研合作交流部和综合保障部,五站即苏庄、齐溪、长虹、何田保护站和国有林场保护站),共有编制70名,并整合试点乡镇力量,整体工作力量达到221人,乡镇长兼站长,同时配备专职副站长,五个管理站都已挂牌运行。2019年4月,为确保钱江源国家公园体制试点工作符合《建立国家公园体制总体方案》要求,在省委省政府高度重视下,省委编委下发了《关于调整钱江源国家公园管理体制的通知》(浙编〔2019〕13号),明确成立钱江源国家公园管理局,由省政府垂直管理,用实际行动践行"绿水青山就是金山银山"的发展理念。

(2)围绕"跨省合作",聚焦保护模式创新

开化县政府以及发改等相关部门主动到毗邻的江西婺源、安徽休宁等地协商交流,共同探讨合作的可行性。2017年12月28日,举办了浙皖赣三省四县(市)首届司法护航钱江源国家公园绿色发展行动合作论坛,德兴、婺源、休宁三县政法委书记带队,四地公检法司主要领导就司法护航钱江源国家公园开展研讨,现场签署共抓大保护的《开化宣言》,并建立了绿色发展共同谋划、情报信息共同分享、边界纠纷共同化解、生态案件共同协办、整治修复联合行动五大护航钱江源国家公园合作机制,这个模式在10个国家公园体制试点中尚属首创,2018年4月最高人民法院还到开化调研国家公园司法保护工作。与毗邻的江西、安徽所辖的三镇七村和安徽休宁岭南省级自然保护区签订了12份合作保护协议。目前已经完成跨行政区合作保护的课题研究。

(3)围绕"全民占比",聚焦地役权改革创新

《建立国家公园体制总体方案》要求国家公园全民所有的自然资源资产占主体地位,集体土地可探索协议保护等多元化保护模式,实现自然资源由国家公园管理机构统一管理。传统意义上的解决方案是通过土地赎买的方

式降低集体土地占有比例。试点区森林覆盖率 97.55%，集体林地占比 79.24%，征收面积约 4.5 万亩，财政投入过大，极易产生矛盾和冲突，同时剥夺了原住民对土地的使用权和收益权，将带来生态移民和产业转移的后续问题。

一是从生态系统科学保护角度出发，细化了国家公园的保护对象的保护需求，结合土地利用类型(耕地、林地、园地、水源地以及宅基地)，确定实施地役权的空间范围；明确保护需求和原住民生产生活之间的关系，形成分类的保护一致性谱并以正负行为清单的形式体现。

二是根据风险控制理论和生态足迹的原理，量化正负行为的价值，并从生态系统监测指标改善情况、正负行为遵守情况和社区能力建设三个维度制定地役权制度的评价方法；据此形成地役权合同，明确供役地人和需役地人的权责利。

三是引入了市场化的资金渠道，扩充了原先唯有的财政渠道资金，确定了直接经济补偿的标准和间接带动社区绿色发展的方案，形成了科学的而非一刀切的生态补偿方式。目前，全面完成试点区集体林权地役权改革，试点区内集体林地地役权补偿标准提高到 48.2 元/亩，全省最高，涉及的 3757 户农户全部签订了集体林地地役权设定合同，实现了国家公园范围内重要自然资源的统一管理，为破解东部地区自然资源全民所有占比低难题提供了解决模板。

3. 创新举措

(1)形成有利于严格保护的体制机制

按照《建立国家公园体制总体方案》要求，积极争取上级支持，建立与严格保护相适应、相匹配的钱江源国家公园管理机构。按照"国家所有、全民共享、世代传承"的国家公园建设目标，根据《钱江源国家公园体制试点总体规划》要求，探索集体林地征收、置换等工作，逐步提高全民所有自然资源占比。全面推进集体林地、宅基地、农村承包土地地役权改革，最终实现国家公园范围内所有自然资源资产由钱江源国家公园管理局统一监管保护的目标。按照生命共同体理念建立跨区域生态补偿机制，推进更大尺度生态系统保护。

（2）建立有利于加强监管的巡防体系

一是推进保护站与保护点建设。建设完善苏庄、长虹、何田、齐溪、县林场等5个保护站,设立21个保护点和空气、温度、土壤、水质等生态监测站,在试点区重要的山口、路口、隘口设置哨卡。

二是推进巡护路线及制度建设。按照改造提升、串通联网、巡查管护的要求,构建跨省、跨区、跨乡的巡护路线网,推进安徽休宁、江西婺源等省际巡护道路建设。制定落实《保护站工作职责》《钱江源国家公园火灾应急预案》《专职生态巡护员管理办法》等制度,建立健全生态巡护员考核办法,实现巡护工作的规范化、常态化。

三是深化巡护设施及队伍建设。招聘巡护员,建立社区（村）专（兼）职巡护队伍和森林消防队伍;增设消防水池、通信基站,完善森林消防基础设施建设,建设火情瞭望监测监控点,提高火情火警的预防监测能力;结合智慧公园系统要求,安装监控平台和摄像头,加快综合在线监测和指挥系统等软硬件建设,逐步建立人防、物防、技防的"三防"体系。

（3）建立有利于实时共享的监测平台

完成国家公园全境网格化生物多样性综合监测平台搭建,启动动物卫星追踪监测,开展珍稀动植物调查、拯救与培育技术研究。加强与中科院植物所对接,整合智能监控图像识别技术,建设国家公园"智慧大脑"综合管理系统。借助现代科技手段,深入开展生态系统综合研究和生物多样性保护研究,为科学保护提供翔实依据。

（4）建立有利于理念普及的环境教育

系统梳理钱江源国家公园的资源和特色,提炼国家公园环境教育主题。依托钱江源国家公园科普馆、中国亚热带生物多样性研究中心、钱江源国家公园珍稀植物园等,加强统筹谋划、整体策划,建立并完善国家公园环境教育与解说体系,全方位开展环境教育,普及生态文明理念。

4.试点成效

与试点前的保护地相比,现在保护地面积扩大了1.65倍,创造性地用大约6%的面积开展游憩展示,促进了对94%的区域的全面保护,并且在全国率先出台国家公园山水林田河管理办法,在全省率先实行全域禁渔管理,实现了保护与发展并举。

一是解决了交叉管理。试点区内有 3 处保护地、4 个乡镇、19 个行政村等管理部门和行政单位,涉及林业、环保、水利、国土、文化、旅游、规划等多个监管部门,生态要素的多部门交叉管理问题突出。试点区将整合现有的 4 个管理机构,建立由省政府垂直管理的统一管理机构,将切实解决资源保护的交叉管理与多头管理问题。

二是引领了绿色发展。钱江源国家公园体制试点以来,浙江省委省政府明确设立试点专项资金 5.5 亿元,并且实施生态环境考核财政绿色奖补,累计获得省生态环境质量考核奖励 10.27 亿元。钱江源国家公园体制试点还给开化带来了明显的溢出效应,为开化发展注入了"源头活水"。

三是推动了科学研究。设立了傅伯杰院士工作站,与中科院植物所签订科技合作框架协议,建设森林生物多样性与气候变化研究站;世界自然保护联盟组织了 20 多个国家的专家来钱江源国家公园考察;国家发改委支持 4000 万元的科普馆项目已经动工。到目前为止,已经有 50 多个国家的科研人员来到钱江源国家公园开展科研科考工作。

钱江源国家公园针对集体林占比较高的实际,探索开展保护地役权改革,为我国南方地区实现重要自然资源统一管理积累了经验。还将开展承包地地役权改革和宅基地地役权改革,通过改革促进原住民生产生活方式的改变。钱江源国家公园地处浙江、江西、安徽三省毗邻区域,开展自下而上的跨区域合作保护,并取得了显著成效。这样的跨区域合作机制,将为破解自然保护地多头化、破碎化管理,提供可借鉴的范本。

四、总结展望

纵观生态文明思想和"绿水青山就是金山银山"理念的形成,经历了"绿水青山就是金山银山"形象描述,党的十七大概念提出,党的十八大科学定义,党的十八届三中全会明确路径,中共中央、国务院在《关于加快推进生态文明建设的意见》明确实现任务,将生态文明建设融入"五位一体"的各方面和全过程,协同推进"五化",中共中央、国务院印发《生态文明体制改革总体方案》做了顶层设计和具体部署，增强了生态文明体制改革的系统性、整体性、协同性，以及一系列系统性的试点、试验和示范区建设经验总结。习近平生态文明思想经历了概念、定义、路径、实践等过程，从探索实践到理论总结、从理论指导到实践完善，已经逐步成为相对成熟完整的体系。这期间，浙江省在贯彻践行和创新升华"绿水青山就是金山银山"理念、完善生态文明建设、开展跨区域合作方面做出了重要的贡献。

面向未来15年的发展，浙江省深化生态文明示范创建，高水平建设新时代美丽浙江，重点方向和定位是建设向世界展示习近平生态文明思想的重要窗口、绿色低碳循环可持续发展的国际典范、"绿水青山就是金山银山"转化的实践样板、生态环境治理能力现代化的先行标杆、全民生态自觉的行动榜样。浙江生态文明建设和跨区域合作可以从理论创新和实践探索、制度改革探索与体制机制创新、市场化推进生态经济发展、生态绿色科技研发和成果转化、绿色金融创新、国际交流合作等方面进一步开展工作。

一是理论创新和实践探索。浙江要不断积累实践经验和进行理论创新，不仅要依据自身优势形成鲜明特色，更要形成可复制、可推广的经验，逐步上升到国家政策和理论创新的高度。更应该把优秀经验和实践成果认真整理总结，上升到政策创新和理论创新的高度，做好生态文明建设和践行"绿水青山就是金山银山"理念的"重要窗口"，为全球范围内的生态文明建设提供中国经验和解决方案。

二是制度改革探索与体制机制创新。深化加强"多规合一"试点、自然资源资产登记和统计、自然资源统一确权和产权改革、生态保护红线划定、生态安全风险防范、生态保护补偿制度、国家公园机制建设、生态文明教育等方面的制度改革。在完善"绿水青山就是金山银山"转化路径的基础上拓展"绿水青山就是金山银山"转化通道，要积极构建以政府为主体的引导机制、以企业为主体的市场机制、以社会公众为主体的参与机制，并要做到具有国际性前瞻性，可操作可推广。

三是市场化推进生态经济发展。构建以产业生态化和生态产业化为主体的生态经济体系，要政策类手段和市场类手段共同协作，要强化企业为主体、资源配置市场化的决定性作用。通过开发生态产品、生态服务等让人民共享生态效益。要制定完善绿色产业指导目录、生态产业准入负面清单、深耕生态资源开发新兴业态。

四是生态绿色科技研发和成果转化。要因地制宜,充分结合资源优势、生态优势、产业优势,紧跟第四次工业革命趋势,应用大数据、人工智能、新材料、新能源等技术,运用跨界和平台理念,构建市场导向的绿色技术创新体系,引导产业生态化发展。开展跨区域多方协作、多元化合作,共建共享绿色科技平台。

五是绿色金融创新。围绕金融支持绿色产业创新升级、金融支持传统产业绿色改造转型等方面试点绿色金融机制体制创新。

六是开展国际交流合作。浙江要建设成为展示习近平生态文明思想和美丽中国建设成果的"重要窗口",要开辟"绿水青山就是金山银山"理念新境界,深化生态文明建设新成果,不断提升中国国际生态话语权和新时代中国建设形象,就要不断完善国际交流合作,相互借鉴、取长补短。

参考文献

[1]长三角生态绿色一体化发展示范区总体方案(发改地区〔2019〕1686号).国家发展改革委,2019-10-26.

[2]陈光炬."绿水青山就是金山银山"转化:生态产品价值实现的内在逻辑——来自全国首批试点地区的经验观察.中国社会科学报,2020-06-30.

[3]关于印发仙居县域绿色化发展改革试点做法与经验的通知(浙改办〔2018〕6号).浙江省经济体制改革工作领导小组办公室,2018-08-03.

[4]胡峻.改革开放以来浙江生态价值观的壇变概述.南京广播电视大学学报,2013(4):55-57.

[5]坚定不移沿着绿水青山就是金山银山的路子走下去.车俊在"绿水青山就是金山银山理念提出十五周年理论研讨会"上的讲话,2020-08-15.

[6]刘伟杰,闫文辉.浙江省生态文明建设的经验和启示.山东农业工程学院学报,2019(5):78-81.

[7]沈满洪.生态文明建设的浙江经验.浙江在线.(2017-06-06).https://js.zjol.com.cn/ycxw_zxtf/201706/t20170606_4173990.shtml.

[8]石敏俊.生态产品价值如何实现? 中国环境报,2020-09-24.

[9]顺应发展规律的战略谋划——写在浙江实施"八八战略"15 周年之际.经济日报,2018-07-18.

[10]浙江省人民政府办公厅关于印发浙江省生态海岸带建设方案的通知(浙政办发〔2020〕31 号).浙江省人民政府办公厅,2020-06-28.

[11]浙江省生态环境厅关于印发 2019 年全省生态环境工作要点的通知(浙环发〔2019〕1 号).浙江省生态环境厅,2019-03-01.

[12]中共浙江省委关于建设美丽浙江创造美好生活的决定.中国共产党浙江省第十三届委员会第五次全体会议,2014-05-23.

　　执笔人:孟东军,浙江大学中国西部发展研究院生态文明研究中心;骆凡,浙江大学公共管理学院博士生。

第五章　创新创业跨区域
合作的浙江路径

创新创业是推进经济社会发展的重要内容,跨区域合作能促进创新创业的资源、要求、人才等充分共享和共赢。浙江创新创业在全国大力推动"大众创业、万众创新"的进程中,扮演着极其重要的先锋角色,特别是在创新创业的政策改革、人才支持、平台和载体建设等方面都处于全国前列,并形成了浙江"创业新四军"的重要主体。本章的主要内容如下:第一,梳理了近年来浙江出台的一系列关于创新创业的政策,并重点阐述了科技创新创业合作的内容,主要涉及人才支撑、产业导向、科技成果转移转化、拓展海外创新创业市场、加强名校名院所合作等方面的创新创业合作内容。第二,从深化与大院名校的科技合作、加强长三角区域科技合作、加强科技援助与交流、全面推进科技军民融合等方面重点分析近年来浙江推进创新创业合作取得的成效。第三,以科技论文合作为例,分析浙江与全国和世界主要国家在论文合作集中度、机构集中度、学科中心性等方面的特征。第四,分析来华留学人才集聚浙江创新创业合作的现状、问题与提升路径。第五,提出推动浙江跨区域创新创业合作的政策建议。

　　跨区域创新合作是通过区际创新要素共享,增强企业获取外部创新资源的能力,进而提高区域创新能力,促进经济发展。跨区域创新合作在微观层面上,首先表现为知识与创新存在空间溢出的本质特征,是跨区域创新合作形成的基础。推动跨区域创新合作形成的最重要微观力量是知识及其主体——人力资本的创造与空间扩散:一是知识本身存在空间溢出效应,如在相互交流中形成"潜移默化"的影响;二是知识资本存在空间流动性,如创新成果可以通过市场交易实现区际扩散;三是知识的物质载体——人力资本的流动性是影响知识空间扩散有效性的最重要因素,也是推动跨区域创新合作形成的重要力量(高丽娜,2012)。

一、浙江创新创业合作的政策梳理及其特点

　　浙江的创新创业在全国处于前列位置,也是推动国际国内创新创业合作的先锋。自国家实施"大众创业、万众创新"战略以来,浙江省借助国家政策的东风,加快发展科技创新,依托互联网技术和平台推进更多创业。创新创业合作有利于促进资源要素共享,发挥各方优势,实现互利共赢。近年来,浙江通过政策制定,规划各方责任,引领资源、人才等多方面支持创新创业合作。浙江创新创业合作相关政策内容梳理(见表5-1)及其特点主要包括以下方面。

(一)强调创新创业人才合作与支撑

　　人才合作无疑成为推动创新创业跨区域合作的主要内容之一。全球人才的跨区域流动,推进创新创业要素资源的集聚和发展,抢占人才制高点成为各地方政府加强创新创业合作的重要抓手。浙江省近几年来先后出台诸多创新创业相关的政策,都将人才作为核心要素。2013年的中共浙江省委《关于全面实施创新驱动发展战略加快建设创新型省份的决定》、2015年的浙江省人民政府《关于大力推进大众创业万众创新的实施意见》和2019年的《浙江省引进大院名校共建高端创新载体实施意见》等,都明确强调要大力培养和引进高层次创新创业人才。重点引进一批能够突破关键技术、发展高新技术产业、带动新兴学科的海外高层次创新创业人才;鼓励支持浙商

回归创办科技型企业和创新型企业,积极吸引海外高层次人才来浙落户创业。2016 年浙江省人民政府印发《浙江省科技创新"十三五"规划》进一步指出,不断拓宽创新人才与团队的引进渠道,依托各类创业创新平台和人才,充分发挥浙大系、阿里系、海归系、浙商系"创业新四军"的作用,团队式引进国内外高层次人才,鼓励其携成果来浙江省创业。2018 年浙江省人民政府《关于强化实施创新驱动发展战略深入推进大众创业万众创新的实施意见》更加具体地提出,开展海外高层次人才服务"一卡通"试点,拓宽安居保障和医疗保健服务通道,分层分类安排高层次人才子女入学;探索华侨华人高层次人才来浙创新创业便利政策措施,开展在浙外国留学生毕业后直接就业试点,加快推进杭州、宁波国家海外人才离岸创新创业基地建设。2020 年浙江省科学技术厅《关于充分发挥科技支撑"两手硬两战赢"作用确保实现全年目标任务的若干意见》提出,加快创建一批外国专家工作站和引才引智示范基地,标准化推进"外国高端人才创新集聚区"建设,推广"研发飞地"和"人才飞地"模式,促进人才资源高效流动。

(二)突出产业导向的创新创业合作

产业导向的跨区域创新创业合作有利于推动科技支撑产业的高质量发展,同时产业的发展催生更多的科技创新创业。浙江省十分重视科技创新支持特色、重点产业的发展,也更加注重支持小微企业的创新创业。从国家整体创新创业体系和区域创新主体来讲,浙江在全国的创新创业与产业的发展都较为契合。2013 年的中共浙江省委《关于全面实施创新驱动发展战略加快建设创新型省份的决定》明确提出,支持杭州完善区域创新体系,明确主导产业和主攻方向,争创国家自主创新示范区。2015 年的浙江省人民政府《关于大力推进大众创业万众创新的实施意见》也强调,鼓励创新型企业、行业龙头骨干企业、上市公司以及落户浙江的世界 500 强企业、跨国公司积极培育企业内部创客文化,建立企业内部资源平台。2016 年浙江省人民政府印发《浙江省科技创新"十三五"规划》指出,推动杭州、宁波国家高新区创建具有全球竞争力的一流高科技园区;支持嘉兴科技城以院地合作先行区、科技改革试验区、高新创业引领区为目标,力争成为长三角地区重要的电子信息产业基地。2020年浙江省科学技术厅《关于充分发挥科技支撑"两手硬两战赢"作用确保实现全年目标任务的若干意见》提出鼓励高校院所和创新平台免费向企业开放大型科研仪器设备,对测试仪器、实验装置产生的相关数据按照有关规定开放共享。

(三)推动科技成果转移转化合作

科技成果转化合作是创新创业跨区域合作的重要内容,浙江省近年来对科技成果转化区域合作极为重视,先后出台了相关政策和建立了科技成果交易大市场平台等,将科技成果转移转化列为近年来浙江推进科技创新的主要抓手,不断拓展国内外科技成果转移转化市场。2013年的中共浙江省委《关于全面实施创新驱动发展战略加快建设创新型省份的决定》明确提出,鼓励企业"引进来、走出去",成为科技合作与交流的主力军,并鼓励企业与国内外科技创新大院名校开展产学研合作,引进或共建创新载体,促进科技成果产业化;同时,鼓励技术先进企业主动参与国际、国家标准修订制定,提高标准话语权。完善科技服务体系,促进国内外科技成果到浙江交易、转化。2017年浙江省人民政府办公厅《关于印发浙江省建设国家科技成果转移转化示范区实施方案(2017—2020年)的通知》(以下简称《通知》)明确要求,积极推动浙江科技大市场在全国布局,加快推进省级市场和地方市场建设,加强与国内外各类成果转化平台合作,把浙江科技大市场逐步发展成为全国性的科技大市场;同时,建立完善与省内外军事科研单位、军工企业的合作机制,推动军民融合技术成果转移转化。在加强国际科技成果转移转化方面,《通知》指出,建设国际技术转移协作网络,探索建设G20国际技术转移中心,积极实施"一带一路"科技合作专项,建设具有全球影响力的科技创新成果展示、发布和交流中心。2018年8月浙江省人民政府《关于强化实施创新驱动发展战略深入推进大众创业万众创新的实施意见》指出,健全技术转移体系,大力发展"互联网十"科技大市场,构建全国性技术交易网络,加快浙江知识产权交易中心建设。2020年浙江省科学技术厅《关于充分发挥科技支撑"两手硬两战赢"作用确保实现全年目标任务的若干意见》提出,推进全省技术合同登记点联网与网上技术市场联通,并逐步实现与税务系统、省外技术市场联通,便捷创新主体实时享受政策优惠。

(四)拓展海外创新创业合作市场及平台

　　浙江努力把坚持开放合作作为重要路径以推进国际创新创业跨区域合作。2016年浙江省人民政府印发的《浙江省科技创新"十三五"规划》指出,坚持全球视野,发挥"互联网+"的协同优势,推进创新要素跨界流动,坚持引进来和走出去并重、引资和引技引智并举,汇聚融合国际优质科技资源,构建更加高效的创新网络,打造全方位开放创新新格局;牢牢把握国家实施"一带一路"倡议的发展契机,积极融入长江经济带,主动对接上海全球科技创新中心建设,促进长三角地区科技创新联动发展;支持高等学校、科研院所、企业参与国家战略,服务区域经济转型升级,加强科技资源输出,在全国范围内搭建交流平台,促进浙江省科技型企业开展国内科技合作;推进与加拿大、芬兰、捷克、葡萄牙、以色列等国的联合研究计划,加强在海洋科技、清洁技术、再生能源、智慧物流等领域的科技合作与交流。利用海外科研基础条件加强国际科技合作,建立中外联合实验室和工程技术园区。支持浙江省技术、产品、品牌走出去,开拓国际市场。2017年浙江省人民政府办公厅《关于印发浙江省建设国家科技成果转移转化示范区实施方案(2017—2020年)的通知》明确要求,机构开展交流合作,在技术交易、咨询评估、科技金融、知识产权等领域,培育100家重点科技中介机构,形成一批专业人才集聚、服务能力突出、具有国际影响力的科技中介机构。2018年8月浙江省人民政府《关于强化实施创新驱动发展战略深入推进大众创业万众创新的实施意见》指出,推动建立二十国集团(G20)国际技术转移中心,积极开展"一带一路"科技合作交流行动。加强科技创新开放合作。开辟多元化科技合作渠道,发挥科技创新在浙江省参与"一带一路"建设中的引领和支撑作用,全面提升科技创新合作的层次和水平。2019年浙江省科学技术厅《浙江省引进大院名校共建高端创新载体实施意见》强调,鼓励有条件的机构和有实力的龙头企业建设海外研发中心、海外创新孵化中心,到2022年力争达到100家。

(五)加强与国内高校及科研机构等的创新创业合作

高校和科研院所是创新创业合作的动力源泉,浙江省积极利用国内外名校、名院等机构的资源,为科技创新创业合作提供良性支撑。加强与高校和科研院所的合作始终为近年来浙江推动跨区域创新创业合作的重要着力点。2013年的中共浙江省委《关于全面实施创新驱动发展战略加快建设创新型省份的决定》明确强调,大力发展企业孵化器、大学科技园、大学生创业基地、留学人员创业园等创新创业载体,完善创业服务体系,强化创业辅导功能,促进科技企业孵化培育和科技成果产业化;支持中国科学院宁波材料所、浙江清华长三角研究院、浙江大学国际校区、国家海洋科技国际创新园、香港大学浙江研究院等创新载体的建设和发展,充分发挥其承接大院名校科技人才优势、服务浙江省经济社会发展的作用。2015年的浙江省人民政府《关于大力推进大众创业万众创新的实施意见》也强调,全力支持杭州建设具有全球影响的区域创新平台;进一步加大省部合作、省院合作、省校合作的资金、项目扶持力度,在大学城、科技城、开发区(高新园区)、省级产业集聚区引进更多国内知名大学共建研究生院和创业基地,引进更多国内大院大所共建研究开发机构,加强引进和培养国内外一流研发人才与团队;充分利用互联网开放优势,构建社会各界创新资源交流合作的平台。2016年浙江省人民政府印发的《浙江省科技创新"十三五"规划》指出,加大对引进大院名校的支持力度,鼓励其在浙江省设立分支机构,开展技术合作。继续深化与中国科学院、中国工程院和清华大学、北京大学等的合作;支持行业骨干企业与高等学校、科研院所联合组建技术研发平台和产业技术创新联盟。2019年浙江省科学技术厅《浙江省引进大院名校共建高端创新载体实施意见》强调,发挥市场在资源配置中的决定性作用,以社会资本投入为主,鼓励企业、人才团队、科研机构等多元主体合作共建150—200家面向市场应用为主的创新载体;引进对象应为国内外著名高等院校、研究机构或大型企业集团等,在专业技术领域具有领先的科研优势和发展潜力,拥有自主知识产权的关键核心技术,有望取得前瞻性、引领性原创成果重大突破或开发战略创新产品,打造成为"高尖精特"创新载体;优先支持引进建有国家级重大科技创新载体的各类机构。

表 5-1　近年来浙江推进创新创业相关政策梳理及关键内容

政策颁布的年份	政策颁布的机构	政策文件名称	关于创新创业跨区域合作的核心内容表述
2013 年 5 月	中共浙江省委	关于全面实施创新驱动发展战略加快建设创新型省份的决定	鼓励企业参与国际、国家标准修订制定;促进国内外科技成果到浙江交易、转化;支持杭州完善区域创新体系,争创国家自主创新示范区;支持企业孵化器、大学科技园、大学生创业基地、留学人员创业园等创新创业载体;培养引进海内外高层次创新创业人才,支持浙商回归创办科技创业型企业;鼓励企业与国内外科技创新大院名校开展产学研合作;扩大创业投资引导基金规模,引进国内外投资机构合作设立子基金
2015 年 11 月	浙江省人民政府	关于大力推进大众创业万众创新的实施意见	支持杭州建设具有全球影响的区域创新平台;继续加大对海内外高层次人才和团队的政策支持力度;鼓励创新型企业积极培育企业内部创客文化;支持在外浙商带资金、带技术回乡创业创新;加大省部合作、省院合作、省校合作的资金、项目扶持力度,在大学城、科技城、开发区(高新园区)、省级产业集聚区引进更多国内知名大学共建研究生院和创业基地;构建社会各界创新资源交流合作的平台
2016 年 8 月	浙江省人民政府	浙江省科技创新"十三五"规划	发挥"互联网＋"的协同优势,推进创新要素跨界流动;发挥杭州科教人才优势和开发开放优势,吸引一批高端人才;推动杭州、宁波国家高新区创建具有全球竞争力的一流高科技园区;支持嘉兴科技城力争成为长三角地区重要的电子信息产业基地;加大对引进大院名校的支持力度;支持组建技术研发平台和产业技术创新联盟;发挥浙大系、阿里系、海归系、浙商系"创业新四军"的作用;促进浙江省科技型企业开展国内科技合作;推进国际联合研究计划;建立中外联合实验室和工程技术园区;支持浙江省技术、产品、品牌走出去
2017 年 6 月	浙江省人民政府办公厅	关于印发浙江省建设国家科技成果转移转化示范区实施方案（2017—2020年）的通知	积极推动浙江科技大市场在全国布局;推动军民融合技术成果转移转化;推动国际科技成果转移转化;探索建设 G20 国际技术转移中心,积极实施"一带一路"科技合作专项;建设一批国际科技合作基地;鼓励浙江省企业跨国并购、合资、参股国外创新型企业,设立海外研发中心、国际科技创新中心;鼓励浙江省科技中介机构与国内外知名科技中介机构开展交流合作

续表

政策颁布的年份	政策颁布的机构	政策文件名称	关于创新创业跨区域合作的核心内容表述
2018年8月	浙江省人民政府	关于强化实施创新驱动发展战略深入推进大众创业万众创新的实施意见	大力发展"互联网＋"科技大市场;推动建立二十国集团(G20)国际技术转移中心,积极开展"一带一路"科技合作交流行动;开展海外高层次人才服务"一卡通"试点;开展在浙外国留学生毕业后直接就业试点;推进杭州、宁波国家海外人才离岸创新创业基地建设
2018年11月	浙江省人民政府	关于全面加快科技创新推动高质量发展的若干意见	开辟多元化科技合作渠道,发挥科技创新在浙江省参与"一带一路"建设中的引领和支撑作用;鼓励建设海外研发中心、海外创新孵化中心,到2022年力争达到100家;总结推广浙江清华长三角研究院"北斗七星"创新发展模式和"一园一院一基金"校地合作模式;争取建立国家级军民融合协同创新平台;加强知识产权国际合作交流
2019年12月	浙江省科学技术厅	浙江省引进大院名校共建高端创新载体实施意见	合作共建150—200家面向市场应用为主的创新载体;引进国内外著名高等院校、研究机构或大型企业集团等;打造"高尖精特"创新载体;优先支持引进建有国家级重大科技创新载体的各类机构;支持载体引进国际顶尖科技人才、创新团队
2020年2月	浙江省科学技术厅	关于充分发挥科技支撑"两手硬两战赢"作用确保实现全年目标任务的若干意见	鼓励高校院所和创新平台免费向企业开放大型科研仪器设备;加快创建一批外国专家工作站和引才引智示范基地;支持外国专家在国外通过网络指导开展在研项目;推广"研发飞地"和"人才飞地"模式;推进全省技术合同登记点联网与网上技术市场联通;全力办好中国(浙江)网上技术市场活动周、中国(浙江)全球科技精准合作大会、长三角地区(网上)创新成果展、科技(科普)活动周等品牌活动;加快布局一批国际科技合作基地、海外创新孵化中心;引进更多实用的科技成果到企业转化应用

资料来源:根据浙江省委、省政府、省科技厅相关文件整理而得。

二、浙江创新创业跨区域合作的成效分析

浙江历来重视创新创业的跨区域合作,主要涉及国内跨区域合作和国际合作与交流,特别是实施"大众创业、万众创新"战略计划后,浙江更是在政策、机制、平台、人才、资金等诸多方面加大力度并取得积极成效。在跨区域合作内容上,聚焦于国内和国际两方面,近几年来在这几个方面的合作成效明显,有效促进了浙江跨区域创新创业的合作与交流。

(一)浙江国内创新创业跨区域合作成效

在国内跨区域创新创业合作上,浙江主要以深化与大院名校科技合作、加强长三角区域科技合作、加强科技援助与交流、推进科技军民融合等方面(见表5-2)为主要抓手,通过共建实验室、创新创业平台、科技人员交流、科技成果转化等加强跨区域合作,近几年来的成效主要表现在以下几个方面。

一是瞄准国内高端科教资源,吸引创新创业要素不断集聚,促进和支撑产业转型升级发展。浙江省内高等教育创新资源相对不能满足浙江庞大的产业体系需求,需要引进省外高端科教创新资源。一方面,浙江先后与清华大学、中国科学技术大学、北京大学、北京航空航天大学等国内名校开展深入合作,特别强调在创新创业人才培养、国家级平台打造、创新重大成果转化机制、创新研究机构建设等方面的合作内容;另一方面,大力推进与中国科学院和中国工程院的科技创新合作,重点在科技产业项目对接、科技重大问题联合攻关等方面。实施了中科院STS(科技服务网络计划)重点产业示范项目、企业走进大院名所活动、科技项目对接路演等,有效推动了浙江的相关机构和企业的科技创新创业合作。

二是重视长三角地区的科技创新创业合作,加深区域联动和创新创业一体化,共享区域创新创业资源。长三角地区是我国创新创业最为活跃的区域之一,科技创业创新的要素资源也最为集聚,加上地理临近性强,长三角的区域创新创业合作的成效也较为明显。一方面,浙江推动长三角创新创业区域政策和机制的建立。共同制定《长三角科技合作三年行动计划推

进方案（2018—2020年）》，签署技术市场资源共享、互融互通合作协议等。另一方面，积极拓展产学研合作范围，促进企业技术创新和创业发展。联合主办长三角创新挑战赛，500条企业创新需求公开征集全球解决方案；组织企业参与高校科研院所的科技创新创业项目合作，涉及产业方面的诸多领域，达成金额数十亿元。

三是提升创新创业促进区域扶贫攻坚的效果。浙江的国内创新创业合作还体现在支撑对口帮扶地区的创新创业发展，浙江在推进区域创新扶贫合作方面，不仅承担的任务重，而且实施的效果也较好，涉及四川、贵州、湖北、吉林、新疆、西藏、青海等省份，为全国同步实现小康社会贡献了科技创新创业合作的浙江方案和力量。一方面，大力推进科技创新创业项目的扶持与合作。如2018年新实施省级科技支援项目7个，总经费580万元。另一方面，强化对对口帮扶地区创新创业人才的培养培训合作。2018年组织对口支援培训班4期、培训学员284名，组织人才赴对口支援地区现场帮扶26人次；2017年浙江省科技厅还先后举办科技管理创新人才培训、科技特派员专题培训、科技维稳行动等科技援助专题培训班4期，185人次参加。

四是促进跨区域的"军转民""民参军""军民共用"的创新创业合作。在国家实施推进"军民融合"发展战略后，浙江省加快推进与军工企业的创新创业合作。一方面，强调以项目化的形式推进军民科技创新项目转化与合作。2015年在中国浙江军民融合科技合作大会上现场签约项目6项、金额共8650元；2018年实施了13个科技军民融合重点研发计划项目。另一方面，不断丰富军民融合科技创新活动形式和内容。加强地方政府和企业融入军队科技创新大会等活动的力度，并组织赴四川、哈尔滨等地军工单位考察对接；积极吸引中国兵器工业集团等军工单位来浙江考察学习交流汽车制造、机电设计等多方面的创新技术。

表 5-2　2015—2018 年浙江国内创新创业跨区域合作成效分析总结

年份	浙江国内科技创新合作与交流的主题、内容及成效			
	(一)深化与大院名校的科技合作	(二)加强长三角区域科技合作	(三)加强科技援助与交流	(四)全面推进科技军民融合
2018	1. 浙江省加强与清华大学的合作,双方签署了"深化省校合作,推动新时代创新驱动发展"备忘录;双方将共同支持浙江清华长三角研究院建设新时代创新高地,支持加强高端人才培养与引进等。 2. 浙江省加强与中国科学院合作,充分发挥 STS 浙江中心作用,征集中科院系统 932 件专利信息并设置专场路演拍卖。 3. 杭州高新区(滨江)和北京航空航天大学正式签约合作,北京航空航天大学杭州创新研究院落成,目标是建设"空天信融合特色"的国家级创新平台	1. 浙江省科技厅与长三角兄弟省市共同研究制定《长三角科技合作三年行动计划推进方案(2018—2020年)》,鼓励支持高校、院所和企业参与长三角科技合作联合攻关项目。 2. 浙江与长三角兄弟省市签署技术市场资源共享、互融互通合作协议,构建技术转移联盟。 3. 浙江与长三角兄弟省市联合举办"首届长三角国际创新挑战赛",首批 500 条企业创新需求面向全球公开征集解决方案	1. 浙江省科技厅研究制定《浙江省科技扶贫与对口援助工作方案》,明确了四川、贵州、湖北、吉林 4 个省的 80 个贫困县和新疆、西藏、青海 3 个对口支援地区的 13 个贫困县为主要的协作帮扶对象。2018 年,新实施省级科技支援项目 7 个,总经费 580 万元;对口支援培训班四期、培训学员 284 名,组织人才赴对口支援地区现场帮扶 26 人次。 2. 浙江省与吉林省联合举办"吉林省—浙江省跨区域科技创新合作大会",签署《浙吉科技创新合作协议》,大会共发布各类科技成果项目 1100 余项、企业技术需求 124 项,40 余项科技成果进行路演	浙江省大力支持"军转民""民参军""军民共用"科技项目的研发与转化,提升军民融合创新发展水平,2018年首次实施了 13 个科技军民融合重点研发计划项目

年份	浙江国内科技创新合作与交流的主题、内容及成效			
	(一)深化与大院名校的科技合作	(二)积极拓展产学研合作范围	(三)加强西部科技援助	(四)全面推进科技军民融合
2017	1.面向中科院系统征集273项科技成果,进行推广对接和路演活动;组织温州、嘉兴和湖州等地近60家企业赴中科院相关研究所对接洽谈。 2.与中国科学技术大学签订省校合作协议。 3.与中国工程院签署新一轮省院合作协议。 4.创新重大科技成果转化落地方式,以"一院"(研究院)、"一园"(产业园)、"一基金"(产业基金)的思路,合力推进引进清华大学柔性电子领域重大科技成果和人才团队落地嘉兴	举办"2017浙江省省属企业产学研合作武汉对接会",组织全省16家省属国有企业与24所武汉高校、军工单位进行了科技洽谈,浙江省能源集团有限公司等13家省属企业成功签约28个科研项目。 2.组织全省高新技术企业、高校科研院所的25个项目参展第19届中国国际高新技术成果交易会,涵盖了生物医药、互联网、智能智造等领域,全省参展项目的整体合作意向金额达到1.23亿元	1.浙江省科技厅率团赴西藏开展科技对口支援工作,组织温州医科大学眼科专家为当地白内障牧民患者免费实施复明手术。 2.省科技厅分别与青海省科技厅、宁夏回族自治区科技厅签署了科技战略合作协议和科技合作框架协议。 3.浙江省科技厅先后举办科技管理创新人才培训、科技特派员专题培训、科技维稳行动等科技援助专题培训班4期,185人次参加;对口支援西部科技帮扶项目7项,落实援助项目经费310万元	1.组织45位企业家走访北京中国航天科工集团等8家军工单位,签订20项意向成果。 2.组织"何梁何利基金高峰论坛暨图片展""台州科技新长征军民融合现场合作对接会"活动,服务企业500余家,征集最新军转民项目90项

续表

年份	浙江国内科技创新合作与交流的主题、内容及成效			
	(一)深化与大院名校的科技合作	(二)积极拓展产学研合作范围	(三)扩展中西部地区对口支援合作	(四)积极推进军民科技合作
2016	1.组织实施了两项中科院 STS 重点产业化示范项目。先后在嘉兴、绍兴、富阳等地举办了中科院"五水共治"技术成果现场推介会,推广 11 项"五水共治"应用示范项目。 2.浙江省政府与清华大学续签了合作协议,省校双方将进一步创新合作体制机制、拓宽合作领域、完善保障机制,提升产学研协同创新水平,促进科技成果在浙江省的转化和产业化,促进高层次人才在浙江省的聚集和培养,推动省校合作再上新台阶	1.中国产学研合作促进会和浙江省人民政府共同主办第十届中国产学研合作创新大会暨 2016 中国浙江网上技术市场活动周,得到了 22 个国家有关部委和单位的支持,共推出了 13 场活动,吸引了省内外 1500 余人参加,共达成技术成果交易项目 262 个,涉及金额超过 19 亿元。 2.浙江积极推动区域科技资源共享,完善"长三角大型科学仪器协作共用网"等科技共享平台建设,截至 2016 年 12 月已集聚区域内 1576 家单位的 22967 台(套)大型科学仪器设施;共同探索在长三角区域内推广应用"创新券"	1.浙江省科技厅与新疆阿克苏地区科技局签署了科技大市场合作协议,并就"十三五"期间继续实施科技援疆"新疆兵团科技创新人才培训"工作达成协议。 2.针对西藏那曲地区和重庆涪陵区以及新疆、青海等西部地区,省科技厅组织实施了 6 项对口支援西部科技帮扶项目,落实援助项目经费 240 万元。 3.举办了 2016 年新疆兵团科技管理创新与"双创"培训班和首期青藏科技管理创新人才培训班	1.浙江省科技厅带队访问了国防科技大学,双方就进一步深化省校科技合作达成初步一致的意见。 2.省科技厅组织企业参加第十二届重庆高交会暨第八届国际军博会、上海军民对接大会等,并赴哈尔滨、四川等地军工单位实地考察,开展对接洽谈,达成合作意向 10 余项。 3.中国浙江军民融合科技合作促进大会在杭州召开,21 项军民科技融合项目进行了现场签约,签约金额共计 12215.5 万元,签约项目涉及地方与军工院所的战略合作

续表

年份	浙江国内科技创新合作与交流的主题、内容及成效			
	(一)深化与大院名校的科技合作	(二)组织企业参加国内交流活动	(三)加强嘉善与上海的全面对接	(四)促进军民科技融合发展
2015	1.浙江省政府与中国科学院围绕载体和平台建设、科技项目合作、人才培养交流、科技发展战略决策咨询等方面,签署了新一轮省院科技合作协议。浙江成为中科院第一批 STS 中心建设试点省份之一。2.省科技厅与中科院科技促进发展局、中科院上海分院等联合举办了第六届浙江省(湖州)·中科院政产学研合作大会,签订 73 个科技招商引资项目,总投资 15.15 亿元。3.浙江省编办批复设立北京大学舟山群岛新区海洋研究院	1.浙江省科技厅组织省内重点企业、高校和科研院所等 26 家单位参展深圳高新技术成果交易会,全方位展示浙江新材料、生物医药、高端制造业和电子信息等领域的自主创新成果,参展单位整体合作意向金额达到 4000 万元。2.浙江坤昱科技有限公司与四川、海南、江苏、深圳等地客户签订了 120 多份订单;亿思达集团与 5 家单位达成了合作意向	1.长三角区域创新体系建设联席会议办公室的指导下,"上海—嘉善科技对接交流活动"在嘉善县举办,上海高校、园区、孵化器、行业协会等 17 家单位的 43 位专家,与嘉善企业的 28 个项目进行了点对点对接;华东理工大学、上海师范大学等与嘉善企业达成 18 个项目的合作意向	1.浙江省科技厅与内蒙古一机集团签署科技战略合作协议。2.全省 11 家光机电企业走访了中国航天科技集团等 5 家军工单位,11 家单位均与对方达成合作意向。3.中国兵器工业集团 50 名中层干部赴浙江学习、交流,先后与吉利集团、新松集团南方公司、亚太机电等 8 家企业对接,部分已达成合作意向。4.中国浙江军民融合科技合作促进大会在杭州召开,现场签约军民科技融合项目 6 项、金额共 8650 万元

资料来源:根据浙江科技发展报告 2015—2018 年整理而得。

(二)浙江国际创新创业跨区域合作成效

创新创业国际跨区域合作是浙江省推进创新资源拓展,也是吸引全球顶尖人才来浙江创新创业的重要途径。在"一带一路"倡议等推动下,浙江也加强了与"一带一路"沿线国家的创新创业合作与交流,以科技创新创业合作促进经济贸易合作,促进民心相通。近几年来,浙江重点在深化与重点国家和地区的合作、加快推进各类创新载体建设、加强国际合作研究、组织举办重点对接交流活动等方面推动国际跨区域创新创业合作取得新成效(见表5-3)。

一是强化推进重点国别政府间的高层交流合作,不断拓展国际合作国别和内容。浙江历来重视与发达国家在科技创新创业方面的合作与交流,政府间、企业间的合作占主导。一方面,在夯实与美国等发达国家科技创新合作的同时,进一步拓展与欧洲、美洲科技创新具备优势的国家的合作,如加强与挪威、奥地利、加拿大、瑞典等国家政府机构和科研管理部门的合作与交流,与芬兰、葡萄牙、捷克、比利时等国设立联合产业研发计划。另一方面,大力推动与"一带一路"沿线国家的创新创业合作与交流。在"一带一路"倡议的推动下,我国与"一带一路"沿线的科技创新合作成为了新的国际合作热点,2017年浙江省代表团赴捷克、匈牙利、保加利亚等访问,推进浙江与"一带一路"中东欧国家科技合作,浙江省科技厅对12个"一带一路"科技合作项目进行了资助,金额达1270万元。

二是加快国际创新创业载体建设,为促进科技创新提供高质量的平台支持。一方面,加大对海外创新孵化中心建设力度。制定出台《浙江省海外创新孵化中心建设与管理办法(试行)》;确定海外创新孵化中心16家;共集聚海外孵化项目1014个、人才1557人;推进国际科技合作基地建设,2017年新认定省级国际科技合作基地9家。另一方面,着力打造国家级和省级国际科技合作基地建设。启动开展国际科技载体对接服务基层活动,充分发挥国家级国际合作基地的人才引进功能,不断集聚创新创业人才,如2016年参与绩效评估的25家省级国际合作基地共引进海外高层次人才147人,引进共建载体51家,转移转化国际成果172个,产生经济效益

97.89 亿元。

三是充分利用国际合作创新资源,促进国际合作研究。国际合作研究是创新创业合作的基础和重要抓手。一方面,重视对"一带一路"研究项目的投入支持。如 2018 年支持"一带一路"研究项目、国际产业联合研发计划项目等 46 个、资助金额 8233 万元,实施后的效益将惠及论文产出、专利和软件著作权、行业标准制定、科技创新创业人才培养等多方面。另一方面,以国际项目驱动创新资源集聚,打造技术转移转化国际合作项目。如 2017 年,推动浙江—乌克兰国际技术转移中心等 7 个项目获得立项资助,金额为 1150 万元;启动征集浙江与芬兰等国的产业联合研发计划项目,获得资助 1000 万元。2018 年全省高校院所、企业共获得国家级、国际级科技创新合作重点立项 6 个,获得专项经费 2165 万元。

四是加大重大创新创业活动对接交流,促进浙江与国际科技创新要素的快速流动。浙江举办的科技创新创业国际对接交流活动获得国际诸多国家的积极响应,美国、德国及"一带一路"沿线的中东欧国家的参与度较高。一方面,积极主办承办各类国际科技创新合作交流会议。如 2018 年主办了"第三届中国—中东欧国家创新合作大会"、浙江—奥地利科技对接活动等 22 场,汇聚了国际国内高校院所和企业参与交流并达到一定数量的合作意向。另一方面,推进科技创新成果会展活动,吸引国际资本注入科技创新项目和成果转化。如 2017 年举办第 30 届浙江国际科研、医疗仪器设备技术交流展览会系列活动,吸引美国、英国等 10 多个国家 460 余家参展商,共达到意向金额 11.27 亿元,有效促进了创新创业的国际成果共享和转化。

表 5-3 2015—2018 年浙江国际、港澳台地区创新创业合作与交流成效分析总结

年份	浙江国际、港澳台地区科技创新合作与交流的主题及内容			
	(一)深化与重点国家和地区的合作	(二)加快推进各类创新载体建设	(三)加强国际合作研究	(四)组织举办重点对接交流活动
2018	1.强化政府间高层交流合作。浙江科技代表团分别赴芬兰、挪威、比利时、印度、日本、波黑、爱尔兰等重点合作国家和地区开展科技交流访问合作;省科技厅先后接待挪威、奥地利、加拿大艾伯塔省、瑞典等相关国家政府机构、科研管理部门高层来浙江访问交流科技创新合作。 2.浙江省科技厅与芬兰国家商务促进局联合举办了浙江—芬兰科技合作交流对接会,双方签署第三轮浙江—芬兰科技合作备忘录。 3.推进与比利时、印度等"一带一路"国家科技创新合作。 4.与浙江签署科技合作协议建立政府间科技合作关系并共同设立联合产业研发计划的国家和地区达到了7个,分别是芬兰、以色列、加拿大艾伯塔省、葡萄牙中部大区、捷克、奥地利和比利时西弗兰德省	1.加快海外创新孵化中心建设发展。制定出台《浙江省海外创新孵化中心建设与管理办法(试行)》;确定海外创新孵化中心 16家;共集聚海外孵化项目1014 个、人才 1557 人,累计引进落地浙江项目 276个、人才 334 人。 2.优化国际科技合作基地布局发展。新认定省级国际科技合作基地 12 家,共引进海外高层次人才 171 人、先进技术成果 86 项,共建国际创新载体和引进注册公司 47 家。浙江累计建成省级以上国际科技合作基地82 家。 3.加强国际科技创新合作载体辐射带动作用。首次启动开展国际科技创新合作载体对接服务基层活动,累计组织 6 次专场活动、8 支服务小分队,共 63家国际科技合作创新载体参加,发布信息320 多个,服务园区企业近 160 家,达成合作意向和签约近 20 个	1.2018 年,共支持"一带一路"项目、省重点研发计划国际合作项目、国际产业联合研发计划、企业设立(并购)海外研发机构项目等46 项,资助总金额为8233 万元;立项支持的8 个省"一带一路"科技合作项目均为联合共建研究中心或实验室,具有较好的示范效应,累计总投入达 5453 万元,实施后将产生高质量论文 100 多篇、专利和软件著作权共 30 余项,形成行业标准 10余项,培养专业技术人才 100 余名。 2.积极争取承担国家国际合作项目,2018 年全省高校院所、企业共获国家重点研发计划政府间国际科技创新合作/港澳台科技创新合作重点专项立项 6项,专项经费资助 2165万元;获发展中国家技术培训班项目立项 2项,专项经费资助 61.8万元	1.2018 年,省科技厅先后主办、承办"第三届中国—中东欧国家创新合作大会"、浙江—奥地利科技创新合作对接活动等 22场国际科技交流活动,服务省内高校院所、企业和园区 1000余人次,达成合作意向约 125 项。 2.组办第 31 届浙江国际科研医疗设备技术交流展览会,吸收来自美国、英国、德国等 10多个国家和地区以及内地的 520 余家参展商参展,在线注册与现场登记的观众人数近40000 人,较去年同期增长了 12.68%

续表

年份	浙江国际、港澳台地区科技创新合作与交流的主题及内容			
	(一)深化与重点国家地区的合作	(二)充分整合利用国际创新资源	(三)加快推进各类创新载体建设	(四)组织举办重点对接交流活动
2017	1. 浙江省代表团赴捷克、匈牙利、保加利亚三国访问,推进浙江与"一带一路"中东欧国家科技合作。 2. 浙江省科技代表团参加"香江创科论坛2017",推进了浙港两地科技交流合作,并就香港大学浙江研究院加快建设发展深入交换了意见。 3. 浙江省科技厅与乌克兰国家科学院、俄罗斯科学院新西伯利亚分院签订科技创新合作备忘录,商定将在合作研发、技术转移、共建联合实验室等方面开展实质性合作	1. 组织实施"一带一路"科技合作专项,"浙江—乌克兰国际技术转移中心"等7个项目获得立项资助,其中1个为共建国际技术转移中心,6个为共建联合实验室或研究中心项目,资助总金额1150万元,项目合作国家包括乌克兰、匈牙利、俄罗斯、马来西亚等。 2. 启动征集浙江—以色列、浙江—芬兰、浙江—葡萄牙、浙江—加拿大、浙江—捷克产业联合研发计划项目,7个双边联合产业研发项目获得立项资助,资助总金额1000万元	1. 推进国际科技合作基地建设发展,新认定省级国际科技合作基地9家。制定《关于加快建设和发展浙江省海外创新中心工作方案》,2017年首批创建省海外创新孵化中心3家,培育4家。 2. 加快推动相关单位"走出去"联合共建创新中心,"浙江省光电信息技术国际合作联合实验室"和"浙江省高端装备激光制造国际合作联合实验室"分别在乌克兰国家科学院、乌克兰国立科技大学挂牌成立。 3. 中葡先进材料研究中心负责人浙江大学计剑教授带队访问葡萄牙,与葡萄牙波尔图大学和国家生物医学工程研究所共同建立的"一带一路"科技合作实验室揭牌,开始推进浙江省和葡萄牙北部大区的合作	1. 举办第30届浙江国际科研、医疗仪器设备技术交流展览会系列活动,共有来自美国、英国、德国、法国等10多个国家以及我国香港、内地的460余家参展商参展,展出产品超20000件,接纳专业观众超30000人,达成交意向总金额11.27亿元

续表

年份	浙江国际、港澳台地区科技创新合作与交流的主题及内容			
	(一)深化与重点国家地区的合作	(二)加强国际科技合作创新载体建设	(三)拓展国际及港澳台科技合作交流平台渠道	
2016	1.浙江省科技厅对12个"一带一路"科技创新合作项目进行了资助,包括3个联合技术研发与示范推广项目、7个联合共建研究中心或实验室和2个联合共建国际技术转移机构,资助金额达1270万元,资助项目的合作国家包括泰国、印尼、新加坡、乌克兰、俄罗斯、以色列、越南、印度等,涉及农业、材料、生物医学、环境与地球科学、电子信息与制作等领域。 2.加拿大艾伯塔省经济发展与贸易部部长访浙,启动新一轮浙加联合产业研发计划。 3.加强与美国、日本的科技交流合作,省科技厅率浙江科技代表团赴美国、日本开展考察访问,与日本科学技术振兴机构(JST)商定双方共同组织举办中日大学论坛暨高技术对接交流会。 4.浙江大学、浙江理工大学分别承担了"垃圾焚烧发电技术国际培训班"和"现代丝绸产品加工与创新设计技术培训班",共招收到来自泰国、孟加拉国、印度、巴西、印尼、尼日利亚、巴基斯坦、斯里兰卡、越南、伊朗等国的政府机构、高校院所的学员共36名	1.浙江新增国家级国际科技合作基地7家,其中联合研究中心3家,技术转移中心1家,示范型基地3家,新增省级国际科技合作基地6家;国家级国际科技合作基地总数累计达到34家(含宁波市),居全国前列。 2.参加绩效评估的25家省级国际合作基地共引进海外高层次人才147人,引进共建载体51家,转移转化国际成果172个,产生经济效益97.89亿元	1.浙江国际科研、医疗仪器设备技术交流展览会在杭州举行,吸引了来自全球10多个国家和地区的知名企业参加,共计5万人次以上的国内代表参与。 2.浙洽会国际科技合作论坛暨高技术项目展示对接活动在宁波举行,共有来自美国、加拿大、以色列等15个国家和地区的政府、企业、科研院所、技术转移机构的约60名代表参会,活动征集到220余项国外科技成果和项目,与省内高校、科研院所和企业350余名代表进行对接洽谈,达成合作意向近20项。 3.由中国致公党和浙江省人民政府共同主办的2016海峡科技论坛在杭州举行,共有来自台湾和大陆的高校、科研院所、企业的嘉宾代表约350人参加。 4.省科技厅共组织生物医药、机械装备、环保技术、清洁能源等领域的企业、高校院所、管理部门等约304人分别赴美国、日本、韩国、以色列、意大利、英国、南非、捷克等22个国家和中国香港地区进行对接交流,达成合作意向和成果118项	

续表

年份	浙江国际、港澳台地区科技创新合作与交流的主题及内容			
	(一)深化和拓展国际合作渠道	(二)加强国际创新载体建设	(三)深入推动企业研发国际化	(四)积极开展科技交流与人才引进活动
2015	1.浙江省科技厅起草了推进"一带一路"建设科技创新合作设想与建议,并在全国范围内率先设立省级层面的"一带一路"科技创新合作专项,面向全省征集了30余个联合研发项目及联合共建实验室项目。 2.省科技厅与捷克共和国科学技术局签订《关于开展科技合作的谅解备忘录》。 3.省科技厅率浙江科技代表团出访以色列、西班牙、葡萄牙;60余家企业、风投机构和科研院所负责人随访并与以色列机构展开对接	1.浙江大力支持与"一带一路"沿线国家开展科技创新合作国际科技合作基地建设,新创建国家级国际科技合作基地3家,累计达27家,省级基地10家,累计达30家。 2.省科技厅向中国(舟山)海洋科学城和总兴科技城等2个依托园区建立的国际科技合作基地拨付300万元专项种子资金,鼓励园区开展面向国际市场的双边产业联合研发项目	1.省科技厅对首轮5个海外并购(新设)研发机构项目进行了奖励,奖励金额合计1100万元。 2.省科技厅会同省人社厅对省级重点企业研究院引进的25名"海外工程师"进行了每人次10万元的年薪资助	1.浙江省政府与以色列经济部在以色列特拉维夫共同主办了浙江—以色列科技对接活动,浙江49家企业院所,以方近100个企业机构,共计170多人参加了对接,5对浙以企业进行了现场签约,18个项目达成了初步合作意向。 2.浙江国际技术转移项目展示对接会在宁波成功举行,共有来自俄罗斯、白俄罗斯、德国、葡萄牙、丹麦、加拿大、以色列、日本、韩国9个国家的37名专家代表参会,带来了124项高科技项目与浙江200多名代表对接。 3.浙江省委组织部、省科技厅和浙江清华长三角研究院共同发起的第七届"海外学子浙江行"活动在杭州启动,来自美国、英国、德国、俄罗斯、日本等地的100多位海外学子以及来自芬兰、爱沙尼亚等北欧地区的科技型企业代表,带来了100多项高科技项目与浙江的企业、风投机构和高新园区对接

资料来源:根据浙江科技发展报告2015—2018年整理而得。

(三)浙江科技成果交易成效分析

科技成果的跨区域交易是创新创业合作的重要体现。浙江近年来科技创新成果不断涌现,也加快了与国内外科技成果的交易进程。从科技交易的合同类别来看,主要有技术开发、技术转让、技术咨询和技术服务四种类型,其中技术开发占据主导地位,涉及的合同数及成效金额都是最多的。从2014年至2018年的近五年,浙江科技交易成效较为明显,客观反映了浙江科技创新创业的成果质量,也体现了浙江推动与国内外跨区域创新合作的效果(见表5-4)。近几年来的科技创新交易特征和成效主要体现在以下几个方面。

一是科技交易增长速度快,浙江科技创新创业成效显著。2014年浙江与国际国内科技交易合同总数为11955份、成交金额891554.68万元,其中:技术开发合同数为8189份、成交金额617502.57万元,技术转让合同数376份、成交金额160507.76万元,技术咨询合同数1873份、成交金额26019.19万元,技术服务合同数1519份、成交金额87525.16万元。到2018年,浙江与国际国内科技交易合同总数为16189份、成交金额5778300万元,其中:技术开发合同数为10579份、成交金额3930851.4万元,技术转让合同数748份、成交金额725147.58万元,技术咨询合同数944份、成交金额169504.51万元,技术服务合同数3918份、成交金额952796.48万元。五年间,浙江科技交易合同总数增长了35.4%,而交易金额则增长了5.5倍,其中:技术开发成交金额增长了5.4倍,技术转让成交金额增长了3.5倍,技术咨询成交金额增长了5.5倍,技术服务成交金额增长了9.9倍。

二是浙江国内跨区域科技交易主要流向东部地区省份,长三角地区对浙江科技创新成果需求较大。从2014年浙江科技交易跨区域合作流向来看,成交金额从高到低的前十位分别为:浙江本省(538306.55万元)、江苏省(84257.87万元)、山东省(50439.45万元)、广东省(39326.64万元)、上海市(32452.98万元)、北京市(31965.63万元)、山西省(16064.05万元)、河南省(13357.93万元)、四川省(10463.38万元)、湖北省(6312.16万元)。而到2018年,成交金额从高到低的前十分略有变化,分别是:浙江本省

（2822896.89 万元）、广东省（679883.62 万元）、北京市（527196.76 万元）、上海市（247910.8 万元）、江苏省（238757.13 万元）、河南省（119769.3 万元）、广西壮族自治区（110698.39 万元）、山东省（104914.84 万元）、安徽省（97824.63 万元）、江西省（88357.6 万元）。总体来看，浙江本省、上海、江苏、北京、山东等仍然是浙江科技交易的重要区域，而近年来浙江与安徽、江西等中部地区及广西等西部地区的科技交易在加强，也体现出浙江在国内科技创新合作与成果交易方面的区域变化。

三是浙江国际（境外）跨区域合作呈现出区域差异。从港澳台地区看，2014 年与浙江的科技交易合同 20 份、成交金额 4207.21 万元，全部属于技术开发类科技交易，香港占据主导，涉及合同 17 份、成交金额 3816.89 元，占 90.7%；到 2018 年，浙江与港澳台地区的科技交易合同数为 16 份、成交金额 7268.55 万元，增长了 72.8%，其中浙江与台湾科技交易增加较快，五年间成交金额增长了 2.98 倍。从国际来看，2014 年浙江与国外科技交易合同总数为 40 份、成交金额 10639.48 万元，科技交易份量也主要在技术开发领域；其中，亚洲和欧洲是浙江科技交流国外流向的重点地区，分别占整个国外交易份额的 37% 和 17.4%。到 2018 年浙江与国外科技交易合同总数为 41 份、成交金额 29946.12 万元，五年间成交金额增长了 1.8 倍，主要流向的国外地区是欧洲和北美洲，分别占 40.8% 和 40%，而亚洲占比则下降至 19.1%。

表5-4　2018年与2014年浙江省科技交易统计对比分析

买方地区	2018年 合计 合同数/份	2018年 合计 成交金额/万元	2018年 技术开发 合同数/份	2018年 技术开发 成交金额/万元	2018年 技术转让 合同数/份	2018年 技术转让 成交金额/万元	2018年 技术咨询 合同数/份	2018年 技术咨询 成交金额/万元	2018年 技术服务 合同数/份	2018年 技术服务 成交金额/万元	2014年 合计 合同数/份	2014年 合计 成交金额/万元	2014年 技术开发 合同数/份	2014年 技术开发 成交金额/万元	2014年 技术转让 合同数/份	2014年 技术转让 成交金额/万元	2014年 技术咨询 合同数/份	2014年 技术咨询 成交金额/万元	2014年 技术服务 合同数/份	2014年 技术服务 成交金额/万元
总计	16189	5778300	10579	3930851.4	748	725147.58	944	169504.51	3918	952796.48	11955	891554.68	8189	617502.57	376	160507.76	1871	26019.19	1519	87525.16
内地各省（区、市）小计	16132	5741085.3	10535	3905485.4	747	723297.58	941	164174.16	3909	948128.23	11895	876707.99	8132	604939.22	376	160507.76	1871	26019.19	1516	85241.81
北京市	558	527196.76	358	470150	18	5037.5	38	14931.67	144	37077.59	413	31965.63	296	27636.67	12	681.2	33	738.15	72	2909.6
天津市	81	18736.28	51	11156.57	4	4819.33	13	640.1	13	2120.28	64	5578.08	46	4678.93	4	620	8	149.65	6	129.5
河北省	88	37900.35	42	7173.66	11	13917	5	596.5	30	16213.19	38	2364.43	35	2318.43			2	6	1	40
山西省	83	78825.9	54	55073.35	1	2000	5	77	23	21675.55	43	16064.05	36	2163.23			1	15	6	13885.82
内蒙古自治区	50	31988.02	33	20657.96	5	10099.5	3	57	9	1173.57	29	1746.02	20	683.02	8	1060			1	3
辽宁省	102	33380.82	58	20944.65	2	5006	7	825.54	35	6604.63	51	2161.49	37	2026.89	4	63	1	1.4	9	70.2
吉林省	64	34574.79	36	25196.46	4	3168.5	6	802.06	18	5407.77	23	879	15	768.7	3	66	5	44.3		
黑龙江省	45	18750.87	23	6628.57			3	66.7	19	12055.59	21	1835.96	18	1792.96			2	28	1	15
上海市	700	247910.8	430	178749.35	29	13631.32	60	10199.4	181	45330.73	472	32452.98	345	24758.77	14	2797.8	45	1420.42	68	3475.99

续表

买方地区	2018年 合计 合同数/份	合计 成交金额/万元	技术开发 合同数/份	技术开发 成交金额/万元	技术转让 合同数/份	技术转让 成交金额/万元	技术咨询 合同数/份	技术咨询 成交金额/万元	技术服务 合同数/份	技术服务 成交金额/万元	2014年 合计 合同数/份	合计 成交金额/万元	技术开发 合同数/份	技术开发 成交金额/万元	技术转让 合同数/份	技术转让 成交金额/万元	技术咨询 合同数/份	技术咨询 成交金额/万元	技术服务 合同数/份	技术服务 成交金额/万元
江苏省	705	238757.13	509	202112.7	37	17944.69	39	1484.07	120	17215.67	460	84257.87	362	25682.97	26	57282.9	23	378.65	49	913.35
浙江省	11449	2822896.9	7371	1678079.6	478	497564.81	668	94367.76	2932	552884.73	9142	538306.55	6010	415973.09	267	51821.1	1658	19533.39	1207	50978.96
安徽省	184	97824.63	132	33413.17	16	6135	8	2757	28	55519.46	97	5075.54	77	3696.56	7	1316.82	9	32.26	4	29.9
福建省	171	73658.98	128	22905.76	4	4520	5	221.9	34	46011.32	72	4611.61	52	3864.51	5		15	485	5	261.4
江西省	118	88357.6	79	61983.41	13	16393.2	5	182.4	21	9798.59	80	3996.49	56	3253.88	5	325	13	305	6	112.61
山东省	266	104914.84	181	66567.83	24	22517.6	12	1195.62	49	14633.79	148	50439.45	123	10770.35	5	38710	11	732.8	9	226.3
河南省	89	119769.3	63	101846.18	3	297	9	1240.5	14	16385.62	50	13357.93	39	3029.38			6	230.55	5	10098
湖北省	136	61302.37	93	23590.31	9	18466.47	7	16871.75	27	2373.85	70	6312.16	48	3035.41	4	2780	8	331.5	10	165.25
湖南省	75	31504.79	45	17204.6	11	4852.5	4	1118.08	15	8329.61	35	2121.33	27	2004.58	1	5	2	35.05	5	76.7
广东省	509	679883.62	390	633006.99	35	20051.35	18	2366.38	66	24458.9	229	39326.64	196	38032.42	5	800	10	249.37	18	244.85
广西壮族自治区	62	110698.39	39	106059.96	13	4169.13			10	469.3	22	2097.54	19	1060.55	1	80	1	857	1	100
海南省	34	5466.33	26	4289.6	4	517.2			4	659.53	18	3143.02	11	1167.38	3	1885			4	90.64

续表

买方地区	2018年 合计 合同数/份	2018年 合计 成交金额/万元	2018年 技术开发 合同数/份	2018年 技术开发 成交金额/万元	2018年 技术转让 合同数/份	2018年 技术转让 成交金额/万元	2018年 技术咨询 合同数/份	2018年 技术咨询 成交金额/万元	2018年 技术服务 合同数/份	2018年 技术服务 成交金额/万元	2014年 合计 合同数/份	2014年 合计 成交金额/万元	2014年 技术开发 合同数/份	2014年 技术开发 成交金额/万元	2014年 技术转让 合同数/份	2014年 技术转让 成交金额/万元	2014年 技术咨询 合同数/份	2014年 技术咨询 成交金额/万元	2014年 技术服务 合同数/份	2014年 技术服务 成交金额/万元
重庆市	57	38609.71	39	20223.77	3	18094.18	2	124.04	13	167.73	36	2889.06	31	2763.62			3	116	2	9.43
四川省	158	59472.8	102	49637.73	7	476	3	73	46	9286.07	95	10463.38	79	9911.63	2	95	5	46	9	410.75
贵州省	48	13496.33	34	11671.05	2	450	1	15	11	1360.28	24	1930.51	18	1830.57	4	88.94	2	11		
云南省	50	35015.1	38	24230.7	3	10000	3	240.8	6	543.6	36	3156.47	26	2491.49			1	82.5	9	582.48
西藏自治区	7	6073	5	581	2	5492					9	971.36	9	971.36						
陕西省	116	64737.39	90	29356.15	5	7603.3	1	50	20	27727.94	47	3578.69	40	3375.92	1	30	2	36	4	136.78
甘肃省	27	23344.6	17	9467.09	1	204	5	12054	4	1619.51	13	1062.9	10	915.4			1	112.5	2	35
青海省	12	868.25	10	727.4			1	5.8	1	135.05	8	1421.43	7	1416.43			1	5		
宁夏回族自治区	25	13606.66	18	3006.34	3	9870	3	175	1	555.32	17	497.98	17	497.98						
新疆维吾尔自治区	63	21562.06	41	9793.5			7	1435.1	15	10333.46	33	2642.45	27	2366.15			3	36	3	240.3
港澳台地区小计	16	7268.55	11	5030			2	530.35	3	1708.2	20	4207.21	20	4207.21						

续表

买方地区	2018年										2014年									
	合计		技术开发		技术转让		技术咨询		技术服务		合计		技术开发		技术转让		技术咨询		技术服务	
	合同数/份	成交金额/万元	合同数/份	成交金额/万元	合同数/份	成交金额/万元	合同数/份	成交金额/万元	合同数/份	成交金额/万元	合同数/份	成交金额/万元	合同数/份	成交金额/万元	合同数/份	成交金额/万元	合同数/份	成交金额/万元	合同数/份	成交金额/万元
台湾省	3	1555.35	2	1050			1	505.35			3	390.32	3	390.32						
香港特别行政区	12	5436	9	3980			1	25	2	1431	17	3816.89	17	3816.89						
澳门特别行政区	1	277.2							1	277.2										
国外小计	41	29946.12	33	20336.06	1	1850	1	4800	6	2960.05	40	10639.48	37	8356.13					3	2283.35
亚洲	13	5728.95	10	2346.51	1	1850			2	1532.44	15	3940.92	15	3940.92						
欧洲	17	12223.83	14	11179.22					3	1044.61	7	1848.64	7	1848.64						
北美洲	11	11993.34	9	6810.34			1	4800	1	383	12	4196.45	9	1913.1					3	2283.35
非洲											2	79.81	2	79.81						
拉丁美洲											3	471.05	3	471.05						
国(地)别不详的											1	102.62	1	102.62						

数据来源:2018年浙江省技术市场成交合同统计,转引自《2018浙江科技发展报告》;2014年浙江省技术市场成交合同统计,转引自《2014浙江科技发展报告》。

三、浙江跨区域创新合作的科技论文态势分析

具体而言,科技合作是指两个及以上国家或地区、机构或个人之间科学和技术的合作与交流,共享科技资源,以实现科学或技术上的优势互补或强强联合(苏奕,纪彬,2009)。合著论文作为科技合作的重要产出和表现形式,是研究科技合作态势的重要参考,被广泛用于测量研究合作(Katz,Martin,1997)。

(一)浙江与全国各省份科技论文合作的态势分析

1.科技论文合作态势

随着浙江与全国各省份经济合作的日益频繁和深入,跨区域合作也不断加强。以合作论文为代表的科技创新合作与经济合作相同步,近20年来,浙江与全国30个省份(不含港、澳、台,下同)在国际合作论文数量上总体呈现出持续增长的趋势(见图5-1)。浙江的国内跨区域论文合作的20年来总量达80994篇,其中高被引论文为1678篇,年均复合增长率为44.05%,显示了浙江的国内跨区域创新合作的论文成果日益丰硕。特别是近十年来,浙江的国内跨区域创新合作论文成果数量达75154篇,占据总量的92.19%,充分体现了自党的十八大后,浙江加快推进与全国的跨区域创新合作。而2000年至2010年浙江跨区域创新合作论文数量极少,也从侧面反映出新世纪开始的前十年间,我国的经济社会发展方式是以GDP为主导的资源消耗式发展方式,经济总量增长了,但是创新的效能却没有被激发,科技创新支撑经济社会转型升级的动力较为不足。而自2010年的近十年来,国家逐步转变经济发展方式,更加强调科学发展和可持续发展,也更加重视企业的创新,"大众创新、万众创新""区域协调发展"等战略的提出,也有效促进了跨区域创新合作及科技创新,支撑了浙江经济社会的发展。到2019年,浙江的国内跨区域创新合作论文成果数量超过2万篇。

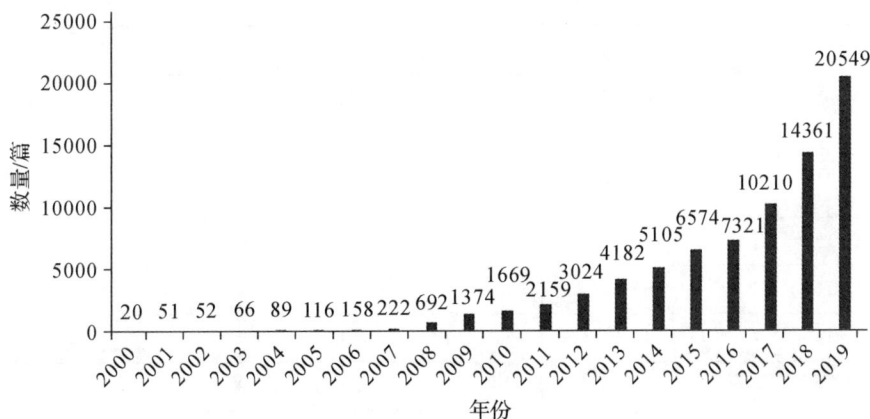

图 5-1　近 20 年来浙江与全国各省份国际论文合作情况

数据来源：Web of Science。

　　从浙江创新合作的区域分布来看（见表 5-5），浙江与东部地区、中部地区、西部地区、东北地区的省份创新合作成果较为丰富，近 20 年来创新合作论文的数量累计分别达 57920 篇、11228 篇、8514 篇和 3332 篇，四个区域板块的省均数量分别为 6435.6 篇、1871.3 篇、709.5 篇和 1110.7 篇。由此可见，浙江的国内跨区域创新合作主要与东部地区的省份开展，占 71.51％，而与中部、西部和东北地区的省份合作相对较少，分别占 13.86％、10.51％、4.11％；尽管浙江与中部、西部和东北地区的创新合作总量占比小，但是近 20 年来，浙江也是不断地推动与这三个区域的创新合作，浙江与东部地区、中部地区、西部地区和东北地区创新合作论文数量的年均复合增长率分别为 42.34％、45.15％、51.69％和 47.86％，浙江与中部地区、西部地区和东北地区创新合作成果增长率超过了浙江与东部地区，可见浙江与东部以外的三个区域的合作强度在不断增加。

表 5-5　浙江国内跨区域创新合作论文成果数量统计分布　　　　单位:篇

年份	区域			
	东部地区 (9 个省份)	中部地区 (6 个省份)	西部地区 (12 个省份)	东北地区 (3 个省份)
2000	16	3	1	0
2001	33	11	6	1
2002	35	10	7	0
2003	44	14	8	0
2004	49	25	9	6
2005	77	16	22	1
2006	111	19	21	7
2007	147	40	29	6
2008	537	80	64	11
2009	1083	148	120	23
2010	1288	192	146	43
2011	1656	263	182	58
2012	2336	357	246	85
2013	3237	497	332	116
2014	3976	572	417	140
2015	5116	752	522	184
2016	5721	773	627	200
2017	7151	1507	1105	447
2018	9206	2386	1906	863
2019	13101	3563	2744	1141
合计	57920	11228	8514	3332
区域省均	6435.6	1871.3	709.5	1110.7

数据来源:Web of Science。

从浙江与全国各省份跨区域创新合作强度来看,科技合作论文表现出以下几个方面的特征:一是浙江的跨区域创新合作具有"强强联合"特性。浙江与上海、北京、广东等科技较发达省份合作强度较大,处于浙江跨区域创新合作的"第一层"和"第二层"。二是浙江的跨区域创新合作"地理邻近性"不是十分明显。在地理邻近上,浙江与东部地区的省份创新合作强度普遍较高,与上海、江苏较近且合作成效也较为明显,而与同样相邻的安徽、江西、福建在创新合作强度上却没有太多显著的优势,与安徽的创新合作强度属于"第三层",而与江西和福建的创新合作强度仅属于"第四层"。三是浙江与中部地区的湖南和湖北创新合作呈现出"经济驱动创新合作"趋势。湖南和湖北在经济规模总量及工业产业发展等方面在全国的份量较重,对与浙江的创新合作存在较大需求。四是浙江与西部地区和东北地区的 15 个省份的创新合作仍有诸多发展扩大的空间。除了四川和陕西具有一定的科技基础优势,与浙江创新合作处于"第三层"外,其余的 13 个省份与浙江的创新合作仍然较弱,处于浙江跨区域创新合作强度的"第四层"。

　　从浙江与全国各省份跨区域创新合作质量来看,创新合作的质量与合作的强度基本上呈正相关关系,即与浙江合作强度大的省份,创新合作的质量也较高。以创新合作成果的高被引论文数量为例分析得知浙江创新合作质量具有以下几个特征:一是上海和北京仍为浙江跨区域创新合作质量最高的两地,高被引论文总量分别为 354 篇和 272 篇,占 37.31%;而浙江与江苏和广东的创新合作质量效果也较明显,高被引论文分别为 178 篇和 147 篇,占 19.37%。也反映出浙江、上海、北京、江苏和广东是我国区域创新的重要省份。二是浙江的跨区域创新合作质量"第三层"中,东部、中部和西部都有省份,较创新合作强度而言,创新合作质量在中西部地区省份表现相对好。天津、山东、安徽、湖南、湖北、四川、陕西、重庆 8 个省份与浙江的创新合作质量适中,但西部地区有 3 个省份进入了"第三层"。三是大多数省份与浙江在创新合作质量方面仍需进一步提高。浙江与全国的 18 个省份的创新合作质量处于"第四层",占 60%;与海南、内蒙古、新疆、青海、广西 5 个省份的合作高被引论文数未超过 10 篇,甚至浙江与宁夏和西藏近20 年来的论文合作中没有一篇高被引论文。

　　2.科技论文合作的学科集中度分析

　　学科领域集中度是反映浙江跨区域创新合作成果在学科专业上的集聚状态。根据 WOS 学科领域分类标准,选择与浙江跨区域创新合作论文数量超过 100 篇的学科领域进行分析(见表 5-6),近 20 年来,浙江跨区域创新合作集中度较高的论文涉及的学科领域共 22 个,论文 43320 篇,占总论文数量的 53.49%。按创新合作论文数量多少的高集中度学科领域依次为:材料科学(7269 篇)、多学科研究(4281 篇)、肿瘤学(4202 篇)、物理化学(4123 篇)、应用物理(4108 篇)、化学多学科研究(3937 篇)、电子电气工程(3364 篇)、生物化学与分子生物学(2419 篇)、纳米科学与技术(2237 篇)、环境科学(2167 篇)、粒子物理(1247 篇)、天文学与天体物理学(1050 篇)、医学研究实验(814 篇)、细胞生物学(752 篇)、全科医学(241 篇)、应用数学(208 篇)、物理多学科研究(172 篇)、光学(170 篇)、计算机科学与信息系统(159 篇)、药理学(159 篇)、能源燃料(140 篇)、凝聚态物理(101 篇)。

从高集中度创新合作论文的合作省域分布来看,浙江与超过 10 个省份都有合作的学科领域有材料科学(27 个)、多学科研究(26 个)、肿瘤学(25 个)、物理化学(24 个)、化学多学科研究(22 个)、应用物理(18 个)、生物化学与分子生物学(15 个)、环境科学(13 个)、医学研究实验(13 个)、电子电气工程(11 个)、纳米科学与技术(11 个)、粒子物理(10 个)。集中度较高的合作省份有北京、上海、江苏、湖南、广东、安徽、辽宁、天津、重庆、山东、陕西等,也表现出几个较为显著的特征:一方面,浙江与北京、上海、江苏在高集中度学科领域的创新合作十分紧密,在材料科学、多学科研究、肿瘤学、物理化学、应用物理、化学多学科研究、电子电气工程、生物化学与分子生物学、纳米科学与技术学科专业领域,北京、上海和江苏都是排前三位的合作省份,高集中度学科领域的合作强度较大。另一方面,浙江根据各省份的特色领域跨越空间距离限制积极推动合作。比如在全科医学、应用数学、药理学等领域,浙江与距离较远的新疆、甘肃、贵州、辽宁、黑龙江、云南等省份均有合作,也体现出浙江国内跨区域创新合作的覆盖空间范围较大。

表 5-6　浙江国内跨区域创新合作成果的主要学科领域分布

序号	学科领域	创新合作论文数量/篇	占比/%	涉及省份数量/个	排前三位省份及创新合作论文数量/篇					
					第一位		第二位		第三位	
1	材料科学	7269	16.78	27	北京	1888	上海	1402	江苏	848
2	多学科研究	4281	9.88	26	北京	1074	上海	714	江苏	467
3	肿瘤学	4202	9.70	25	上海	911	北京	536	江苏	473
4	物理化学	4123	9.52	24	北京	1000	上海	820	江苏	399
5	应用物理	4108	9.48	18	北京	1116	上海	878	江苏	408
6	化学多学科研究	3937	9.09	22	上海	888	北京	883	江苏	491
7	电子电气工程	3364	7.77	11	北京	835	上海	695	江苏	613
8	生物化学与分子生物学	2419	5.58	15	上海	660	北京	623	江苏	367
9	纳米科学与技术	2237	5.16	11	北京	777	上海	589	江苏	357
10	环境科学	2167	5.00	13	北京	995	江苏	471	广东	250
11	粒子物理	1247	2.88	10	湖南	241	天津	226	安徽	109
12	天文学与天体物理学	1050	2.42	9	湖南	226	天津	198	安徽	105
13	医学研究实验	814	1.88	13	广东	247	山东	143	福建	78
14	细胞生物学	752	1.74	9	上海	555	重庆	74	河南	60
15	全科医学	241	0.56	9	辽宁	51	黑龙江	46	河北	30
16	应用数学	208	0.48	3	湖南	156	云南	38	新疆	14
17	物理多学科研究	172	0.40	3	安徽	100	山西	42	甘肃	30
18	光学	170	0.39	4	山西	86	吉林	38	江西	34
19	计算机科学与信息系统	159	0.37	2	陕西	88	四川	71	—	—
20	药理学	159	0.37	4	山东	93	辽宁	46	贵州	18

续表

序号	学科领域	创新合作论文数量/篇	占比/%	涉及省份数量/个	排前三位省份及创新合作论文数量/篇					
					第一位		第二位		第三位	
21	能源燃料	140	0.32	2	天津	116	河北	24	—	—
22	凝聚态物理	101	0.23	1	安徽	101	—		—	
合计	22个学科领域	43320	100	261	11个省份	12204	13个省份	8557	10个省份	5151

数据来源:Web of Science。

3.科技论文合作的机构集中度分析

机构合作的集中度反映的是浙江省推动跨区域创新合作的主体及其活跃程度,同时也可以呈现出国内哪些机构与浙江省开展创新合作的成效较为显著。整体来看(见表5-7),高校是浙江跨区域创新合作论文成果的主体,中国科学院及其附属机构也参与其中,企业在创新合作论文方面涉及较少。从具体机构(高校)来看,浙江省内的主要跨区域创新合作论文的来源机构主要有浙江大学、杭州师范大学、温州医科大学、宁波大学、浙江工业大学、中国科学院宁波材料技术与工程研究所、浙江科技学院、杭州电子科技大学、浙江师范大学、浙江理工大学等10个机构,其中9个为高校、1个为科研机构;涉及创新合作论文数量的多少依次为浙江大学31123篇、杭州师范大学4655篇、温州医科大学2329篇、宁波大学2193篇、浙江工业大学2115篇、中国科学院宁波材料技术与工程研究所1169篇、浙江科技学院327篇、杭州电子科技大学157篇、浙江师范大学115篇、浙江理工大学96篇,浙江大学是绝对主力,合作论文数量占70.29%,可以说,浙江大学成为浙江推进跨区域创新合作的主要力量。

从机构的创新合作省份来看,浙江大学与全国30个省份的机构都有合作,超过10个合作省份的机构还有温州医科大学(覆盖17个省份)、杭州师范大学(覆盖16个省份)。在合作的省份分布上,温州医科大学覆盖面较广,主要合作的省份有东部地区的上海、山东、福建、广东、河北和海南;中部地区的江西;西部地区的陕西、重庆、四川、贵州、云南、内蒙古、西藏、广西;

东北地区的吉林和黑龙江。杭州师范大学主要合作省份有东部地区的北京、上海、天津、山东、江苏、广东;中部地区的安徽、湖南、河南、江西、山西;西部地区的四川、云南、甘肃、新疆;东北地区的辽宁。其他的高校覆盖的合作省份相对较少,宁波大学合作覆盖8个省份、浙江科技学院合作覆盖5个省份、浙江工业大学合作覆盖4个省份,浙江师范大学、杭州电子科技大学、中国科学院宁波材料技术与工程研究所合作覆盖2个省份、浙江理工大学合作覆盖1个省份。

　　从合作的省外机构(高校)来看,北京、上海、江苏、广东、湖南、湖北等省份的机构与浙江的机构在跨区域创新合作论文上较多,涉及的高校主要分布在东部和中西部地区,主要有中国科学院(6372篇)、中国科学院大学(2783篇)、北京大学(2231篇)、清华大学(1852篇)、中国医学科学院 & 北京协和医学院(1003篇),上海交通大学(3528篇)、复旦大学(2629篇)、同济大学(1536篇)、华东师范大学(1026篇)、解放军第二军医大学(919篇)、上海大学(886篇),南京大学(1660篇)、东南大学(996篇)、苏州大学(859篇)、南京医科大学(813篇)、南京农业大学(676篇)、南京师范大学(660篇),中山大学(1624)、华南理工大学(909篇)、南方医科大学(565篇)、暨南大学(400篇),中南大学(952篇)、湖南大学(788篇)、湖南师范大学(328篇)、华中科技大学(849篇)、武汉大学(566篇)。由此可见,浙江与省外高校跨区域创新合作论文成果,主要是与东部发达地区合作较多,而与中部,特别是西部地区高校的合作仍然较少,浙江需要更多深化与西部地区高校的创新合作,以实现东西互动、促进跨区域协调发展合作。

表 5-7　浙江与全国各省份创新合作论文成果的主要机构(高校)分布

合作省份	机构(高校)	论文数量/篇	合作省份	机构(高校)	论文数量/篇
浙江—北京	浙江大学	6741	浙江—山东	浙江大学	951
	中国科学院	6372		山东大学	813
	中国科学院大学	2783		山东第一医科大学	248
	北京大学	2231		温州医科大学	215
	清华大学	1852		杭州师范大学	196
	中国科学院宁波材料技术与工程研究所	1145	浙江—福建	浙江大学	576
	中国医学科学院 & 北京协和医学院	1003		厦门大学	368
	杭州师范大学	942		福建医科大学	286
	浙江工业大学	901		福州大学	175
浙江—上海	浙江大学	5649		福建农林大学	149
	上海交通大学	3528		福建师范大学	135
	复旦大学	2629		温州医科大学	135
	同济大学	1536		宁波大学	112
	华东师范大学	1026		中国科学院福建物质结构研究所	95
	宁波大学	978	浙江—江苏	浙江大学	3482
	解放军第二军医大学	919		南京大学	1660
	上海大学	886		东南大学	996
	温州医科大学	789		苏州大学	859
	杭州师范大学	728		南京医科大学	813
	浙江工业大学	693		南京农业大学	676
浙江—天津	浙江大学	1294		杭州师范大学	651
	南开大学	719		南京师范大学	660
	天津大学	577		宁波大学	647
	天津医科大学	396		浙江工业大学	498
	杭州师范大学	356			

合作省份	机构（高校）	论文数量/篇	合作省份	机构（高校）	论文数量/篇
浙江—广东	浙江大学	2911	浙江—湖北	浙江大学	1149
	中山大学	1624		华中科技大学	849
	华南理工大学	909		武汉大学	566
	南方医科大学	565		中国地质大学	217
	温州医科大学	442		华中农业大学	215
	杭州师范大学	427		华中师范大学	177
	暨南大学	400	浙江—山西	浙江大学	420
浙江—河北	浙江大学	182		山西大学	293
	河北医科大学	134		杭州师范大学	132
	温州医科大学	71		山西医科大学	132
浙江—海南	浙江大学	125	浙江—广西	浙江大学	97
	海南大学	121		广西医科大学	70
	海南医科大学	51		广西大学	35
	海南师范大学	32		温州医科大学	27
	温州医科大学	30		浙江师范大学	20
	浙江工业大学	23		广西科技大学	14
浙江—安徽	中国科学技术大学	965	浙江—江西	浙江大学	392
	浙江大学	774		南昌大学	327
	安徽医科大学	285		华东交通大学	87
	杭州师范大学	195		江西师范大学	68
	宁波大学	176		浙江科技学院	67
浙江—湖南	浙江大学	1210		温州医科大学	60
	中南大学	952		杭州师范大学	44
	湖南大学	788		江西财经大学	42
	湖南师范大学	328			
	杭州师范大学	304			

续表

合作省份	机构(高校)	论文数量/篇	合作省份	机构(高校)	论文数量/篇
浙江—陕西	浙江大学	718	浙江—贵州	浙江大学	177
	西安交通大学	589		贵州大学	83
	西北农林科技大学	198		贵州医科大学	48
	第四军医大学	173		浙江科技学院	40
	西北工业大学	163		温州医科大学	39
	西安电子科技大学	146		铜仁学院	26
	杭州电子科技大学	107		贵州省人民医院	25
	宁波大学	103	浙江—云南	浙江大学	275
	浙江科技学院	100		昆明理工大学	157
	浙江理工大学	96		昆明医科大学	118
	温州医科大学	95		浙江师范大学	95
	长安大学	87		云南大学	71
	西北大学	75		宁波大学	50
浙江—重庆	浙江大学	808		云南农业大学	43
	重庆大学	436		杭州师范大学	38
	重庆医科大学	315		温州医科大学	37
	第三军医大学	298	浙江—内蒙古	浙江大学	40
	西南大学	186		内蒙古医科大学	30
	温州医科大学	110		温州医科大学	19
	重庆工商大学	75	浙江—宁夏	宁夏医科大学	16
浙江—四川	浙江大学	911		浙江大学	11
	四川大学	809	浙江—甘肃	兰州大学	385
	电子科技大学	285		浙江大学	303
	杭州师范大学	181		杭州师范大学	136
	温州医科大学	134	浙江—青海	青海大学	38
	西南交通大学	124		浙江大学	37

合作省份	机构(高校)	论文数量/篇	合作省份	机构(高校)	论文数量/篇
浙江—新疆	浙江大学	112	浙江—辽宁	浙江大学	467
	石河子大学	68		中国医科大学	305
	新疆医科大学	68		杭州师范大学	136
	新疆大学	60		辽宁大学	121
	杭州师范大学	35	浙江—吉林	吉林大学	537
	中国科学院宁波材料技术与工程研究所	24		浙江大学	366
浙江—西藏	浙江大学	6		温州医科大学	75
	西藏农牧学院	4		浙江科技学院	51
	温州医科大学	2		宁波大学	48
浙江—河南	郑州大学	637	浙江—黑龙江	哈尔滨工业大学	356
	浙江大学	597		浙江大学	342
	杭州师范大学	154		哈尔滨医科大学	276
	河南科技大学	151		哈尔滨工程大学	106
	河南师范大学	149		宁波大学	79
				浙江科技学院	69
				杭州电子科技大学	50
				温州医科大学	49

数据来源：Web of Science。

(二)浙江与"一带一路"沿线国家创新创业合作的态势分析

从"一带一路"沿线的各区域来看,浙江与"一带一路"沿线国家在科技创新合作论文方面的态势有逐年增长趋势,且特别是在 2013 年"一带一路"倡议提出以后,浙江推进与"一带一路"沿线国家创新合作更为明显(见表 5-8)。其中,在东亚地区,浙江与蒙古国的创新合作论文始于 2012 年,且仅有 1 篇,直到 2017 年以后,双方的合作程度才有不断加深之势,累计合作论文 114 篇;在东盟地区,长期以来,东盟 10 国是我国推进国际经济贸易合作的重点区域,且地理邻近性强,科技创新合作的频繁度与广度也较大,近20年来,浙江与东盟国家的科技创新合作论文总数达3270篇,占浙江与"一带一路"沿线国家创新合作论文的35.4%。在该区域中,新加坡、马来西亚、泰国是与浙江合作论文较多的国家,数量分别为2434篇、255篇、201篇,新加坡占据绝对分量,也成为浙江与"一带一路"沿线国家科技创新合作论文最多的国家。

在西亚地区,浙江的国际科技创新合作较早的国家为伊朗和以色列,分别始于2001年和2003年,其余国家都较晚,大多数都基本上是在2010年之后才稍有合作。整体上看,浙江与该区域的科技创新强度不是很大,科技创新合作论文总数为1973篇、平均每国116篇,超过该地区平均水平的国家有沙特阿拉伯(591篇)、土耳其(422篇)、伊朗(288篇)、以色列(244篇)、希腊(142篇)。

在南亚地区,浙江与该地区的8个国家科技创新合作论文共计2077篇,在国家分布上较为不均衡,其中浙江与巴基斯坦、印度的科技创新合作相对较多,近20年来科技论文合作数量分别为1284篇和637篇,其余国家与浙江的科技合作很少,例如马尔代夫和不丹与浙江的科技合作论文数量为1篇和0篇。

在中亚地区,浙江与该地区的5个国家在科技创新合作论文成果方面几乎没有成效,近20年来,除了浙江与哈萨克斯坦有23篇合作论文之外,其余的4个国家很少与浙江在科技创新合作论文方面有合作成果。

在独联体国家地区,浙江主要与俄罗斯的高校和科研机构有科技创新合作,共有715篇合作论文,占81.5%,在中国与俄罗斯合作论文总量相对较小,仅有4.3%。除此之外,乌克兰有80篇,白俄罗斯有34篇,格鲁吉亚有20篇,阿塞拜疆有12篇,亚美尼亚有14篇,摩尔多瓦有2篇,都相对较少。

中东欧地区国家是浙江对外贸易合作的重点区域之一,但在科技创新创业合作支撑方面,浙江与该区域的论文合作还相对较少,50篇以上的有波兰(226篇、占22.3%)、捷克(191篇、占18.9%)、爱沙尼亚(51篇、占5.0%)、斯洛伐克(63篇、占6.2%)、匈牙利(110篇、占10.9%)、塞尔维亚(62篇、占6.1%)、罗马尼亚(89篇、占8.8%)。

表 5-8　浙江与"一带一路"沿线国家的创新合作论文情况

单位：篇

"一带一路"沿线区域	合作国家名称	年份																			合计
		2000	2001	2002	2003	2004	2005	2006	2007	2008	2009	2010	2011	2012	2013	2014	2015	2016	2017	2018	2019	
东盟10国	浙江—新加坡	3	1	2	0	6	3	8	4	27	35	86	97	129	159	232	242	267	291	391	451	2434
	浙江—马来西亚	0	0	0	0	2	1	1	6	1	2	7	6	10	11	24	27	24	36	36	61	255
	浙江—印度尼西亚	0	1	1	0	0	0	0	1	0	1	1	2	1	3	7	7	9	10	9	18	71
	浙江—缅甸	0	0	0	0	0	0	0	0	0	0	0	1	0	1	1	1	0	2	3	5	14
	浙江—泰国	0	0	0	0	0	0	1	1	2	8	13	5	9	15	11	14	22	16	25	58	201
	浙江—老挝	0	0	0	0	0	0	0	0	0	0	0	0	0	0	1	0	0	0	0	0	1
	浙江—柬埔寨	0	0	0	0	0	0	0	0	0	0	0	0	0	0	1	1	1	3	7	2	15
	浙江—越南	0	0	1	0	0	0	0	0	0	2	4	1	1	4	14	11	6	13	33	38	129
	浙江—文莱	0	0	0	0	0	0	0	0	0	0	0	0	0	0	1	4	11	11	9	7	44
	浙江—菲律宾	4	0	2	3	1	1	0	1	1	1	1	5	7	8	14	8	13	8	14	14	106

续表

"一带一路"沿线区域	合作国家名称	年份																				合计
		2000	2001	2002	2003	2004	2005	2006	2007	2008	2009	2010	2011	2012	2013	2014	2015	2016	2017	2018	2019	
西亚17国	浙江—伊朗	0	1	0	0	0	0	0	0	5	6	12	8	15	15	27	17	23	27	42	90	288
	浙江—伊拉克	0	0	0	0	0	0	0	0	0	0	1	0	0	1	1	3	1	5	2	6	20
	浙江—土耳其	0	0	0	0	0	0	1	0	3	1	2	9	15	34	34	52	41	55	58	117	422
	浙江—叙利亚	0	0	0	0	0	0	0	0	0	0	0	0	0	0	0	1	0	0	0	1	2
	浙江—约旦	0	0	0	0	0	0	0	0	0	0	0	0	1	1	3	1	1	4	3	6	20
	浙江—黎巴嫩	0	0	0	0	0	0	0	0	0	0	0	0	1	1	2	1	1	2	2	6	16
	浙江—以色列	0	0	0	1	0	1	0	0	3	6	14	11	6	10	15	21	32	31	36	57	244
	浙江—巴勒斯坦	0	0	0	0	0	0	0	0	0	0	0	0	0	1	1	0	0	2	0	2	5
	浙江—沙特阿拉伯	0	0	0	0	0	0	0	0	1	1	10	17	23	29	65	65	74	75	97	134	591
	浙江—也门	0	0	0	0	0	0	0	0	0	0	0	0	0	0	0	3	2	1	1	0	8
	浙江—阿曼	0	0	0	0	0	0	0	0	0	0	0	0	0	0	4	2	2	3	0	2	13
	浙江—阿联酋	0	0	0	0	0	0	0	0	1	0	2	0	4	2	7	9	9	9	11	31	85
	浙江—卡塔尔	0	0	0	0	0	0	0	0	0	0	1	3	7	1	5	7	4	9	7	19	63
	浙江—科威特	0	0	0	0	0	0	0	0	0	0	1	0	1	1	2	1	0	1	0	2	11
	浙江—巴林	0	0	0	0	0	0	0	0	0	0	0	0	0	0	1	3	0	0	1	1	6
	浙江—希腊	0	0	0	0	0	0	0	0	0	4	6	6	7	4	12	11	15	18	16	43	142
	浙江—塞浦路斯	0	0	0	0	0	0	0	0	0	0	0	1	1	0	2	1	5	13	5	9	37

续表

"一带一路"沿线区域	合作国家名称	2000	2001	2002	2003	2004	2005	2006	2007	2008	2009	2010	2011	2012	2013	2014	2015	2016	2017	2018	2019	合计
南亚8国	浙江—印度	0	0	2	0	0	1	0	4	9	9	16	6	15	32	33	48	47	79	118	218	637
	浙江—巴基斯坦	0	1	0	0	0	0	0	1	13	27	27	45	45	77	107	130	130	164	207	310	1284
	浙江—孟加拉国	0	0	0	0	0	0	0	0	1	2	1	1	1	3	4	8	5	18	14	25	83
	浙江—阿富汗	0	0	0	0	0	0	0	0	0	0	0	0	0	0	2	1	0	0	1	2	6
	浙江—斯里兰卡	0	0	0	0	0	0	0	0	0	0	2	0	0	3	8	5	5	5	6	14	48
	浙江—马尔代夫	0	0	0	0	0	0	0	0	0	0	0	0	0	0	0	0	0	0	1	0	1
	浙江—尼泊尔	0	0	0	0	0	0	0	0	0	0	0	0	1	1	0	1	1	1	4	9	18
	浙江—不丹	0	0	0	0	0	0	0	0	0	0	0	0	0	0	0	0	0	0	0	0	0
中亚5国	浙江—哈萨克斯坦	0	0	0	0	0	0	0	0	0	0	0	0	0	0	1	3	7	3	3	6	23
	浙江—乌兹别克斯坦	0	0	0	0	0	0	0	0	0	1	1	0	0	0	1	0	0	0	0	1	4
	浙江—土库曼斯坦	0	0	0	0	0	0	0	0	0	0	0	0	0	0	0	0	0	0	0	0	0
	浙江—塔吉克斯坦	0	0	0	0	0	0	0	0	0	0	0	0	0	0	0	0	0	0	1	0	1
	浙江—吉尔吉斯斯坦	0	0	0	0	0	0	0	0	0	0	0	0	0	0	0	0	0	0	0	1	1

续表

"一带一路"沿线区域	合作国家名称	2000	2001	2002	2003	2004	2005	2006	2007	2008	2009	2010	2011	2012	2013	2014	2015	2016	2017	2018	2019	合计
独联体7国	浙江—俄罗斯	0	1	0	0	0	0	0	1	4	3	11	11	27	41	50	53	79	95	109	230	715
	浙江—乌克兰	0	1	1	0	0	0	0	0	1	0	1	0	0	1	2	6	3	12	15	37	80
	浙江—白俄罗斯	0	0	0	0	0	0	0	0	0	0	1	0	0	0	1	4	5	2	3	18	34
	浙江—格鲁吉亚	0	0	0	0	0	0	0	0	0	0	1	0	0	0	3	1	2	1	1	11	20
	浙江—阿塞拜疆	0	0	0	0	0	0	0	0	0	0	0	0	0	2	0	1	2	0	3	5	12
	浙江—亚美尼亚	0	0	0	0	0	0	0	0	0	0	0	0	0	0	1	1	2	0	0	8	14
	浙江—摩尔多瓦	0	0	0	0	0	0	0	0	0	0	0	0	0	0	1	0	0	0	0	1	2

续表

"一带一路"沿线区域	合作国家名称	2000	2001	2002	2003	2004	2005	2006	2007	2008	2009	2010	2011	2012	2013	2014	2015	2016	2017	2018	2019	合计
中东欧16国	浙江—波兰	0	0	0	0	0	0	0	1	2	6	8	6	9	15	14	9	18	21	41	76	226
	浙江—立陶宛	0	0	0	0	0	0	0	0	0	0	0	0	1	3	1	3	0	0	6	26	40
	浙江—爱沙尼亚	0	0	0	0	0	0	0	0	0	0	0	1	2	0	5	3	4	7	7	22	51
	浙江—拉脱维亚	0	0	0	0	0	0	0	0	0	0	1	0	0	0	0	0	0	1	3	16	21
	浙江—捷克	0	0	0	0	0	0	1	1	0	7	11	4	7	10	13	8	16	26	21	66	191
	浙江—斯洛伐克	0	0	0	0	0	0	0	0	2	5	7	1	3	1	3	4	5	4	3	25	63
	浙江—匈牙利	0	0	0	0	0	0	0	0	0	1	5	2	2	3	9	2	16	9	16	45	110
	浙江—斯洛文尼亚	0	0	0	0	0	0	0	0	0	0	1	1	5	2	7	3	9	2	4	15	49
	浙江—克罗地亚	0	0	0	0	0	0	0	0	0	0	0	0	2	1	5	2	2	2	8	17	39
	浙江—波黑	0	0	0	0	0	0	0	0	0	0	0	1	0	0	0	0	0	1	2	5	9
	浙江—黑山	0	0	0	0	0	0	0	0	1	1	0	1	1	1	0	0	1	1	0	4	6
	浙江—塞尔维亚	0	0	0	0	0	0	0	1	0	1	0	0	1	2	5	4	8	4	10	23	62
	浙江—阿尔巴尼亚	0	0	0	0	0	0	0	0	0	0	0	0	0	0	0	0	0	1	0	3	4
	浙江—罗马尼亚	0	0	0	0	0	0	1	0	1	1	2	0	1	1	4	7	11	18	18	24	89
	浙江—保加利亚	0	0	0	0	0	1	0	0	0	2	0	3	0	1	3	2	3	6	6	10	37
	浙江—马其顿	0	0	0	0	0	0	1	0	0	0	0	0	0	0	2	0	0	1	3	9	16

数据来源：Web of Science。

四、来华留学人才集聚浙江创新创业的
现状问题及提升路径

中共浙江省委印发《关于建设高素质强大人才队伍打造高水平创新型省份的决定》明确指出："全力建设具有影响力吸引力的全球人才蓄水池，抓住全球人才流动新机遇，聚天下英才共建浙江、发展浙江。"来华留学生作为在浙江最为丰富的海外高端人才资源，对促进浙江对外开放、增进国际教育、经济等交流合作至关重要。因此，关注浙江来华留学生如何能够"吸得来、留得住、用得好"，对浙江建设高水平创新型省份以及通过外国人才展示"重要窗口"意义重大。

（一）来华留学人才集聚浙江创新创业的现状成效

我国高等教育国际竞争力不断提升，特别是 2013 年"一带一路"倡议提出以来，更是吸引了全球人才来华留学。2018 年来华留学生总数为 492185 名，来自世界上 196 个国家和地区，在我国的 1004 所高等院校、科研院所和其他机构中学习、研修、培训，比 2014 年来华留学生总规模增长了 30.53%。而浙江省近五来吸引来华留学生方面取得诸多成效。

一是来浙留学人才规模明显增大，院校涉及面逐步扩大。2014 年浙江省接受来华留学生达到或超过 500 名的院校有 13 所、涉及留学生 18964 人，分别占全国的 6.84% 和 6.09%；到 2018 年浙江省接受来华留学生达到或超过 500 名的院校增长到了 55 所、涉及留学生 38190 人，分别占全国的 22.09% 和 9.59%，五年来的留学生数量和留学生培养院校数量增幅较大，总体规模稳定在全国第四位。

二是来浙本科学历留学生规模位居全国前列。2014 年接受本科留学生达到或超过 100 名的全国 215 所院校中，浙江省有 13 所、涉及 6466 人，分别占全国的 6.05% 和 6.10%，人数规模位居全国第五位；到 2018 年，接受本科留学生达到或超过 100 名的 330 所院校中，浙江有 20 所、涉及 14595 人，分别占全国的 6.06% 和 9.62%，人数规模占比五年来增长了 3.52 个百分点,跃升至全国第二位,仅次于北京市。

三是支撑来浙留学人才奖学金不断丰富。特别是我国提出"一带一路"倡议以来,国家、省、学校等都设置了相应的来华留学生奖学金项目,有效促进了来华留学人才的集聚,同时也提高了来华留学生培养的质量。浙江省在省、市、校等层面都有相关奖学金,以支撑来浙留学人才教育的发展。2014 年浙江省有 1391 名来华留学生获得奖学金项目资助,占全国的3.77%;到 2018 年,浙江省有 2379 名来华留学生获得奖学金项目资助,占全国的 3.77%,5 年间获得奖学金项目资助的留学生人数增长了 71.03%,奖学金惠及来华留学生数量明显增多。

四是来浙留学人才政策从支持留学教育转变到探索教育与创新创业接续支持。浙江省政府、有关厅局先后出台支撑来华留学生教育、创新创业的相关政策文件,从政府奖学金、毕业后就业创业等方面予以支持。2013 年浙江省教育厅、浙江省财政厅《关于印发浙江省政府来华留学生奖学金管理办法的通知》从政策和资金上促进和吸收来浙留学生,到 2018 年浙江省人民政府《关于强化实施创新驱动发展战略深入推进大众创业万众创新的实施意见》提出:"开展在浙外国留学生毕业后直接就业试点。"由此可见,浙江不仅要吸收更多来浙留学生以提高留学生教育规模,而且也在探索来华留学生国际化人才资源,促进浙江创新创业。

(二)当前来浙留学人才集聚和创新创业存在的不足

在高等教育国际化潮流和"一带一路"倡议的推动下,全球高层次人才不断涌向中国,来华留学生作为国际化人才的重要力量必将为创新创业提供人才、技术等多方面要素和动能。但是,当前浙江在来华留学人才集聚的层次、来华留学人才就业创业创新的制度、吸引来华留学人才资源保障等方面仍然存在一些问题。

一是来浙留学研究生规模仍偏小,浙江未来打造高端创新创业外籍人才池仍显不足。2014 年,在接受来华留学研究生达到或超过 100 名的全国133 所院校中,浙江省有 5 所、涉及 1529 人,分别占全国的 3.76%和 3.69%,人数规模位居全国第七位;到 2018 年,浙江有 10 所、涉及 4745 人,分别占全国的 5.21% 和 6.20%，人数规模占比五年来增长了 2.51 个百分点，跃升至全国第五位，研究生占比的增长赶不上本科生占比的增长（3.52 个百分点）速度，总体规模上仍落后于北京、上海、江苏和湖北。

二是来浙留学生奖学金规模增长仍相对慢，浙江支撑来浙留学生教育资源保障仍需加强。从 2014 年到 2018 年的五年间，来浙留学生获得奖学金资助的人数增长了 71.03%，增长幅度较大，但从与兄弟省份横向比较而言，浙江的来华留学生奖学金规模增长速度仍不及北京（85.44%）、上海（82.51%）、江苏（79.75%）、安徽（172.73%）、山东（82.96%）等省份，浙江在 2014 年和 2018 年来浙留学生获得奖学金占全国的都保持在 3.77%，未有明显突破。

三是来浙留学生创新创业的期望不断提升，政策机制仍需要进一步开放和完善。目前而言，全国对来华留学生直接就业的签证等政策制度仍未完全放开，浙江省也在探索来浙留学生直接就业试点等促进来华留学生创新创业的政策。调查发现，有 56.04% 的来浙留学生表示毕业后愿意留在中国就业创业，并有 78.02% 的来浙留学生认为中国的大市场规模有较大吸引力，且 63.04% 的来浙留学生认为中国的科技创新有效促进了经济社会的发展，但是目前给予来浙留学生创新创业发展的空间仍有所限制，如留学生在校创新创业制度、资金扶持政策、创业签证等问题需要进一步开放和明确，以激发来浙留学生学习的动力和留浙创新创业的热情。

四是来浙留学生对创新创业政策了解不够深，需加强创新创业教育。自我国实施"大众创业、万众创新"以来，浙江加快推进以人才为支撑的创新创业，出台了诸多保障和优惠政策，但是对归国留学生的支持力度较大，对来华留学生支持相对较弱。同时，对留学生在创新创业政策方面的宣介受课时安排、留学生教育氛围、师资力量等方面的影响而效果不明显。创新创业教育在浙江高校的开展效果成为全国的典范，但是对于来华留学生创新创业教育的短板问题在浙江和全国都较为普遍。创新创业教育不足，将会限制来浙留学生对政策的认同和创新创业模式的认可，同时也缺少创新创业的能力和激情，不利于吸引外国学生来浙创新创业。

(三)推进留学人才集聚浙江创新创业助力人才强省的路径选择

当前浙江省促进来华留学人才教育和创新创业还存在不足,加之在新形势下,浙江需要汇聚全球高端创新创业人才以推进人才强省战略建设,以激发全省创新创业活力促进浙江经济社会高质量发展。因此,提出以下几点对策建议。

1.加快推进在浙来华留学生毕业后就业创业试点,破除政策阻力激发创新创业活力

一是建议省政府对接国家有关部门,积极争取推进来华留学生毕业后在浙直接就业创业试点。可根据留学生学业成效或创业成效,给予在浙留学生毕业后就业创业一定的时间期限,并根据其就业和创业的表现,后续适当延长或终止其工作签证。二是浙江在创新创业的金融、人才、平台等政策保障方面,尽量将符合条件的来华留学生与国内毕业生同等对待扶持。政策支持的同等对待或优先对待有利于浙江吸引全国各高校的来华留学生集聚浙江,有利于打造浙江成为来华留学生创新创业的目的地,抢占外籍高端人才汇聚先机。三是优先鼓励支持在正常学制期限内顺利毕业的来浙留学生直接就业创业。这样可以激发来浙留学生学习的动力,提高学业质量,增强创业创新的能力,同时也能够有助于吸引他们留在浙江就业和创业,引导创业意愿强烈的来浙留学生基于知识和技能为导向的创业。

2.加强对来浙留学人才在创新创业重点产业领域的引导,重视对"一带一路"沿线国家来浙创新创业人才的支持

一是根据浙江产业发展亟需突破的领域有效引导来华留学生开展创新创业。特别是在数字经济、智能智造、互联网商贸等领域,一方面可以促进来华留学生在浙创新创业,另一方面也可以使在浙创新创业的留学生与其国家相关领域产生联系对接,有助于浙江的技术、商品、服务等"走出去"。二是重点加强"一带一路"沿线国家来华留学生在浙创新创业引导,促进创新创业人才联通"一带一路"建设。"一带一路"沿线国家对创新创业有极大的需求,近年来"一带一路"沿线国家来华留学生规模增长较大,大批"一带

一路"沿线国家来华留学人才不仅是加入浙江创新创业的重要资源,更是支持推进"一带一路"建设的重要力量。2019年,浙江全省对"一带一路"沿线国家出口7961.1亿元,增长16.8%,高出全省外贸出口增速7.8个百分点,占出口总值的34.5%,占比提升2.3个百分点,通过对"一带一路"沿线国家创新创业人才在浙创新创业的支持,为有效联通浙江与"一带一路"沿线国家开展全领域的合作提供支撑。

3.加深来浙留学人才的创新创业政策认识,提高创新创业教育在国际学生教育中的份量

一是浙江创新创业政策在外国留学生中的宣介需要更加普及。采用课程教学、媒体宣传、活动举办等方式,使来浙留学人才更好地了解浙江创新创业的支持政策,提高其对政策的认同度,同时也有助于吸引他们加入浙江创新创业大军队伍。二是增加来浙留学生创新创业教育的课程教学力度。建议浙江高校针对留学生开设多种形式的学校创新创业教育课程,加强创新创业导师队伍对留学生的指导,鼓励留学生积极参与各类创新创业大赛。同时,加强来浙留学生创新创业的法律法规制度等的教育。三是构建浙江企业与留学生培养高校互动结合的创新创业教育模式。探索建立如阿里巴巴等企业与高校合作,针对来华留学生开展面向市场产业和社会需求的创新创业教育与培训,打通校内知识技术与校外实践,提升浙江知名企业在高校留学人才创新创业教育的参与度。

4.探索建立来华留学人才创新创业先行示范园区,促进外籍人才、知识、资源融合创新创业创造

一是在浙江杭州创新建立"来华留学人才创新创业先行示范园"。从政策、制度、服务上规范和引领来华留学生到浙开展创新创业,并构建一体化的服务体系,打造中国未来外籍人才创新创业的典范,有效为推动外籍人才来华就业创业创新的相关改革落地提供浙江经验。二是进一步扩大来浙留学人才规模,加强对来浙留学生教育的资源投入。浙江对外籍高端人才的需求较大,进一步扩大高层次人才(硕士、博士、博士后)规模,通过提高留学生教育水平和质量、增加奖学金力度、扩展外籍博士后岗位等,吸引全球外籍高端人才来浙创新创业。三是设立外籍博士来浙创新创业基金。设立专

门的创新创业引导基金,有效支持外籍高端人才创业孵化、平台建设等,从资源资金上提供对外籍来华留学人才创新创业的支持。

五、推进浙江创新创业跨区域合作的政策建议

浙江跨区域创新创业合作近几年来取得较大积极成效,一是不断拓展合作的地区和国家,在国际创新创业领域逐步探索出一条国际合作共赢之路;二是强化创新创业跨区域合作的领域深度,提高合作的质量和效果;三是特别重视创新创业人才的保障与支撑,以人才驱动创新创业跨区域合作,促进产业转型升级发展,成为浙江推动跨区域创新创业合作的重点。但是,在浙江打造成为中国特色社会主义优越性"重要窗口"的新要求,需要更加高质量的创新创业予以支撑的机遇下,浙江跨区域创新创业合作仍然存在政策机制不够灵活有力、前沿技术合作不够、全球人才汇聚不畅、创新载体不多等问题,亟须加快改革,在政策制定、布局优化、平台建设、人才保障等诸多方面着力加强,以推进高质量的创新创业跨区域合作。

(一)完善政策设计,发挥浙江创新创业制度优势

浙江在政策制定方面,是走在全国创新创业的排头兵,开启了诸多政策的先河。建议浙江在推进跨区域创新创业合作领域继续构建良好的政策制度。一是出台专门性的跨区域创新创业合作专项规划及方案。统筹跨区域创新创业合作的国际国内重点战略布局,将科技创新对口帮扶支持升级为跨区域科技创新创业对口合作计划,实施新一轮的科技对口合作,支撑区域合作迈向高质量发展。二是抓住建设"重要窗口"契机,将跨区域创新创业纳入相关政策内容。在依据"重要窗口"建设制定的相关政策中,要更多体现跨区域创新创业的内容,也是体现浙江建设"重要窗口"的内涵和科技创新路径。三是强化对跨区域创新创业合作的政策支撑作用。设立跨区域创新创业合作的专项基金,针对企业、高校等主体在推进跨区域创新创业合作过程中表现突出的,要在基金奖励、金融支持、税收等方面予以一定的支持。

(二)优化跨区域创新创业合作布局,提高合作效率和质量

浙江推进跨区域创新创业合作,要把握好"走出去"和"引进来"的关系,着力优化区域布局、领域布局,提升跨区域创新创业合作的质量。一是加强与"一带一路"沿线国家的创新创业合作。在"一带一路"倡议下,我国与沿线国家的经贸合作等日益加深,创新创业合作正是高质量建设"一带一路"的重要内容,且"一带一路"沿线国家对创新创业的需要大,加强与"一带一路"沿线国家创新创业合作,有利于浙江的科技、人才、产业"走出去",实现共赢发展。二是突破关键国别的科技创新合作。在美国对我国科技封锁日益加深的前提下,浙江在探索科技创新创业自立自强的同时,也需要在一些关键技术方面加强与德国、日本等发达国家的合作,以加快关键技术突破进程。三是谋划好关键领域的创新创业合作。针对浙江特色产业,如数字经济产业、汽车产业等相关技术创新领域,需要充分推进与国内外相关企业的科技创新转移转化共享利用。

(三)着力打造跨区域创新创业平台载体,丰富合作资源

创新创业平台和载体是推进跨区域合作的重要依托,浙江近年来在推进与大院名校、军工企业的合作及国内外技术转移转化基地等建设并取得良好效果。建议进一步完成跨区域创新创业平台和载体,更好发挥平台和载体对人才、技术和资本吸聚作用。一是进一步扩大与国内大院名校的合作,共建更加具备核心竞争力的平台和载体。充分利用中国科学院、中国工程院及国内顶尖高校的科教资源,打造支撑相关产业的科技创新载体和平台。二是加强推进国际科技成果转移转化基地建设。特别是在欧美发达国家和"一带一路"沿线国家,要重点建设好国际性科技创新创业实验室、实践基地、成果转化基地、科技产业园等,将浙江的先进技术转移和运用到全球,同时也依托这些平台和载体,吸引人才和技术为浙江的科技和产业服务。

(四)强化人才驱动创新创业的支撑保障,促进良性互动

浙江跨区域创新创业的核心支撑在于吸引全球卓越的创新创业人才集聚浙江,共同为"重要窗口"建设服务。跨区域创新创业合作,也更需要创新创业人才的流通和互动,以人驱动的创新创业才能更具备竞争力。一是研究逐步放开外籍人才来浙创新创业的制度,吸引全球人才集聚浙江。建立跨区域创新创业人才示范区,吸引世界人才到浙江创新创业,从政策、金融、公共服务保障等方面做好配套,把浙江建设成为全球最具创新创业吸引力的区域性人才高地。二是充分利用来华留学人才,推动跨区域创新创业实现"走出去"和"引进来"同步共赢。来华留学人才,一方面作为外籍高层次创新创业人才,另一方面也作为其所在国家对外合作的牵线搭桥者,既可以为浙江创新创业服务,又可以推动浙江创新创业走进其所在国家。三是加强对创新创业人才在公共服务保障方面的力度。在住房保障、落户政策、子女就学就医等方面给予跨区域来浙创新创业的高层次人才更加优惠的政策和制度,提升浙江创新创业的人才吸引力。

参考文献

[1]Katz J S,Martin B R. What is research collaboration? Research Policy,1997,26(1):1-18.

[2]高丽娜.跨区域创新合作的内涵、方式及空间特征.学术论坛,2012(12):134-138.

[3]孟小军.2017年浙江科技发展报告.杭州:浙江科学技术出版社,2018.

[4]宋志恒.2018年浙江科技发展报告.杭州:浙江科学技术出版社,2019.

[5]苏奕,纪彬.中外国际科技合作的文献综述.广东科技,2009(17):59-61.

[6]周国辉.2014年浙江科技发展报告.杭州:浙江科学技术出版社,2015.

[7]周国辉.2015年浙江科技发展报告.杭州:浙江科学技术出版社,
　2016.

[8]周国辉.2016年浙江科技发展报告.杭州:浙江科学技术出版社,
　2017.

　　执笔人:辛越优,浙江大学中国西部发展研究院。

后 记

　　浙江大学区域协调发展研究中心充分发挥高校哲学社会科学的智囊团、思想库作用,聚焦研究国家和区域的重大战略性问题,围绕经济社会发展重点领域或重大问题开展对策性、前瞻性研究,编撰出版《浙江跨区域合作发展报告》,为国家和浙江省提供决策咨询参考。

　　《浙江跨区域合作发展报告(2020)》以陈健、周谷平为项目总负责人,由浙江大学中国西部发展研究院、经济学院、公管学院等相关单位的教师和科研人员组成了跨学科的研究团队。本发展报告的基本构思、章节架构由陈健、周谷平、辛越优提出,然后课题组分头写作。各章负责人如下,总论:陈健、王琳欢、章潇;第一章:任晓猛、贺新宇;第二章:陈志新;第三章:景乃权、郑斌武、丁瀚、刘学辉、严雨沁、贺嘉豪、张洵;第四章:孟东军、骆凡;第五章:辛越优。各章完成初稿后,陈健、周谷平、辛越优负责全书的审阅校对,提出详细的修改意见,会同各章作者共同讨论进行修改完善,并终校定稿。

　　在本书即将付梓之际,我们要特别感谢本书的各位学术顾问和指导专家,他们对本报告提出了诸多宝贵意见,很大程度上提升了该报告的质量。我们能够将浙江跨区域合作研究的最新成果展现给各位读者,离不开浙江省社科联的鼎力支持,在此表示特别的感谢。也要感谢史晋川教授,他饱含深情的序言为本报告增添了不少色彩! 撰写过程中,各位作者在原有的基础上,又通过实地调研、考察,掌握了大量第一手资料。在此基础上,编写团队参阅了大量文献和前人研究成果,几易其稿,最终完稿。最后,感谢各章作者,以及浙江大学出版社的陈佩钰编辑,谢谢各位辛勤付出。

　　加强跨区域合作是实现区域协调发展的重要途径,也是促进共同富裕的重要保障。围绕国内区域协调发展和国际次区域合作两大主题,浙江将跨区域合作与服务国家战略相结合,形成了具有浙江特色和优势的跨区域合作形式。研究跨区域合作发展是一个不断探索实践的过程,在此,我们抛砖引玉,真诚地希望并欢迎读者及学界同仁不吝赐教!

浙江大学区域协调发展研究中心

2021 年 12 月 5 日

图书在版编目（CIP）数据

浙江跨区域合作发展报告.2020 / 陈健，周谷平主
编. —杭州：浙江大学出版社，2021.12
ISBN 978-7-308-22249-5

Ⅰ.①浙… Ⅱ.①陈… ②周… Ⅲ.①区域经济合作
—经济发展—研究报告—浙江—2020 Ⅳ.①F127.55

中国版本图书馆 CIP 数据核字(2022)第 004795 号

浙江跨区域合作发展报告(2020)

陈　健　周谷平　主　编
辛越优　任晓猛　副主编

责任编辑	陈佩钰(yukin_chen@zju.edu.cn)
文字编辑	葛　超
责任校对	许艺涛
封面设计	续设计
出版发行	浙江大学出版社
	（杭州市天目山路 148 号　邮政编码 310007）
	（网址：http://www.zjupress.com）
排　　版	杭州青翊图文设计有限公司
印　　刷	杭州宏雅印刷有限公司
开　　本	787mm×1092mm　1/16
印　　张	20.5
字　　数	315 千
版 印 次	2021 年 12 月第 1 版　2021 年 12 月第 1 次印刷
书　　号	ISBN 978-7-308-22249-5
定　　价	78.00 元